民族振兴与知识分子的全球观

余天休学术释义

The National Rejuvenation and the Global View of the Intellectuals

Yu Tinn Hugh's Academic Interpretation

邹千江 / 著

中国传媒大学青年学者文丛

第二辑

中国传媒大学出版社
·北京·

图书在版编目(CIP)数据

民族振兴与知识分子的全球观:余天休学术释义 / 邹千江著.--北京:中国传媒大学出版社,2019.3

(中国传媒大学青年学者文丛.第二辑)

ISBN 978-7-5657-2264-6

Ⅰ.①民… Ⅱ.①邹… Ⅲ.①余天休(1897-1969)—社会学—学术思想—研究 Ⅳ.①C91

中国版本图书馆 CIP 数据核字(2018)第 046189 号

民族振兴与知识分子的全球观:余天休学术释义

MINZUZHENXING YU ZHISHIFENZI DE QUANQIUGUAN:YUTIANXIU XUESHU SHIYI

著　　者	邹千江
策划编辑	蒋　倩
责任编辑	蒋　倩
装帧设计	拓美设计
责任印制	阳金洲
出版发行	中国传媒大学出版社
社　　址	北京市朝阳区定福庄东街 1 号　邮编:100024
电　　话	86-10-65450528　65450532　传真:65779405
网　　址	http://www.cucp.com.cn
经　　销	全国新华书店
印　　刷	北京中科印刷有限公司
开　　本	710mm×1000mm　1/16
印　　张	16.5
字　　数	300 千字
版　　次	2019 年 3 月第 1 版
印　　次	2019 年 3 月第 1 次印刷
书　　号	ISBN 978-7-5657-2264-6/C · 2264　**定　　价**　78.00 元

总 序

时值中国传媒大学成立60周年之际，中国传媒大学人文社会科学青年学者资助项目正式选定了十部支持专著，这是我校在人文社科研究方面所取得的又一成绩。

这套丛书的出版不仅是为了落实学校科研支持政策，更是为了响应国家的号召。2014年，李克强总理与历年国家杰出青年科研基金获得者代表座谈交流时曾提到，人才特别是优秀青年人才是国家科技实力、创新能力和竞争力的重要体现，代表着国家创新的未来。做好这方面的工作，对加快转变发展方式、实施创新驱动战略具有重大意义。作为教育部直属的国家"211工程"重点建设大学和国家985"优势学科创新平台"项目重点建设高校，中国传媒大学在信息传播领域的学术发展也是我国高校人文社科研究发展的一个重要组成部分。

建校60年来，我校在科学研究方面产出了大量的优秀成果。特别是在信息传播领域，我校广大教师正确面对我国信息传播事业飞速发展过程中机遇和挑战并存的复杂形势，迎难而上、克难攻坚，始终保持着饱满的科研热情，坚守着学校的殷切期望，及时、准确地把握国家提供的战略契机，以充分的准备和足够的信心面对挑战、迎接挑战，积极开展多领域、内容丰富的科研工作，收获了累累硕果。在2012年教育部组织的全国学科评估中，我校新闻传播学、戏剧影视学两个学科均排名第一。

目前我校的3个学部(新闻传播学部、艺术学部、文法学部)、1个中心(协同创新中心)和5个直属学院(播音主持艺术学院、广告学院、经济与管理学院、外国语学院、MBA学院)是文科科研和艺术创作的主要力量源泉。同时，学校文科方面还拥有新闻学、广播电视艺术学2个国家重点学科，传播学1个国家重点培育学科，新闻传播学、艺术学理论、戏剧与影视学3个一级学科北京市重点学科，语言学及应用语言学、动画学2个二级学科北京市重点学科；拥有教育部人文社会科学重点研究基地广播电视研究中心等部级研究机构13个和校级科研机构40个，在我国人文社科领域具有相当重要的地位和影响力。

近年来，我校在人文社科领域先后有2人入选“长江学者”特聘教授、2人入选“长江学者”讲座教授、3人入选“新世纪百千万人才工程”国家级人选、25人入选教育部“新(跨)世纪优秀人才支持计划”、2人次荣获国家级教学名师奖、2人次荣获全国优秀教师荣誉称号。更有越来越多的青年教师荣获教育部科学研究优秀成果奖、北京市哲学社会科学优秀成果奖等含金量较高的奖项。众多奖项和数字的背后，凝聚的正是全校思想活跃、朝气十足的广大青年教师夜以继日、笔耕不辍的成果，他们是真正帮助我校文科科研日益发展壮大的薪火相传的主力军。这支主力军的成长得益于两个方面：

一方面，我校立足长远，着力于对广大青年教师进行有计划、有目标的专业培训，加大对青年教师科研项目的经费投入，鼓励青年教师进行交叉学科项目的科学研究。中国传媒大学科研培育项目的设立，有效调动了青年教师的科研积极性，整体提升了我校人文社科的科研氛围与科研能力；邀请国内外专家学者来校开展社会科学研究系列讲座，积极拓展广大师生的学术视野；研究《艺术创作与获奖评价体系》，将科研与艺术创作有效结合，激发广大教师艺术创作的热情；研究《重点学科指标评测体系》，将我校的优质学科与国内外顶尖高校的相应学科进行深层对比，巩固我校两个优势学科在全国的领先地位；打造《中国传媒大学文科科研手册》，方便教师全面了解科研工作情况；建设完成文科科研成果库(一期工程)，共收集信息传播领域论文15 500余篇、著作3 258册、研究报告730余篇，形成了我校自建校以来最为完整的科研成果文献体系；本着“高标准、精投入”的原则，集中一批优秀科研人才，引导广大教师特别是青年教师围绕全媒体、大数据等热点领域积极开展科研工作，营造了一个砥砺切磋的良好学术环境，促成了更多高水平科研成果的产生。

另一方面，我校广大青年教师努力开拓创新，将现代理论有机融合于具体实践之中，在变化中求发展，在发展中谋变化，不断寻找立意新颖的科研课题，以蓬勃向上和不断进取的青春锐气、以孜孜不倦和奋力前行的勇气，扎根于文科科研工作，并不断茁壮成长。青年教师在学校“钻研、精研、深研”的方针指导下，凭借着旺盛的科研热情，在一系列科研、教学比赛和国际学术拓展中取得了令人瞩目的成绩。

此次青年学者出版资助项目就是这些科研成果中的一部分。也正是在优渥的科研鼓励政策的鼎力支撑下，才有了一批30～45岁的优秀青年学者倾心无忧，精心钻研，用心谋划，专心致学，大胆施展才华，安心科研工作，最终促成了“中国传媒大学青年学者文丛”的顺利面世。

学校文科科研的发展离不开青年教师的成长，学校管理机制的完善助力于青年教师的进步。希望我校广大青年教师在科学研究的道路上不畏艰险、勇于创新，不断探索前行！

是为序。

中国传媒大学副校长、教授
廖祥忠
2015年12月8日

序

1909年，一位年仅13岁的广东台山人遵在美经商的父亲之命，漂洋过海，去到美国留学。十年左右的时间内，这位年轻人先后在旧金山预备学校、印第安纳州凡尔巴来素大学（Valparaiso University）、缅恩州立大学（University of Maine）和麻省克拉克大学（Clark University）研究院学习，攻读法律、教育、政治学、经济学、社会学等，得法律学士（1915年）、教育学学士（1916年）、政治学学士（1917年）、经济学硕士（1918年）和社会学博士（1920年）学位，成为当时华人留学生中“得博士学位之最年轻者”。[①] 这位年轻的社会学博士就是后来对中国社会学的初创发挥了重要历史作用的余天休先生。

余天休不仅是华人留学生中得博士学位之最年轻者，也是最早从西方获得社会学博士学位后回国任教的海归学者之一。1920年夏，在刚结束博士学业之际，余先生就应蔡元培先生之约，回国到北京大学任教，在北京大学讲授“社会学原理”和“社会思想之派系”等课程，和同时在北京大学任教的陶孟和等人一起成为我国最早讲授社会学课程的社会学家之一。此后20余年，余先生除先后在北京大学、北京师范大学、辅仁大学、法政大学（后改北平大学法学院）、农业大学（后改北平大学农学院）、中国大学、朝阳大学、“九一八”事变后迁移至北京的东北大学、平民大学、河北法商学院、齐鲁大学等校任教授课（并担任过齐鲁大学社会经济学系主任）之外，还受聘担任上海大夏大学法律系教授、南京中央大学社会学系教授、广州中山大学社会学系教授等职（虽均因事未能到任），为中国早期的社会学教育事业做出了重要贡献。

除去讲授社会学等课程之外，余先生还积极推动中国社会学学科制度方面

---

① 汪公亮，朱照萁，陈文震．余天休先生之学术思想与政治理论[M]//谢立中．民族复兴和世界联邦：余天休社会科学论集．北京：北京大学出版社，2008：333.

的建设。1921年余先生组织创立了“中国社会学会”，并担任第一任会长（1921年—1923年）。这是中国历史上的第一个全国性社会学会。同年又创办了中国历史上的第一份社会学学术研究刊物《社会学杂志》，并担任总编辑。该杂志先后共出版了3卷11册，为中国早期的社会学学科建设做出了重要贡献。

余天休先生不仅是中国早期社会学事业的一位重要推动者，而且也是一位卓越的社会活动家和教育家。早在美国求学期间，他就追随孙中山先生从事一定的革命活动。回国之后任教之余，余先生又认为“欲图解决中国之人口问题，必须移民殖边，复兴西北，一则可以巩固边防，二则可以厚利民生”①，所以于1922年开始提倡“殖边运动”，创办殖边协会，担任会长，出版《殖边运动周报》，组织相关人士到西北进行考察，创办边语学校作为培养边疆人才之基础，并担任过西安中山大学校长以推动西部人才的培养工作，成为我国当代倡导开发西北之先辈，为推动我国的殖边运动做出了卓越贡献。

20世纪50年代，余先生返回美国定居。他感觉包括官员、学者和普通人在内的美国人民对中国了解甚少，为推动中美两国人民的相互理解，即于1951年在美国旧金山创办了“中美学院”。及至1969年去世之前，他一直利用中美学院的条件，举办各种研讨会、聚餐会，出版月刊和年刊等，向美国人宣传介绍中国文化、社会、经济、政治现状，为沟通中美文化、促进中美友好做出了自己的贡献。

除了上述在社会学教育事业、学科建设以及推动殖边运动、促进中美友好方面所做出的杰出贡献之外，余先生还勤于治学。他学养深厚，知识广博，一生著述甚丰。据相关资料记载，余先生一生著述近200种（其中著作30余部，且近半数未曾公开出版），数百万字，内容广泛，涉及哲学、伦理学、历史学、社会学、经济学、政治学、国际关系、法学、文化研究、殖边运动等诸多领域。然而由于各种原因，这些著述如今能够在国内找到的已经不多。

综上可见，作为20世纪上半叶中国社会学初创时期的一个重要学者和社会活动家，余天休无疑是近代中国一位先驱式的历史人物。然而，遗憾的是，对于这样一位历史人物，我们今天的了解却十分有限。在很长的一段时期内，人们对余天休的了解，仅限于《中国社会学史》一类著述中对他的一些简短介绍。这些简短的介绍在内容上也多是提及他在创立中国社会学会和创办《社会学研

---

① 汪公亮，朱照萁，陈文震. 余天休先生之学术思想与政治理论[M]//谢立中. 民族复兴和世界联邦：余天休社会科学论集. 北京：北京大学出版社，2008：334.

究》杂志方面的事迹，很少有对其学术思想的叙述和评论。由于特殊的机遇，笔者于2008年编辑了一本《民族复兴和世界联邦：余天休社会科学论集》，将当时搜集到（包括余天休女儿胡余锦明女士赠送）的部分余先生著述汇为一集，由北京大学出版社出版。这可能是汉语世界公开出版的第一本余先生学术文集。2009年，西北大学出版社也出版了郝宏贤编撰的《开发西北、关注教育的倡导者、践行者余天休教授生平与著述辑要》一书，对余天休的生平和著述做了简要介绍。这两本书的出版，虽然对于人们了解余天休先生的生平和学术思想有着一定的推动作用，但总体上看，对余先生的学术思想仍然只是停留在文献汇编和一般介绍的层面上，并非对余先生学术思想的深入系统的专门研究。余先生的几位友人曾经编辑过一本《余天休先生之学术思想与政治理论》，惜在收入笔者所编《民族复兴和世界联邦：余天休社会科学论集》一书之前一直未公开出版，知者甚少，且该书内容也多为余先生相关思想之概述而已。对余先生学术思想进行深入系统研究且公开出版之专著，在邹千江教授这本著作出现之前，当属阙如。这不能不说是一件憾事。邹千江教授的《民族振兴与知识分子的全球观：余天休学术释义》一书，当是填补了这方面的一个空白。

依我之见，千江教授的这本著作至少有以下三方面的价值：

第一，在该书中，千江教授对余天休先生的学术著述第一次做了相对而言最为全面系统的收集和整理，并以这些文献资料为依据，从哲学理念、群治术治、社会学说、经济学说、文化宗教研究、教育思想、政治思想和世界大同理想等多方面对余天休先生的学术思想第一次进行了迄今为止最为全面系统的描述、分析和讨论，为我们提供了一份迄今为止关于余天休学术思想最为全面的研究文献，填补了余天休学术思想研究和中国社会学史研究方面的一块空白。这对于我们更好地了解余天休学术思想以及中国社会学的早期历史，更为全面地发掘中国早期社会学的思想资源，构建中国特色社会学话语体系，推动今日中国社会学的发展，具有重要的价值。

第二，在该书中，千江教授借鉴中国传统学术方法，采用附注和脚注两种方式，对余天休学术著述中涉及的一些今人可能不易理解之处或相关知识背景进行了相近的注释，使读者在了解余天休学术思想的同时，还能够获得许多相关的背景知识。按千江教授自述，“但凡余先生所著论文需释疑之点，本书都详细注释”，“其目的在于为我们深入了解余氏学术提供必要的基础，我们由此可方便地探知到他思想的来龙去脉与学术精义。而且借此延伸到对整个民国的分析，包括对民国民生、民国教育制度、政制、秘密组织等的探讨，使之作为透视民国社会的窗口和总结归纳民国发展经验教训的登堂阶梯。”就今日之学术著述而言，这样的做法实不多见，值得称道。

第三，除了上述两方面的价值之外，对于我们当前正在开展的社会建设和社会治理、政治建设、文化建设等，该书也具有非常重要的参考价值。作为中国现代学术建设和社会建设的一位先行者，余天休先生著述的时间虽然距今已有一段距离，但其思考和探讨的诸多问题与我们今天尚在思考和探索的问题其实仍有相当的一致之处。他所阐述的许多思想，如群治术治观、平衡经济观、殖边救国论、文化大同观、世界联邦论等，对于我们今天正在开展的经济建设、政治建设、社会建设、文化建设也仍然具有不可多得的参考价值，是我国现代学术思想中的一笔宝贵财富，值得我们深入发掘、反复品味。在该书中，千江教授对余天休的这些思想都逐一进行了深入细致的介绍和诠释，在发掘和理解余天休上述思想方面迈出了第一步。

总而言之，这是一本值得一读的好书。正如作者在本书前言中所说的那样，通过阅读本书，你将徜徉于余天休先生的学术世界，由此获得丰富的另向思想体会。我也期待本书的出版能够提升人们对于余天休先生及中国早期社会学思想的兴趣，进一步推动对于余天休及中国早期社会学思想的深入研究。

北京大学社会学系 谢立中

2018 年 1 月 22 日

目 录
CONTENTS

前　言

余天休先生为我国近现代著名学者，当代人可能对他较为陌生。余天休1896年出生于广东台山，早年留学于美国，先后获得四五个学位，二十五岁即博士毕业，学成归国后受蔡元培先生聘请，教授于北京大学，并复在北京及其他高校任教。余先生对我国社会学发展贡献较大，为我国提倡社会学较早之人，创设了我国最早的社会学学会——中国社会学会，主编了我国最早的社会学专业期刊《社会学杂志》，是我国第一批本土社会学家元老级人物。此外，他创办学校，做银行董事、政府顾问、执行律师、杂志主编等，职业多元，思想活跃，集理论和实践于一身，社会实践经验丰富，1950年后侨居美国。

余先生前期生活在民国，此一时期国家羸弱多难，受到西方严重挑战，他志在谋求民族复兴，在国内的三十余年，皆奔走于国事，以从事教育和学术研究为主，探索国家民族振兴之道。他的学术既有深刻理论，又从实践得来，具有时代感，显示出对国家社会建设的关怀。他酷爱学术，不间断著文立说，论著高层累积，民国期间对社会学学科做出较大推进。被称为正宗主流学院派代表①的孙本文教授评价余氏“对于早期社会学，颇有贡献”②。余天休学术的特点是博学通儒，不囿于某一学科门类，他对社会进化、群治术治、心理建设、社会学理论、社会思想、社会研究方法、社会文化、教育与社会、读书法、经济学原理、宗教、政治、外交、世界联邦文化大同等均有探讨，独辟蹊径，揭发个人创见，至今仍具有重要意义，启人深思。美国社会学协会的历史社会学分部将他1923年发表的关于中国社会控制和进化的书籍，即他的博士论文，列为“社会学百年文献篇”之一。

---

① 参见周晓虹刊发于《社会学研究》2012年第5期的论文《孙本文与20世纪上半叶的中国社会学》。周晓虹现任南京大学教授，他以此说法确立孙本文在20世纪上半叶中国社会学的前列学术地位。孙本文熟知民国社会学学科发展，曾著文历数家珍民国社会学各家各派主要观点，孙本文教授曾短期担任国民政府高教司司长(1930—1932年)。

② 孙本文. 当代中国社会学[M]. 北京：商务印书馆，2011：42.

1950年移居美国后，余天休做了大量促进华人互助与中美文化交流的工作，他创办了中美学院、美亚联谊会，联络中美学者，共同探讨中国发展和中美关系，孜孜于做一名中西文化交流的使者。他在自己的学术中表达出作为传统知识分子的大同情怀，阐述了中国文化在同化引领世界的优势，中美学院是实践他理想的步骤。综合起来，余天休学术思想贯彻民族复兴和世界大同两条主线，此二者交相辉映，集中体现了一位传统“士”以天下世界为念的情怀特征。余天休勤于耕耘，论著宏厚，中英文皆有，散落于各大图书馆。当前，学界对余氏的关注与其在学科史上的贡献相比远远不够，对于他出国以后的事业更不了解，这对于余氏是不公平的，也不利于学科的发展。正是出于这些考虑，笔者产生了写作本书的动机，笔者希望通过此书纠正学界忽视学科史的倾向。徜徉于余天休先生的学术世界，你将获得丰富的思想体会。

本书旨在全面展示余天休的学术思想，按照他著作的上述分类叙述，逐一发掘他学术的闪光点，在力所能及的学力范围内对余先生学术进行解释分析。《社会学杂志》为余先生主编，该杂志先后登载论文数百篇，这些论文浸染了主编的印记，为我们了解那一时期民国的社会风情和民众生态提供了鲜活生动的第一手资料，但该杂志并未受到学界重视，若将其湮没，诚为可惜，本书亦将该杂志论文的主要点串联起来组织行文。总之，但凡余先生所著论文需释疑之点，本书都详细注释，部分以脚注的形式出现，更多地错落在正文中出现。这种类型的研究与一般思想史研究不同，其目的在于为我们深入了解余氏学术提供必要的基础，我们由此可方便地探知到他思想的来龙去脉与学术精义。而且借此延伸到对整个民国的分析，包括对民国民生、民国教育制度、政制、秘密组织等的探讨，使之作为透视民国社会的窗口和总结归纳民国发展经验教训的登堂阶梯。

本书的资料大部为新资料，很多资料首次结集成书，除了搜罗国内各图书馆的存书和电子图书外，承蒙得到余天休先生女儿胡余锦明女士慷慨赠予的国内难见资料。胡余锦明女士现为美国海伦娜投资咨询公司董事长、美国胡氏慈善教育基金会董事长。她以她父亲的名义在北京大学设立了余天休奖学金，奖励社会学优秀博士论文，并在甘肃、陕西等地设立“胡氏教育奖助学金”，出资数千万元，用于资助当地贫困优秀大学生和初高中学生，滋洒甘霖，惠及朵蕾，传递功德正能量。胡余女士赠送的资料为本书添靓增彩，在此表示感谢！

北京大学社会学系谢立中教授为本书作序，谢教授奖励提携后进，对我来说是莫大的鼓励，谢立中教授主编了第一本余天休社会科学论文集。西安民进市委郝宏贤先生帮助我与胡余锦明女士取得联系。同时,本书的出版得到中国传媒大学的校方资助,我校在推动教师开展教学研究方面不遗余力,另外致谢中国传媒大学出版社蒋倩编辑辛勤地为本书修饰编排。可以这样说,一本书的出版,得益于许多人的支持赞助。

第一章　余天休生平略历及所处学科背景、全书概要

余天休(1896—1969),别号天庥,广东台山人,留美博士,近现代著名学者,我国本土第一代社会学志业家,同时广涉政治、经济、教育、国际关系学科。早年教授于北京大学、北平师范大学及各地其他高校,著有《社会学大纲》《经济学原理》《人类过去、现在与将来》等三十余部著作,数百万字,可惜文字散佚甚多,其友称他的文章多藏之于名山,未予出版刊行。他曾发起成立了我国社会学第一个学术团体机构——中国社会学会,主编了我国最早的社会学期刊——《社会学杂志》。余氏在学术上的特点是稽猎广泛,对群治、社会心理、社会学原理、宗教、经济、法律、道德风化、个体修养、政治、国际关系的探讨无一不备。除治学外,他还创办学校,做银行董事、政府顾问、执行律师、杂志主编等,可谓理论与实践集于一身。其较有影响的事迹是倡导殖边救国、学术救国、水利救国,并仿照孙中山先生的《建国方略》补充完成国家建设纲要。余天休学术具有深切的国家关怀,学术主题围绕民族振兴展开。1950 年后余天休移居美国,并创办了中美学院和美亚联谊会,成为中西文化交流建设的使者,开辟早期架梁传统文化输送于国外的先行探索道路。

《社会学杂志》为余天休主编,该杂志先后刊登了有价值的学术论文 160 余篇,余天休在其上发表了不少文章,该杂志同时也登载了其他作者的论文。该杂志浸染了主编的印迹,很多论文与余天休的学术精神类似,甚至有些文章就是在诠释他的思想。一般由余天休先提出某个学术命题,这些文章再解读此命题,使之具体化,内容更为翔实。我们可以将《社会学杂志》的文章缝合在一起

整理辨析，由此达到对余天休思想命题更确切的认知。[①] 本书主要采用释义的方式，释义包括两种类型：一是由于年代久远，有些名词和现象当代人读来较为陌生，需要作出说明，类似于古代的注，即原原本本逐字句地依次解释，不另行发扬阐发；二是进行学科的思想分析，说明词句蕴藏的意义，与当前学术相映照，其间夹杂本书作者的评论拙见，这二者合起来，定为释义。

余天休学术成果丰硕，以本书作者的经验，一个普通的研究者，若没有数年功夫，难以整理出其学术内容的梗概。他的学术大气，思想创新，非走寻常路径，我们将在第一章概要介绍他的学术特点和论著，作为阅读索引。《社会学杂志》的文章能够砾中披金，取其精华，杂志中的文字真实地记录了那个年代的社会情况。前人筚路蓝缕，披荆斩棘，开拓出路径线索，我们愿意站在前人肩膀上享受远瞩和闲适。全书毋庸置疑以余天休为主，我们详述他的学业成就。正是由于研究者甚少，为本书的拓展留下了空间。

第一节 勤勉学者和中美文化使者：余天休生平事迹

余天休出生于甲午战争、维新变法间，正值国家受强邻刺激的多事之秋。1920 年，余天休留学回国，时逢民国初建，跨越了从传统到现代的典型新旧过渡时代[②]。余天休是民国第一批较早主攻社会学的学者，同时也涉猎其他学科，1920—1940 年为他的学术开拓发展期。近现代以来，我国政治社会处于数千年未有变局中，有识学者不断思考如何挽救时势，积极向上，致力于推动国家独立进步。“晚近以来，国家多故，满目疮痍，每思复兴国家，与安抚人民之良策而不可得，乃从事研读。”余天休也是如此，他心忧国家，时刻不忘民族振兴，勤奋学知，探究国家发展、富强、团结之道。在国家积贫积弱饱受列强欺凌的内忧外患之下，他不断铸文呼吁“国家振兴工业，开通民智，保障民权，国民需惜时如金，去除奢华，破除封建思想，驱动勤奋热忱，始可以期除弊而利进取”[③]。其志在号

① 余天休还主编过《正风》以及其他杂志，但这些杂志的文章和他的风格并不相同，余天休在这些杂志上发表的文章仅限于他个人的观点。

② 张灏将 1895—1925 年定为近代转型时代，论述这一时期的知识分子脱离了传统士绅大夫的窠臼，他们和报纸杂志媒体、学社、学校三种制度媒介结合在一起，成为现代知识人。见张灏的《中国近代思想史的转型时代》，收录于陈弱水、王汎森主编的《思想与学术》，中国大百科全书出版社 2005 年版；以及许纪霖的《重建社会重心：近代中国的“知识人社会”》，刊载于《学术月刊》2006 年第 38 卷第 11 期。

③ 余天休. 今日何日[J]. 正风，1936，3(7).

召国人睡狮猛醒，夙兴努力，发展经济社会，以求救亡图存。他的学术志在探索乱世迷离中的治理良策，巨擘规划，诸多方案具有超前性。“言论卓然独到，探索救国济世途径及立身致力之正轨，当局目前最新规划，实则十数年前，已见于其著作中矣。”①“经多年研究，制成各种方案，以备建设新中国之需，救亡图存时切于中。”②以现在的眼光来看，他的思想学术对于身处和平中的当代人而言仍不啻为良药鉴镜，具有启发意义。

一、留学及国内任事阶段

清光绪二十二年（1896 年）七月二十五日，余天休出生于广东省岭南台山县。广东在近代得西方风气之先，擅长吸取海外新知，崇尚开拓进取。岭南之地，以海对外通商，同时倚负山岭，人民的性格兼具海与山的双重特征。“背山面海，水汇之都，东西通航，商舶云辏，其民朴质廉干，足智多谋，远中土而狎重洋，轻远游而习冒险，得欧风之先。”③广东以华侨多著称，其民众远渡重洋者日众，足迹遍布全球，而旅美华侨，又以台山、新会、开平、中山为最。余天休世居台山岭南之地，受粤海民性影响，个性甚强，情志操急，态度爽直，勇敢好动，主持正义，敢为天下先；又吃苦耐劳，起居有时，无烟酒之嗜好，无闲暇之浪费，好谈论访友，读书思考写文章，对事慎重而忍耐，待人平和有礼。④ 其个人性格不可避免地会受到家乡风俗的影响，并潜移默化到自己的思维行为习惯中。余天休属于华侨身份，早期求学海外，后再移居美国，他在国内的三十年，敢于尝试新事物，历经世事沧桑，都与其个性有关。中年以后，性格变化，致力于道学，行事不露锋芒，动态为之一变，皆时势所致。

余天休乃广东台山荻海区上湾村人。余氏宗族在粤海是望族，自古有“荻海老余”之称，余姓在当地是大姓，聚村落而居者凡数万人，侨居海外者不下数千人。据考，先祖宋代起从中原迁居到岭南，至今二十余代，余姓人敬奉宋朝余

① 汪公亮，朱照箕，陈文震．余天休先生之学术思想与政治理论[M]// 谢立中．民族复兴与世界联邦：余天休社会科学论集．北京：北京大学出版社，2008：466.

② 汪公亮，朱照箕，陈文震．余天休先生之学术思想与政治理论[M]// 谢立中．民族复兴与世界联邦：余天休社会科学论集．北京：北京大学出版社，2008：467.

③ 汪公亮，朱照箕，陈文震．余天休先生之学术思想与政治理论[M]// 谢立中．民族复兴与世界联邦：余天休社会科学论集．北京：北京大学出版社，2008：328.

④ 汪公亮，朱照箕，陈文震．余天休先生之学术思想与政治理论[M]//谢立中．民族复兴与世界联邦：余天休社会科学论集．北京：北京大学出版社，2008：330-331.

靖为第一世先祖，余靖任过知制诰，又以左丞知广州，出使过契丹，平西平南，与欧阳修同为"庆历四谏官"之一，尊号忠襄公。清光绪三十二年(1906年)获海建造余襄公祠堂，民国三年(1914年)竣工，又名获海风采堂，因宋仁宗曾御笔亲题赞余靖"风采第一，广南定乱，经略无双"，据此"风采"二字世代相传，奉作余家后裔堂号，该祠堂现为广东省文物保护单位。余靖幼子余叔英传余绍贤堂一脉，获海余家即为余绍贤堂后裔，《余绍贤堂族谱》保留至今，内称台山获海余族乡村，昔别名儒林里，意为余姓家族书香门第，绵延乡里。获海余姓族人，文才武略，为国家社会出力者不少。

余天休祖父余章侃在太平天国期间远涉美国谋生，乘坐帆船横渡太平洋，时一次需花上一年时间；父亲余治中在美国经商，常回家乡探亲；母亲邓氏亦为岭南望族，其子女皆留在国内。余天休幼年随母家居，六岁至十三岁就学于乡，耕种之余背诵四书五经，具备传统文化根底。清光绪三十四年(1908年)，余天休遵父命赴美读书，到美后居旧金山入预备学校四年。时逢孙中山在旧金山组织同盟会，参加者有《少年中国晨报》撰稿人黄芸苏①、崔通约②、黄伯耀③等，余天休与革命先行者为伍，日间与美国童子共读，晚上在同盟会创办的华侨学校学习，由同盟会者担任教师，由此接受革命思想，激发了变革社会的理想。余天休在美国就读学校颇多，初入旧金山工业预备学校(Cogswell Polytechnic College)，学习木工、铁工、绘图等技术；1912年考入美国中部印第安纳州凡尔巴来素私立大学(Valparaiso University)学习法律和教育，1916年毕业，获得该校法律学士和教育学士双学位；同年夏天转入美国东部缅因省立大学(University of Maine)政治系四年级，次年获政治学学士学位；1917年夏再入麻省克拉克大学研究所(Clark University)深造，第二年获经济学硕士学位，并得到该研究院学

① 黄芸苏，字魂苏，广东台山人，第一批公费留美生，1910年加入美国同盟会。美国旧金山同盟会创设于1910年2月，同年8月，同盟会出版机关报《少年中国晨报》，黄芸苏为该报主笔，1918年，黄芸苏在哥伦比亚大学硕士毕业，后协助孙中山在日本重组中华革命党，任驻檀香山总领事、国民政府立法委员等职。

② 崔通约，原名成达，字贯之，号洞若，因信仰基督教而改名通约，笔名沧海，广东高明人。曾入康有为万木草堂学习，自著《沧海生平》，1910年加入同盟会，与郑贯公同创《世界公益报》，后被同盟会革出。

③ 黄伯耀，字亚伯，出生于美国旧金山，祖籍广东台山市水步镇独冈巷口村。老同盟会员，近代著名报人，革命派小说家，最早传播社会主义的学者。1904年，黄伯耀参加兴中会，1905年回香港，协助办理香港同盟会机关报《中国日报》，与其弟黄世仲一起创办《少年报》《中外小说林》，1907年12月创办《社会公报》，宣传社会主义。1909年与李是男等在三藩市组织"少年学社"，出版油印刊物《美洲少年周刊》，后孙中山将《美洲少年周刊》改组为《少年中国晨报》。孙中山提出"航空救国"的思想，黄伯耀即在旧金山红木城创办第一间华侨航空学校——中华飞行学校，自任校长，是中国早期航空事业的开拓者。

员奖学金及研究员奖学金。毕业后留校两年，研习社会学，1920 年获得克拉克大学社会与国际关系学博士学位，年仅 25 岁。[①] 克拉克大学 1888 年由美国富商 J. G. 克拉克出资在马萨诸塞州渥斯特建造，美国第一位心理学哲学博士、美国心理学会创立者格兰维尔·斯坦利·霍尔[②]担任该校第一任校长。在克拉克大学研究院，余天休师从有名的社会心理学家弗兰克·汉密尔顿·汉金斯[③]，汉金斯于 1930 年当选为美国社会学会主席。克拉克大学校长霍尔擅长心理学，这个学校社会心理学研究氛围浓厚，该领域对余天休影响较大，以致他后来经常在文章中运用心理分析的方法。除上述正科外，余天休还选修了地质学、生物学、人类学、心理学、农学等科目。美国学制相对灵活，可根据个人学力和知识达到程度授予相应的学位，不必修习固定的时间，这为余天休后来成为博学通儒、知识渊博类的学者创造了条件。在美国期间，余天休一边读书，一边利用假期游历美国各地，参观新工商厂业设施，加深对美国社会的了解。因求学国外时间较长（前后十余年），余天休精通英文，还熟悉日、德、法、意、拉丁文五种语言。

在余天休的学生时代，袁世凯与日本签订丧权辱国的“二十一条”，公开承认日本承继德国在山东的特权，引发民众强烈的抗议游行。余氏愤起著书《关于山东问题与日本交涉等项》，从法律的角度阐述了日本人占领山东的非法行径，该书印刷一万册，赠予美国上下议院议员以及各学校藏书楼，还登载于美国报纸。[④]

1920 年，作为很年轻的博士，余天休回国任教，同年 7 月蔡元培先生聘请他

---

① 此段参考余天休 1947 年的生平自述，资料由胡余锦明提供。另参考姚远的文章《西北大学京陕两源历任校长》，载自李云峰、王民权主编的《民国西安词典》，陕西人民出版社 2012 年版。

② 格兰维尔·斯坦利·霍尔(Granville Stanley Hall)，1844 年生，将精神分析引入美洲的第一人，是冯特的第一个美国弟子。1887 年创办美国第一本心理学杂志《美国心理学》，曾邀请弗洛伊德、荣格访问美国，对儿童、青年、老年心理都有研究，尤其注重青年心理分析，认为青年情绪最不稳定。

③ 弗兰克·汉密尔顿·汉金斯(Frank Hamilton Hankins)，1877 年出生于美国俄亥俄州，在克拉克大学任教 16 年，后任史密斯学院社会学系教授、主任，主要著作有《文明的种族基础》《北欧主义的批判》。

④ 余天休在《北京大学日刊》上发布启事，称可寄送该书（指《关于山东问题与日本交涉等项》）给感兴趣的同学。邮出地址是马神庙西老胡同一号，疑为余天休到北大后的住所。相关内容见《北京大学日刊》1920 年第 722 期。西老胡同现位于景山公园东侧。

到北京大学教授社会学。[①] 余天休于回国途中抵沪，适逢孙中山居沪上著述三民主义，孙中山劝余天休在南方共任事。因与蔡元培有约在先，所以在上海居留数周的秋后，余天休讲学于北大，在北大讲授社会学原理、社会思想之派系、社会学理论课程。[②] 他第一年用英语授课，教学之余，他学习中国语言文学，学说北京话，了解各地方言，阅览经史子集，很快之后便改用中文授课。同年，北平师范大学[③]聘请他教授教育社会学[④]，并兼在辅仁大学[⑤]、法政大学（北平大学法商学院前身）、农业大学（北平大学农学院前身）、中国大学、北京朝阳大学任讲席[⑥]，又于 1920 至 1921 年间任《北平导报》（后改为英文版《北平时事日报》）英文总编辑。在北大、北师大的教书生涯确定了余氏以书生学者为主的职业身份，也使他对学术研究一直保持着浓厚的兴趣。

1921 年，余天休发起成立了中国社会学第一个学术组织——中国社会学会[⑦]，地点在北平师范大学；1922 年，余天休创办了《社会学杂志》并任总编辑，该杂志为双月刊，由上海商务印书馆出版发行，由此诞生了第一份社会学定期刊物，这两个“第一”确定了他在中国社会学界初创期的元老地位。同年，余天休创立了殖边协会并任会长，出版《殖边运动周报》，创办边语学校，热心于实业

---

① 余天休当时在美洲，因北京战事而不能北上，其先乘“亚洲皇后号”船到上海，后转至广东。他与蔡元培通信，言与蔡元培的书信可以发至广东台山县新昌埠新桥街广兴祥杉行，此处或为余天休当时的家庭地址或与他很近的同乡亲戚的住所。相关内容见《余天休君致蔡校长函》，刊于《北京大学日刊》1920 年第 674 期，第 2 页。

② 《北京大学日刊》会公布了其教授的课程名称，详见《北京大学日刊》1920 年第 735 期。另见余天休自述的《中国社会学运动的经过：读许仕廉君文章之后》，《社会学杂志》1931 年第 3 卷 10 期。

③ 关于余天休在北平师范大学任教一事，见北平师范大学档案馆收藏的《解放前北京师大——1921－1922 年北高师教、职、员一览表》（北京师范大学档案馆全宗号 1 号，案卷号 87 号），卷中注明余天休为北平师范大学社会学系教师，1920 年 11 月到校，每周 10 钟点课时，薪俸 200 元，工资单上与余天休并列的还有其他名人。另见何瑛的《与先贤对话——余天休先生北京师范大学工作事迹寻访报告》，胡氏慈善教育博客，2013 年 11 月 22 日。

④ 详见余天休的《中国社会学运动的经过：读许仕廉君文章之后》，刊于《社会学杂志》1931 年第 3 卷第 10 期，其中还提及 1920 年，骆继汉、吕复教授过北平各私立大学的社会学课程。

⑤ 辅仁大学为私立大学，是教会学校，由天主教教会设立，只招收男生，要求英文水平高，相比其他学校，管理严，学费贵。

⑥ 详见姚远的《西北大学京陕两源历任校长》，又见胡氏慈善教育博客，2013 年 7 月 7 日。其中，余天休在北京朝阳大学任教一事，参见其在华北农学会的演讲《殖边运动》一文，该文刊于《北京朝阳大学旬刊》，其开头介绍余天休为本校教员，佐证余天休曾在该校任教。具体内容参见：《殖边运动》，《北京朝阳大学旬刊》1924 年第 2 卷 9 期，第 5 页。

⑦ 中国社会学会设读书部、讨论部、调查部、出版部，发起人有余天休、陈汝裳、王卓然等，1920 年起开始筹备。

教育，当时担任西北边防督办兼驻北平南苑陆军检阅使的冯玉祥[①]为该校董事长。冯玉祥善于练兵，计划军队西北殖边屯垦，他的一部分士兵在这个边语学校肄业。[②] 1923 年，余天休将边语学校改名为北平私立东方大学，余天休自任校长。东方大学专门培养面向殖边的人才，设置蒙文、藏文、殖边、银行等学科，聘请满藏语言专家。北京以前建有满藏学校，将边地人送到内地学习语言，余天休的边语学校与它们不同，该校是在内地训练人才后将人才输送到边疆。此外，该校还组织西北旅行团，备有识之士实地考察西北、开发西北。余天休一直对西北有情怀。1925 年，因熟悉华侨事务，杨晟任北京侨务局局长，聘余天休为顾问。1927 年夏，东方大学与畿辅大学[③]合并，改名为北平铁路大学，

图 1—1　余天休(右一)在西北

① 冯玉祥，字焕章，原籍安徽巢县，寄籍河北保定，著名军阀、军事家。1922 年 10 月 23 日，总统黎元洪下令免去冯玉祥的河南督军职务，调至北京任无实权无地盘的陆军检阅使。冯玉祥擅长练兵，他率所部一师及三个混成旅约三万之众，进驻北京南苑，从 1922 年 10 月至 1924 年 10 月，共计两年之久，专心练兵。1925 年 1 月 13 日，冯玉祥离京赴直隶张家口任职于段祺瑞政府的“西北边防督办”，宋哲元为他手下。根据冯玉祥自述，南苑部队训练一刻未懈怠，包括军事训练和文化课在内。一般兵士的科目有文化课，如八百字课、军人教育、精神书、兵教科书，正副目于一般课外加授军士战术和军士勤务二种；初级军官复另加初级战术、军人宝鉴、典范令、曾胡治兵语录、左传摘要五种；中级军官再加上高级战术、军器学、欧洲战史以及各种经书和子书的选读；高级军官组研究会则研究具体的军事问题。冯玉祥深感军人读书的重要，当攻下北京以后，他电令各级官长努力读书，重新改造自己，并购置新书数十大箱(其中，史地书籍最多)，分送各部，令以打仗精神来读书。他自己深感学识不足之苦，心心念念只想找个地方埋头读书，希望国内有个大学允许他作一个旁听学生，其兴趣在历史和文学方面，以为唯有读书是重要的事，经朋友劝说后此想法作罢。之后，其又想到欧美国家去看看学学，当时立下决心，拟在美国和德国各住两年，俾可增长见识，学些东西，又被朋友劝说后作罢。详细内容参见《冯玉祥自述》(下)，人民日报出版社 2013 年版，第 415、682 页。

② 据一位当年担任过冯玉祥的传令员口述回忆，他曾奉冯玉祥的命令到北京大学接余天休到南苑给官兵讲课，余天休家住北京城里东黄城根，他看到的余天休个头不高，身着西装，浓眉大眼，目光炯炯，不到 30 岁即任北大教授，他说余教授的课是他最喜欢听的课之一。冯玉祥非常赞同余天休教授开发西北的观点，这大概是他后来同意担任“西北边防督办”一职的思想基础之一吧。详见《亲历者口述：我在追随冯玉祥将军之初》，刊于《人民政协报》，2017 年 5 月 17 日。

③ 因国民党都城南迁，畿辅二字不合时宜，故 1928 年 10 月 10 日起，学校改名为北平铁路大学。详见《北平特别市公安局训令》，令内左二区署，《北平特别市公安局月刊》1928 年第 3 期；又见《国民党政府铁道部指令第 29 号》，《铁道公报》1928 年第 1 期。

此后在1933年更名为铁路学院①，七七事变后该学院校务停顿。

1920至1927年间，余天休在北京各高校任教。1927年秋，他与同乡冯仲拔合作，赴上海执行律师职务，兼任上海国际电讯社总编辑，主编英文《时事评论周报》。上海国际电讯社是首家民办性质的面对海外的大型国际宣传组织，面向国内外各报社刊发交换消息，成立于1927年7月。② 当时日本出兵占领山东半岛，制造了济南"五三惨案"，1928年余天休著《日本对华冒险行动》一书，论述了日本在"九一八"事变前对中国的野心、阴谋及其终必败的道理，显示出他对国际政治趋向的洞察。同年，余天休与冯玉祥会晤于南京，余被聘为顾问，旋与友人马鹤天同赴甘肃，行抵西安时，应陕西省政府主席宋哲元③邀请，任陕西省政府顾问及西安中山大学（现西北大学）校长。④ 1928年，陕西大旱，至1930年这"三年不雨六料未收"，井泉枯竭，泾渭断流，车马从河道直接经过，粮食颗粒无收，旱情历史罕见。余天休任西北大学校长，提出8条学生贷款的办法，经省政府同意后通令各县执行。1929年年初，国民军北伐任务完成，在南京举行陆军编遣会议，会议意在削弱参加北伐的军阀势力，余天休随冯玉祥在京。1930年夏，余天休受济南市市长闻承烈邀请，担任济南市政府顾问，任齐鲁大学社会经济系主任、教授。1931年，"九一八"事变后，奉军退出东北，余天休函朱子桥⑤将军组织东北抗日游击队。同年，余天休任中国社会学社第二届理事会

---

① 详见《京沪甬杭甬铁路日刊》1933年第742期，第64页。

② 上海国际电讯社发起者为冯少山、李登辉、林复彦，林复彦为社长，获著名华侨陈嘉庚捐款赞助。通讯社采用基金合作入股的方式，设国际、国内分社，刊发消息，分经理部、编辑部，部下设股。参见龙生的《国际宣传与上海国际电讯社》，刊于《国际周报》1928年第1卷2期。

③ 宋哲元，字明轩，国民党将军，"久历戎行，功绩昭著，长城一役，奋勇屈敌，嗣主冀察政务，折动樽俎，屏障华北，忍辱负重"。参见中国国民党党史委员会编的《宋哲元先生文集》，中央文物供应社1985年版，第1页。冀察政务委员会成立于1935年12月18日，"七七事变"后，宋哲元全面转入抗战一线。余天休编辑宋哲元于1935—1936年散落于各报章的言论集约二十余篇，他在书序中这样评价宋哲元："宋公哲元，长城一役，浴血御侮，刀光剑影，唤起国魂，述其生平丰功伟烈，诚有足以增光史乘者。自长冀察以后，安内睦邻，巩卫河朔，苦心孤诣，支撑经年，已为举国所共仰。"又述宋哲元性格"秉性厚重，公忠体国，向以诚信服人，遇事能持大体，不拘小节，处世待人，态度极光明磊落，使人洞见肺腑。向抱为政不在多言之旨，故其训勉部曲，一则说实话做实事，再则曰不争权不夺利，尤侧重于道德治国。告诫国人先之以廉洁自爱，言行一致，继之以拥护正义和平救国"。由此可推测余天休对宋哲元性格较为了解，私交或较笃厚。参见余天休编的《宋委员长言论集》，正风杂志社1936年12月出版，第1页。

④ 1927年年初，冯玉祥将国立西北大学立为西安中山学院，次年改名为西安中山大学。

⑤ 朱子桥，名朱庆澜，籍贯浙江绍兴，参加过二次护法，曾任华北慈善联合会会长、黄河水利委员会委员长、国民政府赈务委员会委员长等职，致力于社会救济。"九一八"事变后组织辽吉黑热民众抗日后援会，自任会长，募款支持东北义勇军，十九路军，冯玉祥、吉鸿昌察哈尔民众抗日同盟军和宋哲元长城喜峰口抗战。

理事(理事会理事总理学社事务,共 9 人),并自 1930 年至 1933 年主办英文版《中国社会学报》,按月出版,向海外介绍中国学者的学术。

1933 年春,余天休返北平,宋哲元将军正在长城抗战,余天休协助宋哲元在北平参加抗日。1934 年,余天休为《正风》撰稿,次年继吴柳隅[①]在天津接办《正风》杂志,并任总编辑,该杂志发行至抗战结束。1933—1934 年,余天休继续担任中国社会学社第三届、第四届理事会理事。[②] 1935 年,余天休起任冀察政务委员会顾问,1936 年,其被聘为北平市总商会顾问,1937 年"七七事变"后北平陷落,遂逃往天津暂且避难,另 1934 至 1937 年间,其仍在北京各高校任教。1938—1940 年,余天休与金融业知名人士尚绶珊一起,联合美国律师法克斯在天津创办美业银行,任经理,经营地产股票信托业务,并与英商瑞隆银行合作经营美英投资事业,该事业至 1941 年 12 月太平洋战争爆发后终止。1939 年,余天休曾谋求从香港乘机转往后方,抵港后由于羊城陷落道路不通,在港 20 天后不得已返回天津。这一期间,余天休认识到道教的重要,于 1944 年创办道教学院并自任院长。抗战胜利后的 1945—1948 年,余天休复在北平各高校任教[③],1948 年离开北平抵穗,1949 年短期任广州大学教授,教授社会学及西洋哲学。[④] 以上是余天休在国内三十余年的概况。从这些经历中可见,1927 年至 1949 年间,余天休主要居留中国,从西北到东南,从中原至边邑,足迹几乎遍布全国大部分地区。

图 1-2　余天休博士

① 吴冠因,字柳隅,广东澄海县人,留学于日本早稻田大学,先后任《国风报》《庸言报》《时事新报》《神州日报》文责编辑。

② 中国社会学社纪事:中国社会学社概况[J]. 社会学刊,1935,4(4).

③ 余天休除了教授于上述高校外,还在"九一八"事变后迁移到北平的东北大学、平民大学、河北商学院教授过,并接到上海大夏大学、南京中央大学、广州中山大学的教授聘请书(因事未能到任)。

④ 关于余天休的生平,此处包含了《余天休先生生平事略》的一些内容。

余天休自述他讲学和办《社会学杂志》的历程。

休自民二以还，即追随国外先知研磨该学（社会学），民九返国，即讲学于燕都，民十创办社会学会，民十一年创刊社会学杂志。初与上海商务印书馆签约，年出6期，但每年仅能出二三期，及至民十四年，休有事不能兼顾，遂托许仕廉君办理。本杂志出刊3年，刊登有价值的中英文论文不下百余篇，每期销量1 300余份，订阅常年者有各学校各图书馆及其他文化机关等500余家，此也一时之盛举也。因与商务印书馆解约不能印发一度停刊，后1930年复刊。①

这段话与上文对余天休的生平介绍呼应对照，能相互印证。孙本文②教授所著的《当代中国社会学》介绍了民国社会学的发展，其中涉及余天休的部分同样可以作为佐证："中国社会学界之有组织团体，以民国十一年余天休在北方发起的'中国社会学会'为最早，当时由余氏主编的《社会学杂志》双月刊为该会的期刊，经由商务印书馆出版。自民国十一年三月至十四年八月共出两卷计八册，其中二期合刊者凡三次。民国十九年一月复在西安中山大学出版第三卷第一、二期，后在齐鲁大学出版第三期。"③

孙本文教授在这里提到的《社会学杂志》前后发行五卷，包括时事介绍和书评、消息在内，这份杂志共刊登文章近400篇，类别分别为社会理论、社会调查、资料汇编和对国内外的学术介绍。常道直、黄秉衡、应成一、许仕廉、陈青之、李景汉、陈劭南等名教授都曾在该杂志发表过文章。其中的社会调查都是由作者本人实地考察或访谈得来，生动细致地展现了这一时期民众的生活情状。后来，知名的李景汉④教授在该杂志登载过关于妙峰山香客、定县调查以及北京人力车夫调查的论文，该编辑甘南引在报纸设题撰写青年婚恋家庭观的调查，写成调查报告近300页，也发表在这个杂志上，保留了那一时期人们对待婚恋的原生态资料。该杂志还刊登过一些对士兵、乞丐、劳工、妇女生活的一手访谈，

① 余天休. 本杂志经过及其将来[J]. 社会学杂志，1930，3(1).

② 孙本文（1892—1979），江苏吴江人，1925年获纽约大学社会学博士学位，中央大学教授，新中国成立后任南京大学教授，社会学和社会心理学家。主要著作有《社会学上之文化论》《社会问题》《社会思想》《社会心理学》。

③ 孙本文. 当代中国社会学[M]. 北京：商务印书馆，2011：241.

④ 李景汉，社会调查专家，北京通县人，1917年赴美留学，获加利福尼亚大学硕士学位。1928年任中华平民教育促进会定县试验区调查部主任，1935—1944年历任清华大学社会学系教授、清华大学国情普查研究所调查组主任、西南联合大学社会学系教授。主要著作有《北京人力车夫现状的调查》(1925)、《定县社会概况调查》(1933)、《北京郊区乡村家庭生活调查札记》(1981)。

也同样具有价值。作为早期专业的调查类期刊,《社会学杂志》在学科史上留下了浓重墨彩的一笔。

1921 年 9 月,《美国社会学杂志》第 27 卷第 2 期报道了中国社会学会成立的相关消息,并将之比拟于美国社会学会,肯定了中国社会学会成立的意义。同时《美国社会学杂志》还提及中国社会学会将定期出版期刊,应指《社会学杂志》,这份杂志当时还在酝酿中未正式出版,该消息称余天休博士是中国社会学会组织的领头人。从这个难得的证据推测,中国社会学会应成立于 1921 年 9 月前,而另有资料显示它成立于 1922 年 2 月,当然,成立时间不需纠结,因为一个学会从筹备到正式建立、备案需要一个较长的过程。图 1-3 为《美国社会学杂志》消息报道的资料复印件。①

JSTOR: The American Journal of Sociology, Vol. 27, No. 2 (Sep., 1921), pp. 235-239

JSTOR

THE CHINESE SOCIOLOGICAL SOCIETY

Recently the Chinese Sociological Society has been organized at Peking. The purpose of the Society is to associate together the persons who are interested in the study of the principles of sociology and social problems, especially those problems relating to China. The aim and procedure of the Society is similar to the American Sociological Society and other scientific associations. The Society will publish scientific papers and monographs from time to time. A sociological journal is also contemplated. At present Dr. Yu Tinn Hugh, formerly of Clark University, Worcester, Massachusetts, who is now lecturing at the Government University and the Teachers College at Peking, is the head of the Society.

图 1-3　《美国社会学杂志》关于中国社会学会的相关报道

综览余天休国内三十年的经历不难发现,他以大学教授的学者身份为主,然后运用自身的知识贡献着力于社会而不脱离学者本身,同时,其从事其他行业时积累的经验也帮助融汇滋养了其学术思考。余天休笔耕不辍,著有《社会学大纲》(初在西安中山大学油印 200 余份,由北平文化学社 1931 年出版)、《社会文化研究法》、《经济学原理》(北平北华印刷局发行,1933 年)、《殖边问题之研

① 资料由胡余锦明提供。《美国社会学杂志》由芝加哥大学出版社出版。

究》(西安中山大学发行，上海界路101号天民书局分销)、《人类的过去、现在与将来》等30余种著作，另有论文数百篇，供为我们现在探讨他的资料。

二、移居美国以后

1950年7月，余天休往赴美国，8月抵旧金山，不久便为旧金山《世界报》撰文，成为专栏作家，后一直为该报写稿。此后，余天休定居美国，历任合和总会馆主席、中华总会馆总董、商董、中华学校校董、余风采总堂主席、余绍贤堂主席、东华医院董事、三藩市总商会监事、世界报主任编辑、加利福尼亚州政府特许投资顾问、美亚联谊会会长、中美学院院长。① 另任投资法律顾问、美亚研究中心中国哲学教授。1953—1956年，余天休在本杰明·富兰克林成人学校教授公民课，1956—1961年他被聘为旧金山伽利略成人学校的中国语言、文化和历史的教导者。② 余天休工作忙碌，从这些职务中隐约可见他居为旧金山华人社区领袖。虽然侨居国外，他所做的还是和中国有关的事情，他不仅做了大量促进华人互助以及中美交流的工作，还孜孜于增强中美两国人民文化上的沟通。1951年，余天休在美国创办中美学院，这是中国人早期向西方人传输中国文化的先行探索，类似于现在的孔子学院。中美学院一度坐落于旧金山唐人街保佑华人渡海成功的天后庙内，学院后来颇具规模，吸引了不少美国人合办入董事局。学院邀请众学者任教，课程科目有中国哲学、文学、法律、戏剧、文化艺术、中医宗教、政治、国际关系等。图1-4为中美学院教职员工名录和所开设课程的复印件。

中美学院结合国际发展形势，与美国其他大学联合举办学术会，如与胡佛学院、美国亚洲研究中心合作举行会议演讲讨论，参会者不乏在美华人和美国知名学者。值得一提的是，早在1972年中美建交破冰前的1967年，他们就共同讨论过中美关系的过去和现在可能存在的问题、美国对中国的政策和两国的未来，这些会议具有前瞻性的意义，反映了学术指导在政治行动之先的功能。1969年，中美学院又举办了新中国成立二十周年学术研讨会，会议介绍了新中国的发展，展示了现代中国的生活。从一份保存下来的学术研讨会议议程和参

---

① 郝宏贤. 开发西北、关注教育的倡导者、践行者：余天休教授生平与著述辑要[M]. 西安：西北大学出版社，2009：10-19.

② 一份中美学院对余天休的英文简介说明了这一点。

FACULTY

Yuet-Shung Chen	Chinese Calligraphy
Paul C. Chew	Public Affairs
Chew-Wan Chin, LL.B.	Chinese Law
Wen-Shan Huang, M.A.	Chinese Culture
Kenneth Joe, B.A.	Chinese Dramatic Arts
Sung-Hsien Kung	Taoism
Peter Kwan, Ph.D.	Chinese Philosophy
Chuen Lam, LL.B.	Chinese Laws
Wilson Lai	Chinese Drama
Marvin S. Lee, M.A.	Chinese Language
Po C. Lee	Chinese Culture
Tsing-Ai Lim	Chinese Art
Pao-Tchin Lin, Ph.D.	Chinese Education
Yin-Po Lin, M.A.	International Relations
Pei-Chi Liu, M.A.	Chinese Cultural History
Wing Kwong Quan	Chinese Ancient Scripts
Hoy Quon, M.A.	Investment Banking
William Siao, B. A.	Economics
Stephen Wong	Chinese Ceramic Arts
T. Y. Wong	Chinese Athletic Arts
Yick-Lau Woo, B. A.	Chinese Educational Administration
Wun-Sun Wong, B. A.	Chinese Literature
Yung-Chien Yang, B. A.	Chinese Political Theories
T. H. Yu, Ph.D., LL.B.	Chinese Law and Culture

图 1-4　中美学院教职员工名录和所开设课程

会名单(见图 1-5)可见,会议参加者有乔治・泰勒[①],华人学者 Tao Pung Fai[②]、吴元黎[③]、陈世骧[④]、许芥昱[⑤]等,都是名噪一时的学者。中美学院为非营利组织,帮助新移民的华人就业和发展华人在美经济,让华人更快地适应美国环境。

美亚联谊会全称美国亚洲联谊会,是一个非营利性非政治性的教育组织,联谊会的宗旨是为会员创造资本和事业合作的商贸条件,增加文化交流机会以提升国际公共关系,通过教育培养沟通愿望,进行公平、公正、文明的合作,增强

---

① 乔治・泰勒,华盛顿大学远东和俄罗斯学院主任,1930—1939 年在中国居住,代表作有《中国北部的奋斗》《太平天国的叛乱》《现代世界的远东》。华盛顿大学远东学院是费正清之前美国了解和咨询中国问题的主要机构。

② Tao Pung Fai,曾留学德国,1940 年获德国柏林大学哲学博士学位,任美国加州山麓学院和圣克拉拉大学国际关系教授。著有《中国的精神和力量》《现代中国的新闻》《变动中的远东》《多元冲突》等。

③ 吴元黎(Yuan-li Wu),1920 年出生于中国上海,1942 年获英国伦敦大学经济学一等荣誉学位,1946 年再获经济学博士学位,曾在民国中央银行任职。1949 年移居美国,任美国旧金山大学经济系教授,是亚洲研究协会会员、北美华人社会科学家协会会长。

④ 陈世骧,字子龙,号石湘,祖籍河北滦县,1912 年生,幼承家学,具有扎实的国学根底和古诗学修养,后入北京大学主修文学,1941 年赴美在纽约哥伦比亚大学攻读中西文学理论。1947 年起,长期执教于加利福尼亚大学伯克利分校东方语文学系,任中国古典文学和中西方比较文学教授,中国王朝历史研究系列书籍出版物主编。张爱玲到美国后,他邀请张爱玲到加利福尼亚大学任研究员,共事两年。其平生著述不多,1972 年,其门生杨牧编订《陈世骧文存》,附录中有《与金庸论武侠小说书(两通)》。

⑤ 许芥昱(Hsu Kai-Yu),致力于现代文学研究。1944 年获清华大学文学学士,赴美任空军驻美首席翻译官及语言顾问,后获俄勒岗大学新闻学硕士、斯坦福大学中国现代文学博士,1959 年受聘于旧金山州立大学任中文系主任。1963 年出版《二十世纪的中国诗》,1968 年撰写《周恩来传》,1973 年回国观光后出版《中国的文艺界》,1980 年出版《中华人民共和国的文艺》。

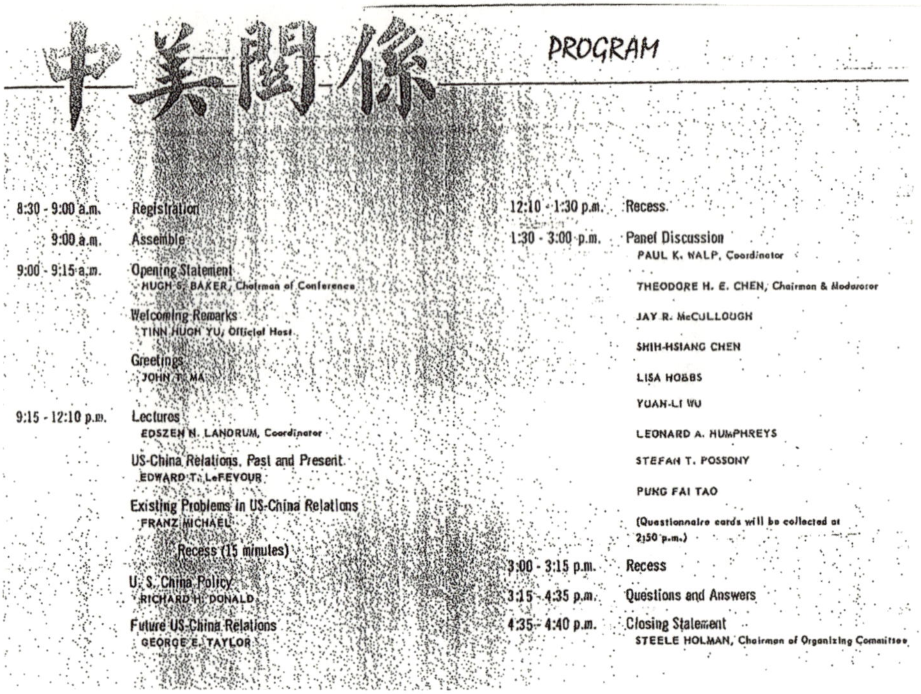
中美關係 PROGRAM

8:30 - 9:00 a.m. Registration
9:00 a.m. Assemble
9:00 - 9:15 a.m. Opening Statement
HUGH S. BAKER, Chairman of Conference
Welcoming Remarks
TINN HUGH YU, Official Host
Greetings
JOHN T. MA
9:15 - 12:10 p.m. Lectures
EDSZEN N. LANDRUM, Coordinator
US-China Relations, Past and Present
EDWARD T. LeFEVOUR
Existing Problems in US-China Relations
FRANZ MICHAEL
Recess (15 minutes)
U. S. China Policy
RICHARD H. DONALD
Future US-China Relations
GEORGE E. TAYLOR

12:10 - 1:30 p.m. Recess
1:30 - 3:00 p.m. Panel Discussion
PAUL K. WALP, Coordinator
THEODORE H. E. CHEN, Chairman & Moderator
JAY R. McCULLOUGH
SHIH-HSIANG CHEN
LISA HOBBS
YUAN-LI WU
LEONARD A. HUMPHREYS
STEFAN T. POSSONY
PUNG FAI TAO
(Questionnaire cards will be collected at 2:50 p.m.)
3:00 - 3:15 p.m. Recess
3:15 - 4:35 p.m. Questions and Answers
4:35 - 4:40 p.m. Closing Statement
STEELE HOLMAN, Chairman of Organizing Committee

图 1-5　新中国成立二十周年学术研讨会议议程和参会名单

社会福利团体和谐，鼓励美亚组织和个人为世界和平工作，提供相互的道义精神支持。① 联谊会举办演讲活动，介绍东亚南亚形势，交流孔子学说，讨论建立孔子学校，分析中欧语言文化的异同，介绍中国戏剧等。每年聚集开大会一次，每月聚餐一次，每次参会人数达百人以上。协会出版月刊和年刊，播放中国电影戏剧，展示中国服装美食，向西方人宣讲中国历史文化，促进文化交流。每次大会后，余天休都用他的那台老式打字机打印出会议讨论辑要，然后将文件亲自邮寄分发给与会代表。② 余天休还自费将老子所著的《道德经》译成英文书，向西方人讲授中国传统文化。

中美学院不仅让西方人了解中国历史、文化，而且帮助中国留学生适应美国社会。如果说在国内的三十年里，余天休致力于民族振兴更生，那么，在国外的这一时期他则成为中西文化沟通的一位使者，勤恳踏实，致力于民族文化的交流创造，事无巨细，皆亲力亲为，因积劳成疾，1969 年 3 月 5 日病逝于旧金山。

① 参见《美亚联谊会目标和活动声明》。

② 据胡余锦明越洋电话口述。口述时间：2017 年 4 月 30 日。

在美国期间，余天休撰写了不少文稿，在一份关于任教者余天休的简介概要的中美学院通告中显示，余天休这一时期所著的学术成果颇丰。其中，英文成果有《中国思想文化的社会学解释》《中国宪政的失败：原因和结果》《中国和盎格鲁—美国法律：一个比较解释》《从国际混乱到世界统一：关于世界政府的提议》《海外华人：他们的境况与光荣》《门外汉经济学之框架》《“道”作为打开世界和平钥匙的哲学》《道德经注》《道德经关于“道”的基本原则和理念》；中文成果有《动能：人类命运的哲学分析》《中国政治演化向何处去？》《现代国际政治演进》《现代中国民主重构》《文化和人类环境》《适应或非适应：现代人类问题》《中国秘密结社组织的社会学分析》等。这些文章在国外可能均未出版，但从文章题目看，它们皆符合余天休早期的文章风格，有些内容和他在国内所著的文章资料类似，而关于道德经译文和世界联邦政府的后期文章，都已被阅见和出版。这些论文是他对自己学术的拓展深化，汇总回顾了前期文章，取其精华。这些文章题目诱人，想必大有内涵，可惜本书作者多未见到，而且这只是他后期文章的一部分，因为其论著不会在教员介绍中全部列举出来。

图 1-6　余天休与时任纽约州州长的纳尔逊·洛克菲勒(Nelson Rockefeller)握手。纳尔逊后为美国副总统

图 1-7　中美学院 Logo 标志

第二节　余天休主研学科:民国社会学

余天休研习科目较多,但主研的是民国社会学,因此,我们将在这一节叙述社会学在这一时期的发展。总的来说,近现代阶段,我国社会学取得了较大发展,这与当时的社会背景以及各种救国争议的探索有关。近代中国,社会动荡,乱中求治,分久必合,人心向安,各种救国方案诞生。而应该首先进行政治的、经济的变革,还是文化的、提高国民素质的变革形成争论,多方各执一词。政治上提倡革命、改良、维新道路的皆有,各方发生论战。经济上有的提倡发展工业,有的提倡以农业为本,工业立国还是农业立国争论不休。文化上有的提倡教育救国,有的提倡学术救国等。各种救国方案由不同团体不同认知的群体组织实施,但最后政治上的方案占据主位,即先由历史选择进行政治变革,稳定大的局势,然后其他方面的建设次第施行;而不是先进行政治以外的枝节改进,最后促成整体社会系统发生质的变化,因为后一种方案用时长久且显得遥遥无期。其中,政治革命被证明是在这种极端环境中的最佳举措,是形势迫不得已使然。改良固然也不错,但改良是枝节性的,对症用药程度不够。在经济建设方面,工业化和城市化论调胜出,农业、乡村建设为基础和辅助,一改几千年的固有习惯。当然,以梁漱溟、晏阳初、杨开道领衔的乡村建设学派在乡村试验方面同样取得了成就并产生了广泛影响。其中,农村工业化主张循序渐进,脚踏实地,也有生机活力,似乎更符合国情,这一举措吸纳了乡建派和城市工业派的见解,实现了由传统到现代的平稳过渡,这是费孝通他们的主要观点和贡献。全面工业化、发展重型工业应在取得统一独立主权、政治环境稳定后推行才更为便利,这一派的观点超越了当时的时代条件。文化方面,主要围绕如何保存传统和如何借鉴西方文化展开,既有主张完全保存和发扬国粹的,也有呼吁全盘西化的,各有偏颇,实践中以中西融合、交流为主基调,各种形式的中西融合在现实中都存在。

政治、经济、文化的建设是一种宏观论述,阐述的是基本原理。微观则关乎人们的生活,包括人们如何在乱世中生存、如何开展社会建设和管理、社会在这种情境下怎样发展进步等,这些实在是值得深入思考的课题。我们的文章基本围绕后者展开,所涉及的各学家都提出了自己的社会发展论,以迎合所处的时代,带有强烈的时代和历史特征,其目标都是要改变社会,促使国家富强。这后一种方案具有典型的社会学特征,社会学之所以在这一时期成为专业学科,在较多学校设系、开办课程、招收学生,其中原因固然是其受到关注或重视,它被列为解决社会问题、改造社会的首门学科。社会学实际而有用,被认为能够改造社会、变革社会。下面我们将论述社会学被寄予学科厚望的原因及社会学学科在民国的大致发展阶段。

一、社会学改造社会的功能

由于社会环境的恶化,民众,甚至包括青年学生对社会的不满情绪增加,青年人对于社会感到比较灰心。一项关于某所乡村师范学校入学学生的调查(学生多为 15—21 岁)显示,总数 101 人中,对社会不满意的有 79 人;已婚者对婚姻不满意的有 38 人,满意的有 21 人。[①] 虽然这项调查人数少,代表性不高,但不满意者达 80%,这个比例足以说明青年人对人生的烦闷情绪与社会发展缓慢停滞有关,青年人看不到前途。社会急需改变和发展,社会学应运而生。当时,有人认为,"社会学是改造社会的利器,是协调人际关系、增加人生幸福的工具。现在社会的第一大吃紧的问题是改造,最能有益于改造社会的是社会学。社会学是寻求公众行为的定轨的科学,社会学和其他学科相比不会只限于一方面的改造而不顾其他方面的利害,不会救了一弊又生一弊,而是各方都能兼顾。其中特别提到现在社会改造的一大阻力是占有权力的人不肯牺牲现有的利益,资本家过于重视物质方面而忽略人与人之间的关系,把工人当作做工的动物看待,弄得贫富差距越来越大,社会问题越来越多"[②]。社会中问题丛生,贫富差距过大被认为是没有发达社会学智识的结果。社会学在分析问题和解决问题的过程中具备兼顾各方利益、公平正义的特点,所以社会需要这个学科。这里可能将社会学的功能拔高了,社会学未必能起到改造社会的作用,它只不过是众多学科中的一个学科而已。但是可以这么说,真实地描述社会,发掘人的客观需求,科学地分析解释原因,是这个学科的理想抱负,社会学学科发展是在朝着这条路径行进的。

严复比较重视社会学,他在翻译斯宾塞的《社会学纲要》中提及社会学要旨时,将社会学称作群学。"群学何?用科学之律令,察民群之变端,以明既往测方

---

① 余天休. 青年人的社会心理[J]. 社会学杂志,1931,3(8).

② 林幽. 注重社会学的理由[J]. 社会学杂志,1922,2(2).

来也。肆言何？发专科之旨趣，究功用之所施，而示之以所以治之方也。……群学者，将以明盛衰治乱之由，而于厚生之事持其本耳。”[①]群学是社会学在清末民初的流行称谓，严复揭示出群学，即社会学的几个特征：第一，它是科学的，而非思维的；第二，它是变化的而非不变的；第三，它能预测未来，同时明晰历史，不对未来茫然，并了解过去；第四，它有效用，非空谈；第五，它解释社会，主题围绕社会为何盛衰治乱而展开，其余遑论；第六，它特别关注民众生活问题，以民生为本，非普通民众的其他阶层的生活不在其主体范围内。重点在三个方面：察变化、求秩序、厚民生。严复的分析客观周到，这种分析即使放在现在，用来认识社会学学科的特点，也能起到强化和深入的作用。

人们发现了国家社会存在的主要问题，就试图尽快地变革现状，这种心情极为迫切，很多热血青年成立了如北京实进会一类的组织，其动力和动机就源于此起彼伏的社会改造运动。[②] 社会不应该是现在的这个样子，应被改造，有志青年对未来社会充满期待。著名作家郑振铎[③]那时还是学生，编辑学生刊物《新社会》，他撰写发刊词，集中表达了青年的志向和愿望。

中国旧社会应该改造，我们改造的目的是创造德谟克拉西的新社会——自由平等，没有一切阶级、一切战争的和平幸福的新社会。什么是我们改造的方法、态度和手段呢？我们改造的方法，是向下的——把大多数中下级的平民的生活、思想、习俗改造起来；是渐进的——以普及教育作和平的改造运动；是切实的——一边启发他们的解放心理，一边增加他们的知识，提高他们的道德观念。我们改造的态度，是研究的——根据社会科学的原理，参考世界的改造经验；是彻底的——切实地述写批评旧社会的坏处，不作囫囵的新旧调和论；是慎重的——实地调查一切社会上的情况，不凭虚发论，不无的放矢；是诚恳的——以博爱的精神、恳切的言论为感化工具。总括起来说，改造的目的和手段就是：

---

① 严复. 群学肄言叙[J]. 鹭江报，1903，32(3).

② 北京社会实进会成立于1912年11月，是一个北京青年学生服务社会的社团组织，设学务、演说、游戏、调查等部，定期举办活动。参见步济时的北京社会实进会的沿革和组织，载自《新社会》1919年第1期和第2期。步济时，毕业于美国普林斯顿大学，是在华基督教会人员，长期在中国从事社会学教学和社会服务工作。

③ 郑振铎，我国现代著名作家、文学评论家，出生于浙江永嘉，1919年参加“五四”运动，与沈雁冰等人发起成立文学研究会，曾任上海商务印书馆编辑，《小说月报》主编，历任北京燕京大学、清华大学教授，上海暨南大学教授，《世界文库》主编。1937年参加文化界救亡协会，与胡愈之等人组织复社，出版《鲁迅全集》，主编《民主周刊》。新中国成立后任全国政协委员、中国科学院文学研究所所长、文化部副部长等职。

考察旧社会的坏处，以和平的、实践的方法，从事于改造的运动。

郑振铎早期接触社会学时，曾提出过改造旧社会、创立新社会的口号，呼吁社会改造活动应该和广大人民群众为伍，到田间和工厂里去生产劳动，做调查研究，认识社会。社会改造不能流于形式和口号，应找准对象，实地施行，从小区域做起，建立新村，过新生活。这种论调显然吸收了社会学社会调查注重实证的学科特征。

以和平的、实践的方法和科学的态度，调查社会情状，将思想学术传送给一般民众，使民众逐渐明事理、有觉悟，创造出新信仰、新人生观，改革一切旧制度、旧风俗习惯，这就是社会改造运动。社会改造运动力图革去过去种种陈规陋习，以热情无畏的精神，奋发向上的态度，无私奉献、不计个人得失的品格，号召民众一起，形成群体规模效应的驱动力，共同促使社会进步发展。瞿秋白①发表文章，歌颂劳动幸福，提出劳动问题。劳动问题是指改善劳动阶级雇佣状态的问题，改进雇佣条件可以使劳动者能够自由发挥意志和创造的本能。像郑振铎、瞿秋白这样的有志青年不在少数，北京共进会这类组织将学生聚集起来，帮助那些需要帮助的人，他们举办了各种活动，包括公益卫生调查、公益联络、培育儿童智识、开发民智、补习中学生课程等，另外，夜学校、演说会、游戏场、人力车夫调查事业也都次第举办起来。北京共进会还编辑杂志以宣传活动业绩，《新社会》②就是其中一种。《新社会》自述其任务是介绍社会学说，报告本会服务及服务成绩，关注社会临时发生的重大事件，开展社会研究与社会批评。总之，社会改造运动在北京大学及北京高校学生中引发了强烈的共鸣，激发了学生的热情；先进者发现了社会前景，积极投身社会建设，引领了社会风潮，后来参加者日益众多，为"五四"运动的爆发准备了力量。学生思想的进步与北京大学教师步济时、陶孟和、康宝忠等人传播社会学知识是分不开的。新文化运动与社会学者也有一定的关系，一般历史学对此轻描淡写，追溯起来，社会改造思想的传播，社会调查促发的从实际出发的思想给学生带来的触动，激发起年轻的热血，都对运动起到了先声的作用。社会学在激发思想、认识现实从而营造"五四"运动的氛围方面颇有业绩，思想成为运动的导火索，当然更主要的是整

---

① 瞿秋白，中国共产党早期主要领导人之一，1923 年主编中央机关刊物《前锋》，参加编辑《向导》，1927 年自编《瞿秋白论文集》，1935 年 2 月在福建长汀县被国民党军逮捕，6 月慷慨就义，时年 36 岁。

② 《新社会》编辑部于 1919 年 11 月成立，编辑供青年学生阅读的刊物《新社会》。《新社会》先是出旬刊 4 开小报，1920 年起发行册本，郑振铎、许地山（1920 年加入）、瞿秋白、瞿世英负责撰写。《新社会》杂志共出了 19 期，1920 年 5 月 1 日被查封。

体时势使然，环境所致。这正是余天休将要回国的时候，当时国内大致的形势背景。

许仕廉[①]后来在1930年回顾了这段历程，他主要叙述了从1920年中期至1930年社会学发展的情况，他说这期间发生了一个“社会学运动”，许先生将其描述为“运动”，可见社会学发展势头还是十分澎湃惊人的。他从出版社会学论著，各大学建立社会学系及开展社会调查、实验和研究，组织社会学学会，发行专业期刊，联络国际学者，开展社会服务行政工作及发动社会建设运动这几个方面的发展增速得出这个结论。许仕廉在分析社会学在这一时期之所以取得这样的进步的原因时认为，这是源于社会环境的刺激，是社会环境的产物。这和我们的前述观点一致。同时，更进一步来看，之所以设置社会学专业，是因为人们的观念已经变了，社会学运动所取的观念来自以下方面：进化观念，即相信了解社会法则可以改造社会；人权观念，即人人享有发展自己的权利；建设观念，即社会改造是建设的事业，不是破坏的事业，是社会改良和进步；科学观念，即科学是社会建设的最大工具，用科学去解决社会问题。[②] 可见，社会学本身源于精英大思想家的社会思想，这些思想发生于学科的新变化。社会学学科在我国近现代加速拓展，起于社会环境的需要和人们观念的变化，社会已然破败不堪，急需重新构造，社会学便应运而生，同时，社会学的出现加速了现代发展进程。

二、民国社会学发展的大致分期

1930年代以后至1949年，民国社会学进一步往前推动，过程波澜曲折，经历了不同的阶段和变化。依本书作者之见，大致可以分为五个时期。[③]

第一个时期是民国前，这一时期以介绍社会学学科名称和翻译西方社会学著作为主。如1895年，严复介绍群学，翻译西方斯宾塞、甄克思等人的著作；还有康有为、章太炎、梁启超介绍社会学及译注西方著作。在翻译的西方社会学

---

① 许仕廉，生于1896年，湖南湘潭人，留学美国，获爱荷华大学哲学博士学位。1924年回国，任燕京大学社会学系教授，1927年创办《社会学界》年刊，抗战前夕赴美定居。

② 许仕廉. 中国社会学运动的目标经过及范围[J]. 社会学刊，1931，2(2)：1-29.

③ 这种分期基于本书作者目前的认知，随着发掘民国社会学的资料增多，这种分期会发生改变和调整。关于社会学学科的分期，刘绪贻、韩明谟、杨雅彬等先生都有论述，本书的分期及对每一时期特点的描述与他们有所不同。

著作中，学者们往往结合我国传统和面对的社会运势现实，裹挟自己对社会学的认识和理解，对于何为社会学、群学抒发己见，尽管彼此间具有分歧。社会学在这一时期还没有成为专门的学科，学者们不以社会学为专门科业，他们还探讨了其他学科，这是这一阶段我国社会学的特点。

第二个时期，西方传教士对我国社会学的发展做出了很大贡献。我国社会学的进步有传教士的一份功劳，如美国人阿瑟·孟(Arthur S. Mann)1905 年在上海圣约翰大学，1913 年美国传教士葛学溥(Daniel H. Kulp)在沪江大学，1918 年美国传教士约翰·步济时(John S. Burgess)在燕京大学都教授过社会学课程，培养中国学生，带领中国学生调查社会，这些外国传教士在中国播撒了社会学专业种子的同时也收获了他们自己的学术成果。

第三个时期为我国社会学学术初创期，中国本土职业社会学诞生。1910 年代中期至 1920 年代中后期为初创期，专业家寥寥不过数人，如 1916 年国立北京大学首次由中国人康宝忠开设社会学课程，其后陶孟和[①]、余天休、许仕廉等社会学专业家学成后回国任教，我国本土的社会学者群体产生，与西方社会学相区别的我国社会学真正的学科特点开始形成。

第四个时期为学术发展期。自 1920 年年末至抗日战争前，社会学学者日益增多，学术队伍不断壮大。由于社会环境相对稳定，经济建设也取得了一定的成绩，故形成了 1930 年代的学术繁荣，产生了一批在本领域取得较为突出的成果的有名学者，如孙本文、吴景超、陈达、潘光旦等。本土社会学专业或职业刚产生不久，就快速达到学术的一个高峰，这种情形较为奇特。

第五个时期为抗战之后直至 20 世纪中叶，社会学虽有所发展，但抗战条件艰苦，交通阻滞，印刷资料缺乏，研究学术者减少，一部分前期的学者改行他业。剩余的从事社会学研究的学者往往被爱国情绪激起，发愤图强，埋头苦干，围绕国家独立和社会建设展开，成绩较为显著。“抗战整体学术没有衰落，反有进步的气象，社会学知识渐见推广，理论渐见系统化，更加注重对社会事业、社会行

---

① 陶孟和，原名履恭，祖籍浙江绍兴，1887 年生于天津，曾就读于南开学校，1910 年赴英国伦敦大学经济政治学院学习社会学和经济学，1913 年获经济学博士学位。同年回国任北京高等师范学校教授，1914—1927 年任北京大学教授、系主任、文学院院长、教务长等职。陶孟和志在开展社会调查研究活动，组建社会调查所，组织人员专门从事调查，具有一定的影响力，1948 年当选为中央研究院院士。1949 年 10 月起担任中国科学院副院长，创办中国科学院图书馆。

政的研究，对社会应用发生兴趣。这是一种新趋向。"①费孝通等为其中后起之秀的佼佼者，学术成果在这一阶段不同学者群中产生分化。

余天休是我国最早的一批本土社会学家之一，我国社会学系、社会学课程、社会学学会、社会学刊物、社会学实践逐渐建立和完善，余天休一直致力于社会学学科建设。由于研究社会学时间早，余天休在社会学组织和社会学刊物方面占据了两个"历史首次"，社会学学科专业性日益凸显。20 世纪 20 年代到 30 年代，他在学术上大力拓展，40 年代继续发展，由此形成了他对社会学系列问题的独有观点和思想。

第三节　本书内容概要及研究方法

在社会学之外，余天休还研究其他社会科学。实际上，他提倡昌明整个社会科学，其在学术发展上具有较高的个人抱负。他指出这样一种现象：社会科学落后于物质科学，社会科学跟不上时代的发展。相比不断变化的现实，社会科学是滞后的，时代的发展呼唤社会科学的并进，全社会应该重视社会科学，将社会学科进一步科学化，以科学方法研究社会。余天休说，学者的见解自有其特殊之处，一般学者的研究比常人的观察更卓越，他们以事实为根据，常年追踪一类问题，深入透彻，研究不在于广而在于精。对于这样的学者见解，全社会应该尊重和重视，如将教育和社会科学联结在一起，加强社会科学的教育，将舆论和社会科学联结在一起，使舆论更为科学，还有公共行政、立法事项都遵从社会科学的成果，将社会科学应用于这些部门的运行中。同时，学者们也做到将研究结论公之于社会，使人人知道防备。② 科学研究不仅仅是学者的专项，也并非禁锢于象牙塔内，而是要将其成果社会化，告之有关部门，普及全社会成员，让社会更多的人知晓，学者应主动承担科学知识社会化的任务，向民众宣讲。同时，社会机构和公众也应重视学者主张，如此循环，促进社会科学的发展。

---

① 孙本文. 七年来的社会学[M]//孙本文，等. 中国战时学术. 南京：正中书局，1946：75-76.《中国战时学术》是中央文化运动委员会资助出版的文化运动丛书之一，概述了抗战以来哲学、文学、教育学、社会学、政治学、法学、经济学、史学、地理学、心理学、自然科学的发展。抗战期间学者学术成果依然丰硕，强调在抗战困难形势下学者坚持学术研究的可贵精神。

② 余天休. 社会科学落后的危机和补救的办法[J]. 社会学杂志，1931，4(1).

一、本书内容概要

本书以余天休为主角，叙述其生平、社会科学研究成就及对当前的启示，《社会学杂志》是辅助材料，笔者将在社会背景一章中对其进行描述，同时兼及整个民国社会概况。本书运用诠释的方法，凡是与余天休学术相关的重要名词术语，笔者都进行较为详细的解读。余天休的学术具有自己的创见，其友评价他："其应世主知行合一，谓一切事态起于动，因动而生变化，因变化而得事理之宜，此易之理也；其交游无阶层畛域之偏见，尊重个人之个性而一视同仁，其治事主以静策动，以柔克刚，以虚声实，以无为策有为，此道家之要旨也；其治生祖白圭，动如猛兽惊鸟之发，而持法尚管仲，坚握信赏必罚之枢，以经御权，以权应变，盖取精多而用物宏也。""谓为学贯中西学者可，谓之理烦治剧政治家亦无不可。"[①]余氏所处时代世事纷繁，变幻莫测，是非未定，他对相关问题都条分缕析，客观制定可行对策，这是他学术与实践总的特点，我们的研究力求体现这些特点。从本书中，我们能获知以下几方面内容。

第一，民国社会概况。民国社会历经数年，发生很多事件。我们的描述主要从民众生活的角度出发，摹状当时的民众是怎样生活的，着眼于微观视角，不刻意展示那些影响历史进程的大事件风云，而是深入民间生活，主要描述民国民众的日常开支、婚姻家庭、秘密结社、宗教信仰等日常生活样态。此外，结合所涉及的事件问题，介绍民国社会学和有关学者的学术研究。

第二，余天休学术思想的方方面面。这是全书主体内容，大致包括余天休的哲学思想、进化论、群治术治观、经济思想、宗教观等。他的哲学理念在于"动"，敢为天下先，这和传统注重"静"的文化不同，我们将在本书中阐述余氏"合适之动"的哲学理念。当时流行西方的进化论，余氏受其影响很深，我们将介绍西方进化论的内容及他的进化思想的中国元素，如余氏所描述的从原始社会起人类与自然环境的搏斗，整个人类社会的过去、现在和未来走向。余天休值得发掘和称道的是他的群治术治观，根据西方如罗斯的社会控制论以及我国其他学者的社会约制、社会制裁等论点，我们提炼出余氏社会治理的独特观点及他对社会控制与社会进步关系的阐述，这是我们要详述的内容。1923 年，余

---

① 汪公亮，朱照箕，陈文震．余天休先生之学术思想与政治理论[M]//谢立中．民族复兴与世界联邦：余天休社会科学论集．北京：北京大学出版社，2008：328.

天休发表了关于中国社会进化和控制的文章，也是他的博士论文，被美国社会学协会分部历史社会学评论为百年文献之一（见图 1-8）。[①] 术治取自传统，包括权谋、术数、礼教、世故，术治和个体道德修养有紧密的联系，诸如有为、沉忍、任事、职业道德等是余天休在《正风》杂志所刊文章的要点。术治与用人直接相关，余氏用人思想和对人的认识具有现代管理的实际应用价值。余天休的经济思想取自经济平衡理性，平衡中庸贯穿于他对经济各要素的分析中，比如他不认为大家都去做官求富贵是符合经济理念的，他认为士农工商各行各业应该共同发展。他的殖边救国论实质属于经济范畴，通过殖边增进生产，均衡人口，我们将在本书中叙述殖边救国的背景及相关论述。

CENTENNIAL BIBLIOGRAPHY
ON THE
HISTORY OF AMERICAN SOCIOLOGY

Compiled by

MICHAEL R. HILL
Editor, *Sociological Origins*

Yu, Tinn-Hugh. 1923. *Progress and Social Control in China. A Critical Analysis of the Chinese Social Order together with Its Bearing upon Progress and the Decline of Population.* Peking: Chinese Sociological Society.

1-8 美国社会学协会历史社会学分会评选的社会学百年来的重要文献（余天休文列其一）

另外，余天休的宗教观阐述了我国宗教的世俗性，列举了众多为我们的生活所熟知的仙佛，本书将对这些仙佛的含义分别进行注解。在政治方面，余氏指出了传统政治和民主政治的关系，对比了中欧政治演进，提出了政治建设的纲要举措。民国处于新旧交替西学东渐阶段，如何处理传统和西方的关系一直是民国学者的矛盾心结，有时偏于西方，有时看重传统，这在余天休的论著中同样有所体现。在有关国际关系方面的论述中，余氏关注外交和世界政府、文化大同，本书将追溯世界政府运动的来龙去脉，分析余氏提出的文化大同达至人类和平道路的含义。文化方面，余氏提出文化冲突比当今有名的亨廷顿要早得多，余氏的文化观注重文化的地方性，提出区域文化研究法和文化传播路线，开展具体的地区文化研究，根据生活经验，提出文化输出国门观。教育方面，余氏

---

① 资料由胡余锦明提供。

提出社会教育、教育平凡化等概念，认为教育不仅是教育界本身的事业，还是社会事业，教育应面向社会，培养社会所需要的人才。余天休对读书方法颇有心得，本书将结合古代名人学者读书的经验阐述他的读书观。余氏重视学术，提出"学术救国"中"学术"一词的特别意义，认为人人可做学术，改进工作。社会学方面，余氏介绍了当时西方主要的社会学家及其代表理论，探讨了中国和西方社会思想的发展情况，并提出了精密的个案研究法，对三十年来的社会名流人物进行分析。本书将对 20 世纪初西方主要的社会学家和经济学家进行简单介绍，这些学家当前即使在西方也不常被提及。余天休的学术名词中涉及的民国政治体制和教育体制变化、秘密结社组织情况，本书将在附录中进行较为详细的线条梳理。

总之，从本书中我们不但能够熟悉余天休的学术思想，了解他的经历和思维方式，还可以涉猎民国的相关内容，从较新颖的角度评述民国的政治和制度，比较余天休与同时代民国其他名学者之间的学术异同。作为一位留学美国多年的学者，余氏的论著带有西方社会科学学者理论的痕迹，书中也将对此进行介绍。全书的研究方法重在解释释义，以注释为主，其中不乏本书作者个人即兴的评论。[①] 我们的难点在于资料不能找全，有很多资料都是首次阐发，如在《正风》及《社会学杂志》发表的论文，还有很多余氏所著书籍，而且胡余锦明女士提供的不少珍贵的资料在国内不可阅见，如创办中美学院和美亚联谊会的学术会谈后的编辑纪要，但是根据余天休本人 1947 年自写的一份他所著文章的完全统计目录（见图 1-9），本书在资料上尚有差距。如《社会法理学》《法学概论》《回教史之研究》《商学概论》《英人统治下之印度》《应变论》《参政导言》《中国经济改革方案》等，另外他主编的英文报纸，以及移居美国后所著论文，本书作者都没有阅见。正由于资料的缺乏，本书作者对余天休的学术认识必然不够全面，降低了他思想的丰富性和对他认识的准确度，只涉及他学术的大部分，这不能不说是本书的遗憾和不足。

二、关于注释的历史研究方法

本书在研究方法上主要采用注释法，注释分零碎注释和整体注释两种，本

---

① 关于本书的诠释方法、诠释历史资料的途径及注意事项请参见邹千江的《吴景超社会思想研究》，中国传媒大学出版社 2015 年版，第 25-30 页；及邹千江的《冲突转化：中国社会价值的现代演变》，中国传媒大学出版社 2008 年版，第 270-278 页。注释法本身还有待于拓展。

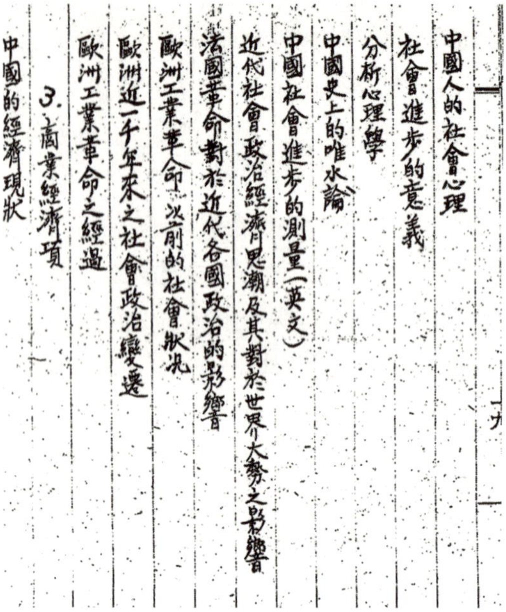
中國人的社會心理
社會進步的意義
分析心理學
中國史上的唯水論
中國社會進步的測量（英文）
近代社會政治經濟思潮及其對於世界大勢之影響
法國革命對於近代各國政治的影響
歐洲工業革命以前的社會狀況
歐洲近一千年來之社會政治變遷
歐洲工業革命之經過
3. 商業經濟項
中國的經濟現狀

图 1-9　余天休自述著作目录

书两种方法都采用，但倾向于后者。现在，注释法较少采用，研究者喜欢直接抒发自己的见解。古代学者尊重经典，经常运用注解，如历代对诸子百家的精义注解，层层递加，以至于注释文量超过正文的比比皆是。但现在的论著多只是注明文献出处，而非新解，即现在所谓的参考文献和注释的区别。本书零碎的注释以脚注的方式呈现，古代主要采用这种注释，适用于所注词句较为生僻且各词句本身关联度不高的情况。整体注释一般置于正文中，但字形上有所区别，作为主文的附录体。整体注释的优点在于能对注释形塑整体一致的印象，类似于一篇短文，而零碎注释对每个词句进行详尽说明，但不能指示不同词句之间的关系，就整个文章来说比较散乱，而通过整体注释将相近的注释词句连贯起来，容易发现不同注释词句间的区别。通过整体注释，集中一个主题，读者能从中获得完整的印象，本身连贯可读。如果零碎注释也放在正文中，将冲淡正文，阻碍正文阅读的流畅性，整体注释使每个注释的部分在全文系统中获得应有的位置，有助于理解部分词句的含义。从整体到部分，再从部分到整体循环注释，两种方法交替使用，有助于加深解释的力度。整体注释大段呈现，缺点是存在喧宾夺主的嫌疑，而且整体注释需要各段注释之间本身相关，否则难以连缀起来，这是一种较新型的注释呈现方式，若运用得当，其价值与主文相比毫不逊色。

需要说明的是，本文固为历史研究，所涉主题为过去之事，“历史就是人生过往的经验，择其重要发明其中的价值和意义”①，但重在当下。现在和过去固不可分割，因为时空是连续体，源流不断，从过去看现在和将来，以鉴古知今，继往开来。通过对历史的探究描述，有助于发现我国社会的特质和以往的溯源，从而更好地面对现在和未来，解决将要面临的问题。按照西方现象学的理论观点，现在的人们其实很难真正了解现在的意义，只有经过一段时间回溯反刍之后才能蓦然发觉。“现在是绝不能解释现在的，现在的解释必须追溯到既往，也就是历史。”历史的长期发展引起质变巨变，我国著名历史学家吕思勉先生亦言：“社会之所以成为现在的社会，社会变迁的山崩是来自于历史点滴的风化，历史者，所以说明社会进化的过程者也，历史的价值就在于此。”②我们这项研究的意义，就在于开拓社会科学史研究，将古今中外广为联系，为探讨当前社会发展和社会建设提供可借鉴发掘的思想源泉。

---

① 钱穆．中国历史精神[M]．北京：九州出版社，2011：6-7．钱穆，近现代著名历史学家，著述达三千万字，主要内容为中国历代思想、历史和文化。

② 吕思勉．中国通史[M]．北京：中华书局，2015：4-6．吕思勉，近代著名历史学家，善于编撰通史、社会史，著述丰富，其著范围几乎囊括了我国历朝代。

第二章 国内环境:《社会学杂志》描述的1920—1930年代的社会民生

中国近代,内忧外患共存,世事对人们生活来说显得亟变难料。从近代,我们能够探知乱世模态。19世纪末期至20世纪中期,我国因遭受西方列强侵入,特别是甲午战争及抗日战争的爆发,使国家发生巨变,社会动荡不安,人民生活多舛。最大的问题是主权丧失,江海口岸被迫开放及租借租用。以海关为例,洋人控制海关,到1920年,中国海关洋人雇员仍占总雇员人数的近半数。1922年,海关雇员中有英国人561名,德国人228名,日本人236名,俄国人82名,美国人145名,法国人88名,意大利人69名,总计1409名。[①] 如此众多的洋人在我国国际贸易来往的必经之地海关工作,其绝不是受我们雇佣,而是由外国故意安插进来的,且这些洋人雇员个个身居要职,海关基本被外国人掌控,足见当时我国外交及国力之弱。一篇描述东三省的文章写道:“那时日本人已经在此地取得势力范围,简直横行霸道,我在从长春到奉天的车上,发现一个日本人在打一位中国人,因为这位中国人要睡在拿行李的横板上,动了一下日本人的鞋子,就被毒打一顿。那个车上人多拥挤,每条凳子上都坐了三个人,只有日本人那里只坐了一个,一位上车的中国人要和日本人同坐,被日本人生气尽力推开。”[②]国家主权不是抽象的,而是具体的,是与每位国人的生活息息相关的,主权削弱或丧失了,国家在国际上没有地位,就会遭到外国人的轻视,国内必定混乱不堪。正是在此积贫积弱的情境下,国人每日所思所做的唯救亡图存,复兴中华。“盖我国自欧风东渐,国人深感生存维艰,忧时之士,每协谋国事,只以思想不一,

---

① 海关洋员最近之数目[J]. 社会学杂志,1922,1.

② 徐实谦. 东三省旅行杂记[J]. 新社会,1919(4).

复无中心理念为之指标，以致愈救愈乱，国家无日不在风雨飘摇之中。”[①]以这百年的大事件计，如戊戌变法、辛亥革命、五四运动、新民主主义革命，都是在不同时空振作国民、促使社会进步、寻求国家独立安定运动之策。

当下者很难想象民国时期人们的生活，虽知社会动荡，但可能不了解动荡至何等程度，只能从保留下来的历史资料中窥其一斑。以 1920 年代为例，经过辛亥革命十年的洗礼，社会本来应该发生较大变化，但事实并非如此。辛亥革命加快了旧帝制王朝的崩毁，这是几千年来的第一次，帝制及其连带的整个旧制度对社会的制裁力轰然瓦解衰颓，社会正新旧交替。但是旧的机构已经失效，新组织尚未完全建立，旧的士绅土豪摇身一变在新机构中占据主要位置，招牌虽换，成色依旧，社会仍然处于失范或革新的十字路口。余天休观察总结道：“自辛亥革命以来，我国社会外表焕然一新，以言政治则废专制建共和，以言教育则废科举兴学校，以言法制则由人治步入法治。但环顾国内，不幸干戈扰攘，内乱迭起，江汉泛滥，灾患频仍，烽烟四起，匪盗如毛，悉索敝赋，捐税苛重，工商凋零，农村破产，强邻压迫，国土日削。凡事换汤不换药，而国贫民弱，民众于水深火热之中。”[②]这是对当时社会的真实描述，本章以余天休主编的《社会学杂志》为中心，描述当时社会的民生状况。

第一节 兵匪、帮会、劣官对民众的侵扰

辛亥革命后，民国已然建立，但国家政权并未统一，地方势力强大，形成分裂割据局面，群雄群贼并起，政治权力涣散，国家为军阀土匪所祸。各地闹匪厉害，县邑乡村均有匪徒聚集，公然抢夺，与正式部队分庭抗礼，民众受其骚扰，出门行走或在家，所享取的不是安稳，而是处处提防是否有匪。此外，还有江湖组织、兵员与腐败官员的变相侵扰。

一、闹匪

民国匪徒横行为现在人所难以想见，几乎遍地都是，那时的中国有别号称

① 汪公亮，朱照箕，陈文震. 余天休先生之学术思想与政治理论[M]//谢立中. 民族复兴与世界联邦：余天休社会科学论集. 北京：北京大学出版社，2008：467.

② 余天休. 宦风[J]. 正风，1936，3(9).

“匪国”，匪徒立横行尤以山东、河南地区为甚。根据《社会学杂志》的资料显示，自1922年以来，山东费县、临沂、昌邑、阳谷、鱼台、潍县等地，以及河南内黄、南阳、商水、汝南的匪徒聚众，人数达数百，有的地方甚至上千、上万，他们到处烧杀抢掠，洗劫村庄，抢掠人员财物，手段惨烈。村民对抗不过，只好弃家逃走，弄得十室九空，不能逃走的亦不敢安居室内，晚间携妇孺潜伏于麦田深处，屏气敛息，勿敢稍动。乡村如此，城市也不安全。四方的逃民聚集起来，躲避到城邑一处，路上扶老携幼，背井离乡，牵牛负物，络绎不绝。为防止匪徒攻城，城邑三门紧闭，加固石墙，只留一门出入，来往货物需检查，街上商铺一律停止营业，萧条之状目不忍视。匪徒攻城方式有多种，有的假扮成商人或乞丐模样混进城里打探消息，趁城内警备空虚之时发送信号袭击城内。匪徒攻入城池，即行放火，城内大街焚烧殆尽，背街房屋被焚者也不少，商号住户几无片椽之地，关押的罪犯悉数放走，妇女财物掠去装置数车。公共场所尚不安全，特别是在车站，有匪徒盘踞在京汉道中，驻扎在距离火车站数十里外，山居露宿，夜出昼伏，袭击车站旅客，绑票勒索，无所不至，或公然在车站强行带走乘客到山寨逐一盘问家中是否贫富，责数取赎，如发现信口妄报者严惩。部队来了则藏匿山中，匪徒盘踞山中，依靠有利地形，在如青纱帐、深山处躲身，官兵也无可奈何。① 早期的匪徒聚啸山林，尚且打着“劫富济贫”的旗号，为穷人所拥护，富人几乎都做好了被劫的准备。“因为所有富裕者都料到早晚会被绑架，所以总是存有一笔钱以备勒索。这是事实，强盗也很清楚。富人被土匪绑架后，马上写一封信让家里人按照要求的数目付钱，事情很快就会解决。许多富人经过四、五次绑架后，几乎败落为穷人。”②现在富人少了，土匪就降格绑架中等富裕者甚至贫民，不分青红皂白地抢劫，穷人富人一律不放过。一旦绑票，询问是穷人，遭遇毒打；问到富人或官府的人，反而优待，一些被绑者谎称自己家有钱财以躲过劫难。民国匪徒文化并不像相关题材的文艺作品里演绎得那样可爱，其行径大体如此。

匪徒如此嚣张，与驻防军队剿匪不力有关。有的部队距离事发地点不过数里，却故意匿迹不问，不肯越雷池一步。彼时有“兵匪一家”之说，一些匪帮由本

---

① 研究土匪问题之资料[J]. 社会学杂志，1922，1.

② BILLINGSLEY P. 民国时期的土匪[M]. 上海：上海人民出版社，2010：199. 本书提到匪徒队伍扩大，一些少壮农夫，甚至师范学校毕业的学生都从匪，有些是被迫的，跟随匪徒去抢夺。群山沟壑中，土匪成为社会的一部分，且代代相传。“父绍其子，兄勉其弟，妇勖其夫。其不肯为匪者，妻室恨其懦，其乐为匪者，父老夸其能。”土匪和平民没有明确的界限，家里出了一个土匪，这家能得到保护，是有能力者，家人都为此感到自豪。

系散兵或者退伍士兵编练而成，部队教会了他们握枪，外表行止颇有纪律，出入分路数攻击，彼此声援，入则固其巢窝，不同于乌合之众。有巡缉营和匪徒里应外合，打开城门，浑水摸鱼，抢夺居民财物。曾有年逾七旬的老妇人身带子弹若干发，原为匪徒运输枪弹，查枪弹竟从军营购入。部队尚且如此，县里更不得力，如果匪徒看上某大户，就公然在城内发传单注明需交纳多少大洋，否则将预备攻城云云。县知事为防连累其他人，督促该富户备齐银两交上，该富户只好变卖田产，如数交付，县知事不去剿匪，反求息事宁人，从某种意义上协助了匪徒，可谓奇矣。还有县里强迫商户勒捐洋元给匪徒以解城里之围，从中克扣，中饱私囊，商户生意难做。个中原因在于县里军力不敌匪徒，遇到匪徒攻击就一哄而散，有的县知事对此一筹莫展，如遇到有人告知匪情，则遭辱骂而回，并说“匪徒不是我带来的，与我何干”等话。匪徒一面抢夺，一面以治安卫民为名创立保安团，强迫民间缴纳保护费，有敢违者威胁绑票，黑白两道生意都浑蹚。

对于匪徒的行径，部队也不是完全坐视不管，也有认真巡视、防范追击戮敌或采取招安的。豫西宜阳、洛宁、嵩县数邑多山，素为土匪出没之所，匪徒聚集了五六杆(股)，合计上万人，声势浩大，本为部队残余，陕督刘镇华派人洽谈收编为正式军。在去陕西的路上，这路匪徒顺带劫掠了陕州灵宝县城作为资助盘缠，掳走外国工程师和本国工程师几名。由于涉及洋人，吴佩孚、冯玉祥知此事干系重大，即命部队追击，并电令陕督会剿，刘督军表面敷衍，实诱使匪徒从其他路入陕，为其部下。匪徒接受招安，河南匪徒数量顿减，大路变得安静，匪徒乃是往陕西走了，口称到刘督军那里吃饭受招抚。招抚匪徒的还有居民，居民也有出来招抚调停的，如部队和匪徒双方激战不下，附近的居民感到难以忍受，就出面提出调解，各提条件，划分区域互不侵入，三方签订协议，派代表到场签押了事。公权剿匪靠不住，一些村庄小民就自发组建民团抗击，有的和大刀会等江湖组织联合抵抗，并被迫加入大刀会，有的村庄只能赤手空拳对敌等。[①] 从部队到地方，人们或追击或招抚各类抗击匪徒。

民国时期之所以土匪如此猖獗，根本原因在于国家生产力落后，地少人多，农产品受到外国产品的冲击，游民冗员甚众，这正是土匪的基本来源。当土匪是一种艰苦的谋生方式，若不是饥饿无能，没有人愿意主动入伙，只要农业生活能够得到保障，他们愿意返回家转为农民，大部分匪徒的出身是农民。因此，从

① 研究土匪问题之资料[J]. 社会学杂志，1922，1.

根本上说，若不改变工农政策，改善农业生产条件，或者殖边疏散过密人口，匪徒不可能减少，抗匪也就不可能取得根本成效。

二、帮会秘密组织

秘密结社组织在民国时期广为存在，除了上述的大刀会外，另有青洪帮、三点会、红枪会、致公堂、忠义堂，还有天门会、天皇会、长发会、孔明会、九仙会、清道会、黄沙会、月明会、哥老会、麻衣会、白头会、光蛋会等，人数众多，超出百万。[①] 这些秘密组织名称各异，各地区都有，力量很强，能团聚起数量颇多的民众，以其整体气势在各地做聚赌、开烟馆妓院、绑票、抢劫、设立路卡收保护费等，并向商户收取保护费，还进行走私、逼人入会、迫害等滋扰社会治安的活动。帮会分为两类，一为行业帮会，意在垄断某些行业利益，不让其他竞争者进入；一为非法帮会，从事非法事业，争夺公共资源。帮会多数由游民组成，成员主力是未有家室的贫困青壮年男性，较少部分人员从事农业或手工业、商业。帮会初为对抗匪徒而成立，有的帮会和匪帮无异，唯所做的事比匪帮稍微正规点，性质类似，敢于冒险打斗，不同帮会之间常发生械斗。

从更远的历史看，秘密结社组织始于北胡入华，又有说其精神同于为救民众赴汤蹈火的墨子及其巨子集团，秘密组织最早可追溯到汉末赤眉、铜马、绿林、黄巾等农民起义。刘备、关羽、张飞桃园三结义的兄弟拜把子模式，黄巾军起义的五斗米道，唐朝的黄巢、瓦岗，宋代水浒梁山一百单八条好汉的故事，尤为秘密宗门师法，他们自称“梁山的根本，瓦岗的威风，桃园的义气”。明末出现白莲教，声势赫赫，险些毁了朝廷政权。清朝吸取教训，规定民间严禁私自结社，不得妄用“结社”“结盟”字样，违者严惩，但三合会等反清复明组织在民间滋生，这些组织后转为帮会。

民国帮会组织琳琅满目，带有传统习气，但与前不同的是，民国帮会多与政界有联系。帮会头目有各种类型，有与政府合作，出入公门，谋取一官半职的；也有渗透入警界的，在社会中转为有头有脸的人物。一些人本来属于绅士富商，通过仗义疏财或者捐款收买人心，买到龙头大哥的职务，这些人被称为“清水袍哥”，区别于只知道打打杀杀替人做事的“浑水袍哥”。近代中国，当局腐

---

① 余天休．中国秘密结社的研究[J]．社会学杂志，1930，3(5)；黄幅韶．华北的隐患[J]．社会学杂志，1931，3(8)．

败,民众反抗,帮会在革命中起到先锋作用,如海外致公堂对孙中山同盟会的赞助,辛亥革命的新军会党,几乎历次革命都是由帮会成员首先发动的,不少革命者加入会党,参加起义,促进省独立运动。革命胜利后,帮会首领自然成为政府成员,但他们不改习惯,还是按照旧的帮会行为规则行事,在政府中另立“洪家天下”,这样显得不合时宜。政府欲清除和遣散他们,他们打败过军阀,与当局分庭抗礼,政府为之头疼,帮会为革命做过贡献,但具有先天的破坏性。革命胜利后各地出现镇压帮会的活动,政府公告宣布平民不准再入会和解散帮会,对执迷入会者将严惩,劝告帮会成员做良民,只要歃血为盟结拜异姓兄弟的就将受惩罚,延续了清廷以来对待帮会的严厉策略。一些帮会随之解散,有些帮会转为社团,以现代组织的形式包装设立。

余天休对帮会社团颇有研究,以下对民国帮会帮派予以适当的注解。

民国帮会及来源

有名的帮会组织如红帮、哥老会、青帮、天地会,还有其他的红枪会、黄沙会、一贯道等地区帮会,组织繁多,形式各样。帮会以特有的方式将普通民众联合起来,相比孤立的容易被忽视的个体呈散落的马铃薯状而言,帮会易于开展集体活动,形成声势,以下逐一介绍这些传统帮会的特征。

红帮与哥老会:原为反清复明组织[①],来历一说是沿江沿海勤王义师,传明朝灭亡后郑成功曾兵抵京口救廷但功败垂成,后其中一部分义士转入西南山林地带。著名学者顾炎武反清扶明,收纳义士,顾炎武居四川久矣,故四川红帮最为兴盛。另一说并非只是沿江海义士,凡汉人受清人统治,无寸土都可以依据,遂设理想国家于海上,自称海上主人翁,机关部称码头,领袖称掌舵。会中秘籍即规章制度称海底,传海底为顾炎武亲手所订,取明太祖洪武年号,号为洪帮,因洪、红同音,转为红帮。另郑氏余部一部分散入福建、广东,20 世纪初转走南洋群岛和旧金山名三合会或三点会,转走美洲的为致公堂,转入鄂川滇黔本土

① 另一说法为:红帮成立因少林和尚为清廷所害,志在复仇。三合会创立于康熙甲寅期,成立日期为 7 月 25 日,初次拜盟之地在湖南衡阳白鹤洞霞普菴的红花亭。创始人为陈近南及少林僧方大洪、蔡德中、马超、胡德帝、李式开(前五祖),吴天成、洪太岁、姚必达、李式地、林永超(后五祖)。康熙年间少林和尚平西有功,收徒日众,被朝廷所忌,间以谗言,朝廷遂下令焚毁少林寺,十祖逃出,陈近南反清复明,与十祖汇合,创立了三合会。参见雪声的《洽会源流考》,刊于《丙寅杂志》,1926 年第 2 卷,第 1-10 页。

的号称哥老会①。

哥老会成立于乾隆年间，同治后盛行，本旨在复兴古代墨家侠义精神，行侠仗义，锄强扶弱，基督教传入后排洋，鸦片战争后国家羸弱，哥老会接受革命兴国思想，参与革命，分会遍布湖南、江浙和长江中游诸省。1904年，陶成章、沈英、张恭等将哥老会分会统一起来，在杭州成立龙华会，发布檄文，建立都督府，哥老会转变为革命党。哥老会每年于关公诞辰日举行纪念大会，名曰“单刀会”。哥老会有各种说法，在会为入园，称曰在桃园，袍哥讲义气，理想人物为刘关张桃园结义。入流，指入汉流，有排满的意思，民国哥老会又称“汉留”，意指为汉人而留在该组织。兄弟称袍哥，取自诗经“岂曰无衣，与子同袍”，又名光棍，表示一无牵挂，还有光为光明，棍为正直，光棍意为光明正直。入会曰进部，进部又称玩了一皮，皮指人皮，意指得到做人的资格，可与人做异姓的兄弟。未入组织者号“空子”，为空有的意思，即使富有的空子只为四品架子。② 帮会有暗号手语，如偷盗称为“线”，帮助外人称“马子”，建筑物称各类“窑子”，学校、医院都是不同的窑子。哥老会的发音类似“咕噜”，“咕噜”是四川人对游民团伙的本地话语，分白道红钱、黑道黑钱两类。

四川的哥老会，以仁义礼智信定班辈，仁字辈分最高，多为不第秀才、破落乡绅、下级官吏。民国后分八个字：孝弟忠信礼义廉耻，孝（大爷）、弟（二爷）、忠（三爷）、信（五爷）、礼（六爷）、义（八爷）、廉（九爷）、耻（幺大）。又名龙头大爷、圣贤二爷、桓侯三爷，他们负有指挥责任，管事五爷、巡风六爷、闲八爷（又称巡山八爷）、江口九爷、凤尾幺大，为执行者。③ 无四爷七爷，一种说法是四和七语音不祥，另一种说法是四爷七爷投降了清朝。有的地方无二爷，因为关帝是二爷，无人敢称。幺大分大幺大、小幺大，刚入会者为小幺大。贵州的哥老会分十辈：危德福自宣，松柏一枝鲜。十辈取自哥老会流传的话：清朝有十万江山，哥老会有十辈人烟。民国后哥老会首领称正龙头，下分山、水、五堂、香长、盟证，再下为心腹、圣贤、当家、红旗、巡风，均为小头目，大九、小九、八牌、大幺、小幺、大满、小满为跑腿，取自纸牌牌号。

哥老会有四梁四柱之说，成立哥老会要解决四梁问题：山水香堂，即确立什

---

① 哥老会，又名哥弟会，取皆为兄弟之义，为洪帮兄弟的通江口语。哥老会在各地的称呼不同，两湖称“江湖”（“江”取洪字偏旁和哥字的工），直隶称“混混”（取洪字偏旁，昆季之昆），浙江称“洪帮”，广东称“三点会”（取洪字三点），云贵四川称“工口”（哥字拆半，后误读为“公口”）。

② 深思. 我所知道的四川哥老会[J]. 统一评论，1935，3(15)：10.

③ 沙铁帆. 调查：四川的哥老会[J]. 四川县训，1936，3(6)：45-46.

么山,什么水,什么香,什么堂;四柱指人事方面的四个步骤:恩拜、呈任、保举、引进,每一阶段都需要他人引荐。袍哥里有官绅富商,文人善士,分大爷和管事,袍哥提升起来很不容易,有"十年学得成一个翰林,十年练不成一个袍哥"之说。从巡风到管事,先升学习,学习管事,再依次升蓝旗管事、黑旗管事、总理、红旗管事。从红旗管事至当家经历五个阶段:先升披红,再升插花、皇后、正堂、龙头。① 每年春秋二季和节日举行大会,大家喝酒唱戏,欢迎新进,提升管事,酒席动辄上百桌,宾客来自数百里,且聚众通宵豪赌,每临聚会,附近的中产家即发生盗窃抢劫案,②也有说借聚会敛财。袍哥分清水袍哥和浑水袍哥,前者有正当职业,安分守己,浑水袍哥专事打斗凶狠。加入袍哥要有人介绍恩保承行(一般为三人),交纳会金,歃血为盟。刚进去只能当老九,有通过纳捐越级升迁一步登天当管事(老五)的,这种人称为"招财童子"。兄弟相互帮助,一个光棍十家亲戚,这类组织是组织中最为严密的。1936年,四川省决定禁止哥老会,不准设公口和开堂神盟,密令教员、公务员和士绅加入者限一两个月内退出,出具退出切结交上级机关备案,一时哥老会受到打击。19世纪下半叶,哥老会与青帮合流称为"青红帮"。

天地会:初期为反清复明组织,约成立于康熙年间,会员入会"拜天为父,拜地为母",故称天地会,以洪为姓,又称"洪门"。其来历流传为"西鲁故事",但不可考,有据可查的早期成员有万云龙、万提喜等。天地会遭到清政府的严酷镇压,为避人耳目,天地会在不同区域改名为"添弟会""三点会""三合会""小刀会""双刀会""洪莲会"等。三点会始创者周达滨,传会于江西会昌;三合会在广东;闽中红钱会以描红铜钱为认记;小刀会在台湾,成员佩戴小刀;双刀会是小刀会的变称。19世纪50年代,海外美洲三合会统名为致公堂,南洋的中和堂也很有势力,赞助了孙中山的革命党。

天地会首领称大哥(或元帅、大总理),以下为二哥(香主),再次为三哥(或白扇、先生),之下分别为先锋、洪棍(或龙头)、草鞋(或铁板、老晚、晚哥)。天地会联络暗号是"出手不离三,开口不离本","本"是指天地会以"洪"为姓,"三"指洪姓的三点水,天地会员行事俱以三指为号,还有其他各种暗号手语等,秘密传递。在盟誓中说不可在家人面前露出底细,父不得传子,子不得传父,兄不传弟,弟不传兄,夫妻面前不可说,不可露出根机。帮内兄弟情同骨肉,胜似同胞,

---

① 佩三. 哥老会在绥远[J]. 西线,1939(创刊号):10.

② 查禁哥老会聚会宴客密令[J]. 四川省政府公报,1935,2:19-20.

兄弟有难必须拔刀相助，不可侵犯同门财产、妻子奴婢，洪门兄弟不可同场赌博。

青帮：由清代漕运船帮脱胎而来，奉明代罗清为始祖，传“铁树不开花，青红是一家”之说，青帮红帮同为罗清所创。罗清15世纪前后创立无为教，在浙江船帮流行。青帮奉为祖师的翁、钱、潘姓很可能是罗清的弟子，翁祖名德正，字复亭；钱祖名德会，字复斋；潘祖名德林，字复轩，三人的复又谐音福，可见是后人添加的名和字，都是德、福。三人结为兄弟，同为陆义门下，朝廷造船运量，三人承办。翁在济南设天善船厂，为第一厂；钱在德清设池德船厂，为第二厂；潘在江宁设人和船厂，为第三厂。三人设帮收徒。后人为这三人建庵，发展为庵堂，供过往的水手们居住礼拜。翁、钱、潘形成三大帮，各有分支，相互竞争。陆地在庵堂，行船时以香火船为议事敬拜之所，成员按辈分定位次高低，设立帮规，礼教家法，违者重罚，维护帮内团结。加入帮会的成员经济上互助资助，青帮的功能在于一致对外，如索要添加工钱、走私物品、械斗竞争地盘，旨在维护漕运水手利益。与天地会不同，青帮不具有反清性质，主要在于争取经济利益，属于典型的行业帮会。1946年，青帮、红帮结团建立“中国建设学会”。

民国其他帮会：民国后，旧帮会被取缔，代之以新式社团，但其只是改变了名称，并没有脱离旧帮会的底子。1912年，青帮、红帮和哥老会联合组成中华国民共进会，会长应桂馨，新会党不再设香堂码头。后应桂馨被袁世凯收买，袁世凯指使应桂馨行刺宋教仁。宋案后共进会声名狼藉，应桂馨被通缉，并因索要报酬而被袁世凯派人刺死。旧帮会不容于新社会，谭人凤组建社团改进会，寓解散于归并之中，原属洪家兄弟归属于会党成员，实质维护了帮会残存。1919年，上海青帮大字帮集团成立，以张树声、阮慕白、袁克文等人为首领，此后，上海新帮会大亨著名的黄金荣、杜月笙、张啸林盘踞作威于上海滩，各自组社，时上海还有五圣山组织与之竞争，遭到青帮的排挤。

1927年，国民党与帮会勾结，成立中华共进会，会长为青帮通字辈浦锦荣，共进会为国民党爪牙，曾向工人纠察队发动袭击。上海青帮在国民党的扶持下迅速发展，他们组建公司，控制银行，投资娱乐业，变为白相生意人。组建新社团成为风尚，如杜月笙的恒社，成员为军政各业有地位的人；张仁奎的仁社，入社者为社会名流；黄金荣的忠信社和朱学范的毅社成员主要为工人。抗战期间，一些帮会组织丢失民族气节，如安清道义会、黄道会、中华洪门联合会等为汉奸帮会组织，为日本人做事，但大多数帮会对之不齿。1946年，抗战胜利后各帮会再组建统一的洪门民治党和民治建国会，军统则趁机成立新社会事业建设协会,其前身是抗战期间的人民动员委员会,这些组织实质都是帮会构造,名不副实。1947年,四川袍哥益社、上海永乐体育会、郑子良的侠谊社等地方帮会组织获得发展,但不久便遭到国民党政府的打压。新中国成立后,帮会组织衰亡。

一贯道:传为王觉一创立,分布在河北、山东、四川等地,抗战时期与日伪合流。1930年代,首领张光璧为一贯道的传播做了不小的贡献。1947年,一贯道改名为“中华道德慈善会”。一贯道以无极老母为信奉偶像,宣扬所谓的“三期末劫”,点道收徒,三才扶乩,超拔度人曹,考验人的酒色财气。

理门:也称礼门,即理帮,以戒烟戒酒戒嫖赌之名招纳门徒,创立者杨来如,在京城遍设公所。1913年,理门改名“中华全国理善劝戒烟酒总会”,点理入帮,吃斋抢造化,叫山公演,“七七”事变后投降日伪。

光蛋会:河南信阳西高头村村民组织,领头者王二,本是无赖之徒,勾结其他无收束游民,在该村北隅余氏宗祠开大会成立组织,因会众无产,故名光蛋会。王二为首领,其下分七股,拉人入会,强迫富翁加入。专司战劫者,俗称“好亲家”;规定劫战三次受伤者可以不劳动,坐食俸禄,名曰“硬朋友”;行劫时规定,不准劫香炉烛台等神前之物,不准劫猪肉羊肉,不准劫帽子。阴历朔望之日,首领召集七股头领喝朝天酒聚会,首领和七股头领都抱独身主义,不染指妇女,好亲家则不在此列。[①] 光蛋会分散各地,安徽宿县古饶集西南三步桥赵克屏的组织也名为光蛋会,开炉造枪。[②]

黄纱会:活跃于直南一带,头目赵大衫,曾聚众万人,有枪者数千。[③] 会众臂缠黄纱为同会标记。黄纱会本为防御土匪而成立,有会众受不平事欺辱气不过而入会,撺唆其他会众帮他泄恨,常有聚众斗殴冲突之事,或借此劫掠。

天门会:河南林县东油村为天门会发源地,首领韩欲明,1923年秘密成立,会员多达四十余万人,遍布山西、河南、河北各省20余县。初为了抗击兵匪包围乡里而成立,成立者为一名石匠,自称在石中得一石印,夜得神仙传授避枪炮之法,传授一般青年农民十余人,借此开始抗匪,附近青年纷纷加入。一位了解其的组织者描述天门会情况:这个组织在外故作神秘,在密室中供奉神道,神道用红色帷幔围起来,会员轮流看守,添油加香,外人不能进入,号称供奉他们的祖师,外人也不知道他们的祖师是谁,据说是河南林县的一个石匠工人。但其

---

① 庆云. 光蛋会内幕[J]. 耶稣教家庭新闻,1928(1286):6.

② 鳞爪. 皖宿县之光蛋会[J]. 青年公论,1937,1(13).

③ 中外大事记——河北近况:直南发现黄纱会[J]. 兴华,1928,25(4):39-40.

实际供奉的是天佛、地佛、文帝、城隍、土地，用来蛊惑人。① 天门会以文帝上神名义，与官兵对阵时常念咒语，号称刀枪不入。咒语为：天进地之灵，速请土地神，天旗地旗，以黄旗神赐我，以分支旗上神薄法弟子众，头戴金盔，身披金甲，脚穿铁靴鞋，文师老祖传其法，金衣金罩身上贴，刀劈斧砍都不怕。炮打枪折身上法：旗是神旗，上法旗，避天法，避地法；弟子蛇脚横地法：杏黄旗，天上来，文帝上神避枪来，四大金刚分左右，天兵天将两边排，周公杏佛来助阵，诸位神仙下界来。又如：神仙洞中陈宝贝，阵前披法避枪来，天符地符上神赐我符。天也灵，地也灵，天今地之灵，速请土地神，玉皇老爷避枪门。天门会曾与奉军对战。天门会首领称总团师，遇事总团师会焚黄表向文帝上神请示，总团师下传师，分文传师、武传师，授技于徒。1938 年后，天门会在河南浚县复兴，杨贯一重建天门会，在三角村建立天门会总会，抗匪保家，天门会经历了国民党和日伪时期，后经过共产党的改造参加起义。②

红枪会：根据一位亲身前往红枪会者陈述，红枪会遍布冀鲁豫皖农村，三五成群，也有一村几百人的，以会堂为单位，堂长具有无限的权威，可对会员仗刑惩戒。下设老师，传授符咒枪法，老师有硬功夫，可以运气顶枪扎不入。会员为二十岁以下的未婚的身体强壮的男子，持一丈长的红缨枪，胸前佩四五寸长的红布符袋，下穿黄色扎脚裤。集会时喝神水，之后，数百上千人跪下，双目紧闭，伏地念神咒，念完神咒后全体一跃而起，一个个呼吸紧迫，双目血红，目光直视，肌肉紧张，持枪木立。会员入会仪式：入会者由会员介绍，先进香堂，香堂正中供着神位，入会者行三跪九叩礼，烧化纸钱，献上三牲。再向堂长行三跪九叩大礼，参拜老师。堂长赐神水，漱口后高念四句偈语："手执红缨丈八长，沾祖灵光把天挡，天塌地裂都不怕，好汉做事好汉当。"法师在加入者头顶拍三下，为加入者形式上贯顶，加入者再向法师磕头。香堂为禁地，外人不能轻易进入，香堂香火帷幔，桌子上供奉三块牌位，一块写天地君亲师，一块写金枪神手杨四将军，还有一块写历代祖师。新入会会员要到香堂跪香，心无杂念跪到一根香燃完，一天早晚两根香，七七四十九天跪完，然后由老师传枪法，也是七七四十九天。再授符。符分三张，用朱砂画在杏黄纸上，一张当场焚化，一张用水吞服，一张缝在符袋中，作战时披挂，作战抗匪时呼声震天，无畏向前。③ 入会者要盟誓：严

① 商生才. 天门会的真迹[J]. 青年友，1928，8(6)：37-38.

② 乔培华. 冀鲁豫抗日根据地与天门会[J]. 历史教学，1992(7)：8-11.

③ 乐厂. 红枪会[J]. 红旗，1947(9).

守会堂秘密，父母兄弟妻子亲戚朋友也不得泄露半字。再由堂长慈悲训示，宣读纪律禁止。跪夜：月黑风高子时夜，会员和老师一起到万人坟上握手围成圆圈，闭目屏息历三小时之久而回，此为练习胆量。前面均为软功夫，再为硬功夫，俗称三排：排砖排刀排枪，排砖排刀有气功护体。[①] 排砖排刀有技巧，排砖用的是有暗纹脆的砖；排刀时掌刀者猛劈轻放，伤不着人；排枪也叫排炮，炮内装香灰、黄皮一类的东西，加点黑火药，烟火无力。有亲历者说见过子弹只打上了衣服枪眼，本人毫发不伤，显然夸大其词，或有玄机。

三、兵、警察、官员

动荡社会为武力社会，社会武力占优，文力不及，自愿参军人员增多，军人渐居社会主流，其余阶层相对被边缘化。参军者各有动机，一般当兵为吃饭，其中原因是家里遭受了灾害，或被匪劫掠过，无法生活下去才去参军。一位研究者访谈了若干兵士，其中“一位被访谈的吴某，本来经营生意颇有积蓄，后被土匪深扰，损失金五百余元，当时生意还可维持。次年由家赴县里买卖货物返回的途中又遭匪劫，货物尽失，本人受了重伤，被路过的人救了抬回家中，在医院治疗半年，囊中已尽，家徒四壁，无法生活。友人婉言劝导，后与友人共同投军，一晃数载。”[②]这位大兵深受土匪骚扰而当了兵，由此，兵匪之间形成了一个链条关系。兵抓匪，兵源于匪的侵扰，匪为了对付兵扩大队伍，兵因匪不断增加，对社会造成了环环相因的循环后果。

有的参军者则是贪念部队能谋前途成大事，不像一般职业那样琐碎，所谓“乱世出英雄”，具有赌上一把期冀飞黄腾达的心理。以另一位作者访谈的一位残废兵为例。“这位士兵姓柴，山东德州人，22 岁参军前结婚一年了。他从军的原因不是过不了生活，他父亲过去是推小车卖布的，给他留下了五六亩地，四五千吊钱，还算富裕。他参军是因为受到邻居的鼓励，邻居是个排长，奉命到家乡招兵。规定是招到一连升连长，招到一营升营长，邻居许诺如果自己当了连长，就给他当排长。柴某听说能当排长，能发财，还可以到家乡耀武扬威受人尊敬，所以就立刻报名当了兵，家里人不愿意他去，也没有办法。他去当兵后家里没有男人，账目托他舅父管理，可是没过几年，这个舅父将他家的钱私入自己的囊

---

① 钱逋仙. 红枪会：农民结合习以御匪 功夫练成勇敢善战[J]. 新生活周刊，1934，1(12)：10-12.

② 赵子祥. 四十个兵的研究[J]. 社会学杂志，1932，4(7).

包。柴某第二年果然升了排长，但作战各地流动不能回家，有时通信家里也收不到。他不能回去找他舅父算账，他妻子听说他在一次打仗中死了，遂改嫁他人，那个娶她的人是人贩子，把她拐卖到不知何处。柴某听到本乡人告诉他家里人的这些消息，积气在心，慢慢地，一只眼睛看不见了。后来鲁军败的时候，他双目失明，住进了残疾院。"[①]这位作者访谈的41位士兵中，五成人自愿参军，约二成人是被抓去参军的，自愿参军的比例不在少数。这位被访谈者由于起初的闪念参军后没法照顾家里，导致家庭离散和家人不好的境遇，实在是个悲剧，若是在和平年代，兵员自然裁减。

兵员增多必然会给社会造成财用困难。如果遇到机会，兵员也会参与洗劫乡村，胜利的一方常从失败的一方获取战利品，其实与匪徒无异。战争不但毁灭了直接涉及战争的区域和有生力量，而且将战争昂贵的费用转嫁到民众身上。由于工业处于刚起步阶段，不能提供过多税收，所以税赋主要由农民交纳，土地征收超重的田赋，用以弥补军费的不足。为补充兵源抓壮丁，农村青壮年劳动力被抽去，农业劳动力不足。产粮区成为兵家必争之地，战争的不期而至破坏了农作物的季节和时令，不到时令的庄稼被迫提前收摘，过了时令的农作物要等到下一个时节才能种植而误了农时，纳不出粮食交不出税收的农民被罚款或受迫害，所以战争直接破坏了农业生产力。[②] 民国一度倡议裁兵废督，学者傅斯年、公刘都曾著文阐述去兵废兵说，但应者寥寥，收效甚微。

部队属于专门的武装力量，与人民生活不直接相关。警察也是专门的武装，但警察管辖范围和民众生活直接相关。警察系统成立于清末，即20世纪初。最初的警察总体素质不高。"警察受专门教育者不过十之二三，巡士多以社会上的地痞恶棍商民充其役，能数十之文字，即可入警察教练所，毕业之后尚不知警察之所以为警察，服务之时但知拿钱索要而已。警察未接受过多少教育，充斥于警察队伍的人员良莠不齐，遇到有争斗之事发生在街道，警察如非其

---

① 李树秀. 四十一个残废兵的研究[J]. 社会学杂志，1931，4(1).

② 费孝通描述的"三嫂"家的遭遇反映了战争对普通农民家庭造成的损害。三嫂结婚了，有公公、丈夫，还有一个十七八岁的小叔子，一家人租种十多亩土地，日子还算过得去。但后来，小叔子被抓壮丁当兵，再之后，小叔子从部队里逃跑了，三嫂的丈夫又被抓了进去，十多天后，三嫂的丈夫被放了出来，三嫂又被抓了进去，原来都是要钱。后来三嫂出狱了，这期间他们家的菜园子荒芜，丈夫消沉吸鸦片烟，原本遵循例行惯常轨迹的一家人的生活就这样被战争毁了。见费孝通的《人权·逮捕·提审》，载于《田家半月报》1946年第12卷第21、22合期。

责,不加顾问,甚至立视而笑。”[①]由于专业知识甚少,缺乏训练,警察不知如何履行职责,一些帮会成员混入警局。

动荡战争时期,官员水准不高,官员任职标准降低。战争使军费开支庞大,军费几乎占据整个财政收入的百分之八九十,国库入不敷出,为此,卖官鬻爵之门大开。以修水利、赈灾或修建学舍为名开捐,不论买官者的出身流品,只要有钱就可捐官,按其出资多少,予以相应官职。这些到任者只想搜刮地皮,以弥补捐资空缺或者谋求更大的官职。再者,国库空虚需从农村抽税,农村苛捐杂税繁多,农民不堪其苦。[②] 政府为此专门征用了一批能够从农民手中收得上税的人物,富有声望的乡绅不愿意为之,原属地痞流氓恶棍趁机钻空子,一跃成为地方领袖,担任公共职务。这些投机者的目的在于从收税中饱其私囊,方便从中揽利。有学者分析 1900—1942 年华北几个乡村的资料,将这类人称为“盈利型经纪人”,与以前作为乡绅的“保护型经纪人”相区别,农民需要额外支付这些“盈利型经纪人”的克扣,负担更加沉重。[③] 政府为了收上税就不顾收税者的行为品质,任用强豪,盈利型经纪人更加重了农民的负担。

如果一个社会的社会规则制度起不到真正的约束作用,有权机关对社会的控制力减弱,那么任何人都可以随意作为,无法无天,官员也是如此。有研究者称,一些官员肆意作为,不受法治约束,法治无用,形同虚设,官员本人简直能够代替法的执行。这位研究者列举了一种现象:虽然已经改朝换代进入现代,民国的官员还记着古代封建社会官员的作风威仪,自己围起红布,私设公堂,抓捕理案。“胶东一带,有区长学古代县官挂红桌围,可私设公堂。为从百姓手中榨钱以立公民会支应局的名目,若不交立刻指使役兵抓捕用刑,片言则可使无辜者下狱。”[④]有权者假公济私、巧立名目,不服从者无有好下场,织以莫须有之罪,私设公堂,抓捕入狱,不待分辨,施以刑罚,官员的势力范围若此,谁人敢触碰,

---

① 郑韫三. 改良警察之商榷[J]. 社会学杂志,1922,1(1).

② 国民政府以苛捐杂税闻名。农民除了交纳田赋(通过征实、征购、征借三种渠道)和商税外,还需交纳各类摊款和根据需要临时附加的“白地摊款”,这后者累计起来,非正式摊派远高于正式税收,甚至超出数倍。所谓的中央税,不仅包括农村田赋税收,而且包含关税、盐税、直接税(营利事业所得税、薪水报酬、证券、租赁所得税、遗产税等)、货物税、营业税、印花税等。发展到后来,几乎所有货物都要交货物税。地方税更是五花八门,例如告状费用:一个诉状包括写状纸的“缮状费”、在诉状上贴印花的“印花税”、送达诉状的“执达费”、过堂的“铺堂费”、抄录口供的“副状费”、开犯人的“锁镣费”等;火炉需要每月交火炉捐,宴席超三桌以上的交筵席捐。路过每道关卡验货的厘金,真是名目百出,防不胜防。

③ 杜赞奇. 文化、权力与国家:1900—1942 年的华北农村[J]. 南京:江苏人民出版社,2006.

④ 陶佛. 试谈胶东社会中的畸形[J]. 社会学杂志,1931,3(8).

唯恐躲之不及。官员断案仅凭个人喜好，莫之由衷，说是这样便是这样，令人捉摸不定，法律便成为空文。公共权力机关如果不提升民众幸福感，为民申冤做主，而成为揽敛私利伸展个人随性意志的工具，社会岂不迷乱？

第二节 贫困的平民

民国时期，整个社会整体步入现代，但仍属于农业社会，现代化工业仅现端倪，而西方产品倾销涌入，农产品受到挤压，民众生活艰难。大多数人处于温饱线以下，遇到天灾人祸，就吃不上饭，没有衣服御寒，路上逃荒者益众，人口贩卖现象兼而有之，许多人靠接受救济生活。

现代社会，如果工业商业没有发展起来，生产力必然缺乏，民众的生活水平无法提高，民生必然陷入凋敝。“一般的工人工资最多者每月十三元五角，最低九元，而在济南，一个人每天最低生活费用为大洋两角五分。”[①]大多数家庭收入抵不过支出。1922 年的一份加增京师小学教员工资的报告反映工薪人员的生计状况：工资低廉，不及物价上涨，且经常被拖欠。“言京师小学教员被拖欠薪金数月，典当穷尽，公立学校限于破产之中。国民学校教员工资每月 20—25 元不等，高小学校教员工资每月 28—35 元不等，不足供日常所需。小学教员对于生计问题终日忧思，心理上实不能抱专职工作的希望。5 年前尚可维持，但至欧战以来，百物胜贵，衣食住行价格已增至一倍有余。”[②]物价上涨程度之高，不仅降低了职员个体的生活水准，而且也影响到了整个行业的正常工作。

这篇报告所说的欧战指的就是第一次世界大战，这次战争规模宏大，西方因此伤了元气。以德国为例，“15 岁以上、50 岁以下的无论男女都须服务社会，柏林物价一天高似一天，小麦包计 50 格莱姆一枚，白小麦包竟无处可购”[③]。社会各阶层都受战争影响，其中中流社会最受打击。“1 000 马克缩至三四十马克，战前房价合墨银 10 000 元的现在值百元，中产阶级的储蓄缩水六分之五，前为社会名流，今为缝纫生活。私家汽车几已绝迹，著作家、科学家以清水面包维

---

① 解敬业. 四十二个工人生活的研究[J]. 社会学杂志，1932，4(6).

② 杨荫庆. 加增小学教员薪金之讨论[J]. 社会学杂志，1925，1(1). 杨荫庆，1917 年获美国 Cornell 大学硕士学位，任北京大学及北京其他高校教授。

③ 德人最近之生活[J]. 社会学杂志，1922，1(1).

持生命需要。德国职业界人的生活不如战前的工人生活。”[①]出租房屋价格飙涨，开支主要用于购买食物。伦敦1914年普通四间房屋出租费为10先令，战后1922年出租费达15先令；1914年，柏林三间房屋出租费为15马克，1922年为25.5马克，食料费占工人生活费开支的60%。[②]各国经济体系相互影响，西方的经济萧条传到吾国，仿佛整个世界都陷于贫困中。1940年代，第二次世界大战爆发，西方社会遭到更为严重的破坏。[③]

回到近代我国的情形，一位大学生寒假放假去山东同学家游玩路上的经历真实地记录了当时的社会概况，不由令人感叹出行一趟真不容易。

这位学生坐汽车经过烟潍路去潍县。先是人多票难买，后终于上了车，车上乘客挤得手都不能自由活动，如果不是棉衣隔着，大家的皮肉好像粘在一块儿似的。返程的时候也是人多票少，几个空位给豪绅们买去了，只好转道去张家口，在张家口住一夜，再一大早坐上开往潍县的车。所坐的车子非常破旧，刚开出二十里路，汽锅炸裂，幸好及早被发现，免去意外祸患。到了黄山馆车站换车，左等右等不来，下午两点多钟才来了一辆破车，这辆车每行四五里就坏一次，每坏一次都需要灌水，乘客下车推行数十尺，约三十余次，傍晚抵达沙河。车停住再不能行了，沙河地多土匪，不敢住车站，只好扛着行李住沙河的小店。小店破旧，门缝外可以看见街上的堆雪，门缝之宽，猫狗可以出入。炕上破席三四领，积灰二三寸厚，夜间点着小黄油灯，其光如豆，十三人共居一室，夜间大家吃半生水饺，面中的沙子，大如花生。夜间奇寒，手足都冻木了，烧秫秸取暖，屋内黑烟缭绕，看不见人。天亮以后又去车站坐车，等到九点以后司机缓步当车而来，原来是车内的油昨晚被偷了，直到十一点弄了新汽油灌上，车子才开动，两点多钟到了潍县。[④]

不仅车子破旧，交通落后延误到达时间，路途不远花费数日，备受煎熬，而且路途小店以北方之冷入骨髓，竟无多少御寒设施，没有可吃食物，可谓用身体直接感受饥寒。交通上，人多拥挤，贫富差距明显，富户豪强可以买到车票，而

---

① 德国中流社会之窘蹙[J]. 社会学杂志，1922，1(3/4).

② 陈劭南. 伦敦及柏林劳动者生活费[J]. 社会学杂志，1923，1(5).

③ 费孝通1947年访问英伦，描述了第二次世界大战结束后两年的英国的情形。当时的英国社会仍然没有复原，到处是断壁残垣，满目疮痍。人们的生活是这样的：面包都要限购，每人每顿两片面包的供给负担不起，衣服用完了不能再买，最多每年全身换一次新衣服。街上被炸毁的房屋多得修不完，政府为了鼓励人们修葺旧屋，借钱给人们收买房子。费孝通租住的那个房东就是通过修理旧房屋，修好一间出租一间的。参见费孝通的《看英国为了下一代》载于《田家半月报》1947年第13卷第15期。战后房子无须购买，因为饭都吃不上，房子就没有多少价值了。

④ 玄默. 烟潍路上社会的一瞥[J]. 社会学杂志，1931，3(11/12).

一般的平民只能站着。[①] 所以平民多不敢出门旅行，俗语云的“车船店脚牙”，都是可防备的对象，即管车的、行船的、开店的、赶马的，还有牙纪中介人，都可能欺辱顾客，民众之间的交际贫乏。[②]

民众生活在基本生活水平以下，多数人每天挨饿。妙峰山上的乞丐都讨不到钱，他们前面放的袋子里的多属制钱，铜圆都不多见。[③] 如果遇到灾荒，如1920年的北五省旱灾，1932年的长江水灾，再如蝗虫、螟虫灾，更是没有吃的食物，只能以树皮、观音土等无法消化的物品果腹。根据1930年赈务委员会的调查，1930年灾患受灾县超过五分之二，灾民占全国人口的十分之一，几乎处处可见灾民。没有粮食就出现逃荒，大量的人群从受灾地随机奔往他处，一般到东三省或其他各地，这成为每年的惯例奇观。“近十年来，从鲁地往东三省者不下百万计，每逢开春即开手北上，深秋收割后返归。春日由鲁东北过大连而入南满人数最多的时候达万人。其余南过大江奔走岭南，西出潼关抵达陇秦的，也不乏人，有的沿路乞讨。”[④]陈翰生估算过各地流亡人数：1927年，山东平原占全部人数的13.04％，冠县占20.00％；1928年，河南项城占6.87％，商城占7.22％，扶沟占14.13％，南召占20.89％，夏邑占24.00％，甘肃宁定占19.00％，环县占31.30％，平均在20％上下。逃荒考验人的身体承受力，身体羸弱不服水土的倒毙在路上或者客死在他乡者有之。灾民所到之处，本来粮食充足的地方转变成灾区，一批新的灾民加入队伍中，直到有足够余粮的地方或者赈济才能阻挡他们的脚步。荒蛮时期，武力变作争夺粮食的途径，难民难免流为贼寇，灾荒年匪徒增多，为了食物他们敢于违背一切法律铤而走险。[⑤]

因灾荒饥饿，妇女被贩卖，秦中素有贩卖人口之风，经营者多为山西客商。山西妇女不足，青年男子娶妻需从异地，村里组织娶妻促进会，会员付会费加入。大旱之年，人口竟赴市买卖，每晨一次集会，妇女价格一二元至十元不等，转手给他人做媳妇，可得金一二百。也有人借施舍粥米之名将妇女骗到长安，实际没有粥可施，只能打住客店，因付不起住店吃喝费用，加以逼迫威胁，只能被贩卖，实际是人贩子与店主合伙经营的勾当。[⑥] 由此可见，能吃饱饭是件多么幸福的事情。

---

① 京沪道上也是如此，当时规定，中央委员在这条道上乘坐火车免费，立法委员、监察委员半价。

② 余天休．我国的旅行[J]．社会学杂志，1930，3(3)．

③ 李景汉．峰山“朝顶进香”的调查[J]．社会学杂志，1925，2(5/6)：6．

④ 逃荒[J]．社会学杂志，1930，3(4)．

⑤ 中国农民在丰年注意囤积，节约度日甚至有点吝啬，或许用于备荒，和灾荒有关，对于灾荒烙刻上难以忘却的历史记忆，使之在丰年保持勤俭的习惯。

⑥ 余天休．秦中贩卖人口之现象[J]．社会学杂志，1930，3(3)．

由于贫民过多，救济机关应时而生，1922年，北京设置了382处济善机关。济善机关的功能多样，不仅直接赈济粮食，而且提供免费教育，内有养老院、育婴堂、贫民工厂、残废院、公私举办的粥厂，还有施舍钱米衣物的民间自发团体机构。1922年，北京市政公所及警察厅在天坛东界外的空地上建筑了两处乞丐教养局，[①]收留乞丐，并招集公益活动者联合起来组成公益联合会。公益联合会的来历是这样的：1922年直奉交战，50个社会团体的代表会集讨论倘若长辛店败军施行抢掠，如何保护妇女儿童，结果成立了公益联合会。前任总理汪大燮任会长，刘锡廉任干事，募款10万元，筹备收容2.5万人的大收容所，利用学校、官署、天主教、基督教会所、回教礼拜寺、佛教庙宇等处建收容所。直奉之战停止后，该款无处可用，后用于山海关长辛店附近家产和农具被毁的农民，2万元施与，8万元借贷，来年秋收后，农民将借款归还。刘锡廉值得在慈善史上书写上其名字，他在北京建大规模的教养院，助数千贫民安然过冬，他的教养院不但规模大，而且采用新方法，组织分户调查，区别成人、妇女、小孩的不同所需，防止滥施。除粮食外相机辅助其他需求，又以工赈事，组织贫民修路开工，工施两益，还有筹边移民，解决贫民问题。[②] 慈善借贷机关雪中送炭，诚为有功于社会，但只能对部分人救济一时，不可能永久解决贫困问题。1922年，北平市区总

图 2-1　余天休主编的《社会学杂志》

① 教养乞丐局之建设[J]. 社会学杂志，1922，1(1).

② 步济时. 中国社会服务工作之意义[J]. 李安全，笔译. 社会学杂志，1925，2(5/6).

人口 826 027 人，根据北平社会局附属救济机关的统计，贫困人口为 72 580 人，接近 10%，而 1917 年，在警察厅备案的有 31 416 位穷人。① 到 1930 年，北平社会局统计北平人口共计 135 万人，其中最贫困和贫困的人数总和占 16.2%，贫困人口越来越多，令人咋舌。

第三节 烟赌妓盛行

越是贫困的社会，"黄赌毒"活动就越流行泛滥，因为没有其他正当营生，整个社会就趋向在这些行业中牟利，甚至受到执政者的鼓励，军阀政府从这些行业中获益，民众则深受其害。

一、鸦片赌博

鸦片暴利毋庸置疑，当局公然提倡种植罂粟和开设烟馆。一位游历蜀地的作者发现四川到处都是抽大烟的。四川几乎无地不种烟，无处不卖烟，无人不抽烟，号称"烟国"，各处烟馆林立，旅馆、交易所、轮船、旅游点都附设了烟馆。政府从种烟中抽税，不种烟就说农民懒惰，要交"懒捐"予以处罚，如果种粮食而不种烟，则种粮食一年要交完三年的税，种烟只交一年的税，于是种烟者日众。

成都街头叫"隐居者""谈心处""闻香下马"等门额的都是沽烟处，这些卖烟的店有简陋的，有豪华的。简陋的内设一张床、一盏煤油灯，吸食者在里面过瘾；豪华的称为"雅室"，里面有一个个隔开的小房间，装饰幽美整洁，陈设富丽堂皇，还有可口的饭菜，可以边吃边听唱。自己不用亲自烧烟，专备枪手专业烧好候着。有的瘾士早上一起来不洗脸刷牙，披上衣服坐上轿子就到烟馆指定的房间倒上铺便抽，枪手早就备好十几筒在旁备着。直到抽完，朦胧的双眼才慢慢睁开，然后起来穿衣服漱口吃早餐。再吃上十几筒一直到日落的时候，才过足了瘾，再去见人打牌喝花酒，这一天的时间就混过去了。一般烟客早晚两牌，早牌起床后，晚牌临睡前，一天都做不了事。②

---

① TONG Y L. Poverty in PeKing and its relief[J]. The Chinese journal of sociology, 1923,1(1).
② 齐谐. 蜀游漫记[J]. 新社会,1934,7(5).

开烟馆同样要交税，凡是点着烟枪亮红灯就要交税，名曰“红灯捐”，有些烟馆因为交不起这么重的税而破产。烟税种类繁多，种罂粟者要交各种税，未种前交“窝捐”，烟苗刚出土交“青苗捐”，开花结果收集成烟，上交正式的“烟捐”，起运交“起运税”，落地纳“落地税”，过境交“过境税”，出售有“出售税”，种植鸦片的农民终年辛苦，最后的收入都几乎全被征纳了。

当时，吸食鸦片是很普通的事情，吸食成风，几乎每家每户都有成套的烟具，有的全家吸食。鸦片对人身体毒害很深，吸食者日长月久血气枯竭，气力衰颓，精神疲敝，看街头上行走的面容憔悴、骨瘦如柴者十有八九是烟民，烟瘾犯了呵欠连连、鼻涕流淌、肌肉抽搐、坐立不安，吸烟耗尽家财，多少富家子弟为此倾家荡产。吸烟者不但自己身子被掏空，而且病毒缠身并遗传贻害后一代。1935—1940 年为国民政府所谓厉行禁烟时期，组织禁烟委员会，实行“公卖”和登记制度，禁止开烟馆。公卖理由在于吸食者太多，干脆政府接管，公卖使鸦片出售合法化，进而使鸦片在市面上大量流通，政府再征收重税，削弱了吸烟者的购买能力。以公卖禁绝鸦片，其原理不知出何，更是鼓励了吸食者，实际的作用反倒是扩充了政府收入，弥补了政府日益困窘的财政缺漏，政府收缴的那些烟土再转往上海、香港等处销售。鸦片商和官员趁机勾结起来组成制烟贩烟公司，垄断价格，委托军队托运。由于禁烟，烟的价格猛涨，烟土商囤货，高价出售，吸食鸦片者本难戒掉，为了获得吸烟的固定来源，铤而走险为非作歹者增多，对社会治安造成危害。烟还可以用来交换武器，大烟和枪支往往被联系在一起，更是增加了危险源。禁烟只是走走形式，1940 年后，鸦片又复兴起来。

一般的民众填不饱肚子，闲着无事，就想着发意外之财，沽沽运气，于是赌博流行。各个村镇都有年轻人聚在本村的茶馆酒肆里玩钱掷骰子，甚至日夜不休，有的人一辈子时间都在赌钱，赌博是其专业，输了钱就做偷盗抢夺的违法之事，意将输的钱捞回来。还有的人在海上聚赌。当得知太平洋上从美国旧金山回来的广东淘金人富有积攒，为了骗这些“金山丁”人的钱，专业赌博公司在邮船上设赌局，包括骨牌、白鸽票(即彩票)、番摊、骰子等各种赌玩门类，夏天甲板上满是赌客。好赌是人类难以根除的某种天性，做着轻松发财的美梦，容易成瘾，结果往往十赌九输，贻害自己，破坏家庭。

二、妓业发达

古代官员文人社交聚会常召歌妓作陪，附庸风雅，衍传下来成为一种风尚陋俗。歌妓在琴棋诗乐方面训练有素，技艺精湛，常被称为“先生”，歌妓亦被称为“高等妓女”。她们的到来使场面亮丽、赏心悦目，她们能够风趣谈话，颇解诗词音律，让人开心。文士大夫与妓女的密切关系被社会认可，统治者也乐见借此方式消散士人雄心壮志。清代龚自珍在《京师乐籍说》中写道，京师招募女子千余户加入乐籍，为使资质佳丽目挑心招，箝塞天下游士。一使其耗其资财，则谋一身且不暇，何以谋人之国心；二使其耗其日力，则无暇日谈帝王之书，又不读史而不知古今；三使其缠绵歌泣于床笫之间，耗其壮年之雄才伟略，则议论图度、指天画地之态息；四使其春晨秋夜为奁体辞赋、游戏不急之言，以耗其才华，则议论军国臧否政事之文章，可以勿作矣。[①] 温柔乡里缠绵缱绻，时光流逝不觉，资财、时间、壮体日益消耗，凭生浮荡之气，志向事功便风流云散，但有些人还乐此不疲，民国偶见文人到妓院写作，官员到妓院办公的豪举。

这种流风沿袭到民国，名目更是花样百出。大小场面都少不了妓女，妓女出席场面称为“叫局”，妓女应局出堂差，类似于公差使役，喝酒听戏打牌，样样有局，样样有陪。有的妓女一晚应局数十场，穿梭游荡于各会场之中，忙得不可开交。当时，妓女的地位不低，在某种意义上被社会承认，隔一时段好事者便公开为妓女举办上花榜仪式，选拔其中的优胜者，评鉴品级，标以类似士人中举的“状元”“榜眼”“探花”字样，然后对外广为宣传，闻者出名，妇孺皆知，妓女乃社会名人。报纸开辟专栏评选花榜，参与者踊跃，大概受男性荷尔蒙刺激使然。科举制取消后，状元等名号不再吃香，1917 年给优胜的妓女改封以大总统、总理、都督、司令职务，与时髦政客等同，交相辉映，不无讽刺之感，显示妓女们的威风。参与者花钱购买选票，凭票选举，注重仪式程序，严肃认真，对这项活动表现出少有的热情周到和民主精神。

妓业存在一度合法，可正常编户。一项来自 71 城区遍及 14 行省的调查显示，妓户少至6 000户，多至 15 万户，据估算，南京城市妓户与正常户比例为 1：300。妓户不与正户混杂，西安专门划分出一个区域，出入有门，设卫兵把守，上海也有专门区域，以租界为盛，类似现在的“红灯区”。设户目的自然还在于抽税，一半妓户直接或间接纳税，税分五等，每人每月缴纳 3 元至 20 元不等，平均在 7 元左右，歌妓一律列入头等纳税，抽税表明政府允许其正常营业。[②] 一些城市妓院的纳税数额仅次于餐饮饭馆，可谓食色，性也。公开的妓院被看作是做

① 龚自珍. 京师乐籍说[M]//龚自珍全集. 上海：上海人民出版社，1975：118. 与原文略有改动。

② 上海中华卫生教育会. 中国妓业之流毒[J]. 社会学杂志，1922，1(1).

生意的场所，和经营其他生意一样，妓院老鸨祈祷财源广进。为使买卖兴隆，每逢节日或新头牌妓女入围，老鸨都会率领一班姐妹焚香烧钱祷告，或设宴庆祝，举办俗称“烧路头”的活动。妓院的主要收入当然来自客人，阔气客人摆台面、吃花酒、碰和赌钱，统称为“做花头”的钱，一场下来大约需要“一打花头”，高达数百元。俗话说，“妓院一桌酒，农家半年粮”，做花头的狎客在妓家歌舞升平，左拥右抱，赚足脸面，尽其所欢。[①] 与妓女往来者各界人士都有，以军人和商人居多，其中不乏接受过高等教育且具备一定身份的名流。从业者百分之八九十因为经济贫困，为了糊口，贫家女先是被狠心的父母送给大户当丫鬟婢女，买主具有管理人身的权利，后被买主卖出，少量的则被拐骗而来。

妓业这个链条上的每位人员都参与了整个利益的分配。1933 年，杭州市人口为518 502人，“跳虾”（私娼）不少于 1000 人。流程是这样的：嫖客到旅馆开房，先叫茶客（旅店侍者）去叫跳虾，茶客通知“背娘舅”（皮条客）到“本家”（提供跳虾食宿的窝藏主）所在地通知跳虾，然后利润合分，跳虾所得有限。杭州拱宸桥一带公娼数百人，一等妓女收入靠“拆账”法，收入全靠“牌头钱”（客打牌照例给的），然后与鸨母对分。二等妓女多半用“押账”的办法，先将身价抵押给鸨母，30 元至 100 元不等，所得的钱全部给鸨母拿去，期限到了便获得人身自由。“讨人”是整个身体全部卖给鸨母，“包账”的每天固定给钱给鸨母，抵押的钱不是妓女所得。[②] 妓业采用流水作业，所分利益视参与者地位和参与程度而定。

步济时调查北京的妓业，比较中西妓业的不同发现，北京的妓院多处于偏僻处，警局要求妓院不能安装窗户和直通街道，这与西方公开橱窗展示不同，但建筑物里面安静、守纪律、有秩序。妓舍分各种等级，前面所说的歌妓位于第一、第二等舍内，她们居住条件不错，歌妓素质较高，有的甚至关心时事，议论国政。妓舍所在地一般为城市繁华地带，是城市娱乐中心，周围遍布餐馆旅社戏院。妓业向来被视为社会罪恶，其导致的不良影响有多种，毫无疑问，相当多的卖身者染上和传播疾病，这些疾病将导致失明、神经虚弱和不孕。有数据显示，近半数客人染上花柳病，他们再将病毒传播给他的妻子，同时影响到孩子，败坏人种。而且正常的娱乐项目被减弱或不被光顾，摧毁了男子精神的恋爱追求，

---

① 贺萧. 危险的愉悦：20 世纪上海的娼妓问题与现代性[M]. 盛宁，韩敏中，译. 南京：江苏人民出版社，2010：95，91.

② 蓝孕欧. 杭州市之娼妓问题[J]. 新社会，1933，4(6).

影响家庭幸福，奴役女性，视女子为玩物，剥夺了她们的自由，没有一大笔钱不能赎身。[①] 妓业违背社会道德，助长社会犯罪，遭到社会人士反对。地方设立取缔调查会和教育感化院，如道德促进会等，对政府施加压力，劝谕妓户停业，各地自发组成团体，呼吁取缔。城市成立济良所，收留从妓院跑出来的妓女，规定只要妓女有能力跑到济良所的房子里，老鸨就不能进去要人。民国一度采取过禁止的办法，如注册关闭，抽签废除，街头抓捕，但断断续续，时又开禁，恢复妓院的合法地位。[②] 当局对妓户的态度与对待赌毒一样，既需要从中获利，又知这等行业戕害社会活力，难以根除，故此态度一直不稳定，时而废禁，时而开驰。此外，帮会组织参与其中，帮会基本是黄赌毒的"影子后台"，支持这些行业，政府要与之斡旋，颇费周折。

黄赌毒历史悠久，要从根本上杜绝还要依靠文化教育，若是使人深刻认识到此项活动不过是在浪费时间和消耗宝贵的身体元基，这些行业活动必将减少。这些不良活动在民国的合法流行反映了民众不惜时的心理，往往是因其过于闲暇所致。余天休评论这种现象说："古人提倡闲情逸致，如游山玩水，诗酒怡情，呼朋引伴，自命风雅，或寻古幽之地，游玩公园，流连茶座，天桥看热闹。实际不过饱食终日，无所事事，空等耗费大好时光精力，'黄赌毒'皆耗费身体，浪费时间，沉迷于灯红酒绿之中，社会岂可发展？"[③]从事政治、经济、文化、宗教等活动，为来自内在身体神秘冲动的本能寻找到正确的表达疏散方式，其他不良的社会行为如黄赌毒自然会收敛，即便是取而代之的游山玩水、聊天看戏也比黄赌毒强甚百倍。

第四节　保守的婚姻家庭、女子教育

西方自由平等的价值观念在我国近代的流行激发了妇女运动，妇女得以伸张女权，民国时期受西方罗曼蒂克风气熏染，社会趋向男女平等，但整体仍比较保守，缺乏明显进步。未婚女青年不可踏出闺阁，农村女性很早出嫁。"妇女十三岁

---

① BURGESS J S. The problem of prostitution[J]. The Chinese journal of sociology. 1925,2(4).

② 国民政府管理妓院的阶段大致是这样的：1920 年注册登记关闭妓院，摇珠抽签劝业迁出，1924 年后逐渐放开恢复，1928 年国民政府严厉禁娼，至 1930 年代中期开禁，1945 至 1948 年管制取缔，对妓女实行教育救济，1949 年前无法控制。总的来看，国民政府对妓院的管理时紧时松，起伏不定。

③ 余天休. 今日何日[J]. 正风，1936，3(7).

之后就不能常出门，所过从之人弟妹娣嫂，外人除亲人不得见面。十五至十八岁为出嫁之年，十之八九的妇女是这四年里出嫁的，新媳妇也不常离开家堂。遇到赶庙会，青年妇女不能参与，只有幼女和四十岁以上的女人才能享受观看。"[①]未婚女青年不得出门侧面反映出社会进步的缓慢。《社会学杂志》编辑甘南引在《晨报副刊》《北京京报》、上海《觉悟周刊》等报纸上设题，做社会调查了解青年婚姻情况，发现城镇女性结婚年龄同样偏早。这次调查从1922年12月至1923年9月，陆续发放整理问卷共计835份，填答问卷的已婚者395人，未订未婚313人，已订未婚127人，调查遍布26个省，问卷对象为这26个省份大中学校的学生，也有机关人员，结果显示，女性基本在二十二三岁就嫁出去了。已婚人士24岁的最多，共有55人；未订未婚的21岁的最多，有45人；21岁以前的女性普遍还是单身；已订未婚的20岁的最多，有21人；26岁以后就没有订婚的了。[②]

1924年，妇女不仅早婚，还有为数不少的缠足，在总计397人填答的问卷中，有242人的妻子是小足的，天足者96人，放足40人。早婚和缠足的后果是影响下一代的发育。早婚导致为父者不知如何为父，为母者不知如何为母，下一代的教育受到严重影响。且早婚使人口过庶，生育繁多，父母的身心用于培育婴孩，寻计为家，不能更好地发展事业补益公务。缠足不但禁锢妇女体力，后一代的生长养育同样受到影响。[③]

从结婚的程序看，定亲情况普遍，已婚的人中，由父母或旁人定亲的341人(占86%)，自己定亲的只有21人(占5%左右)，自己和家庭合定者33人；已定未婚的人中，由父母定亲的91人(占70%)，自己定亲的20人(占15%)。人们对于包办婚姻表示反感，愿意自己定亲的273人(占86%)，愿意父母和旁人定亲的27人(占9%)。定亲者中，有40%的男女双方未曾见过面，只听人说过，见过面的有的仅二三次，半次的也有，还有的在十多年前见过，或者见过但未交谈过，又或偶然撞见过等。定亲夫妻有感情不好的，陈述者说结婚二十日即外出，结婚七年但同眠不过三个月，十一年了还未共处过，结婚一年的在家不过一个月这几种情况。有说自己结婚二十年了，但结婚时自己是一个不过周岁的小

---

① 玄默. 鲁东农村中妇女生活的状况[J]. 社会学杂志，1931，4(5).

② 甘南引. 中国青年婚姻家庭问题调查[J]. 社会学杂志，1924，2(2)：1-281.

③ 1912年内务部曾颁布《禁止妇女缠足章程》，规定女子十岁以下者不得裹足，十岁以上十二岁以下裹足者一律解放，二十岁以上妇女亦逐渐开放，改换式样。由警察署查核，限期放足，否则科以罚金，各地掀起大规模的放足运动。但十多年过去了，缠足者依旧不少。

孩。[①] 定亲的夫妻感情情况如下：感情浓厚的137人(34%)，有答前三年冷淡，后七年浓厚，或者忽然有点小爱情之类。答关系平常的92人(23%)，爱情只是常情，或者说没有感情也没有冷淡，答冷淡的116人(30%)，不知感情为何物，终年无欢，冷淡如冰。答莫名其妙的52人(13%)。[②] 传统的父母之命、媒妁之言的婚姻在民国这一时期占据主体。这些数据吊诡的是，定亲的并不是完全没有感情，随着时间的推移，双方感情逐渐建立，尤其在生子后，占总数近一半者保持着比较和谐的夫妇关系，与自由恋爱关系融洽的概率无异。

对于妻子的要求，答对容貌最满意的84人，满意性情温顺的330人，满意有学问智识的51人，满意她父兄有势力的6人，满意身体健康的154人，满意她聪明伶俐的143人，满意善于治家教子的17人。最不满意学问智识的233人，最不满意相貌的53人，最满意性情的73人。总体来看，最满意的方面为性情温顺，最不满意的是无学问知识，其次最满意和最不满意的是身体是否健康，容貌聪明又再次，父兄的势力最不足考虑。因此，前三项是性情、学问、身体，其次容貌和聪明与否，还有操持家务。如果不满意，要与妻子离婚的有44人，另外纳妾的有31人，冷淡对待妻子的63人，盼妻子早死的28人，未回答者215人。可见，婚姻尽管是他人定的，要离婚的还是很少。若离婚办不到，有回答说一丧人格，二不人道，三背天良，良心上过不去。喜欢与父母同住的529人(占63%)，不喜欢与父母同住的184人(占22%)，中立的59人(占7%)。其中，喜欢与父母同住的原因有父母提供吃住、掌握经济权力等。还有的回答自己喜欢与父母同住，但妻子是否喜欢就不知道了，很多人回答妻子不愿意与父母同住。80%的人没有发生过婚外恋，只是有过精神上的恋爱，有的回答社交不公开。女人一般在家不出门，但愿意妻子在社会中服务的有595人(占71%)。[③] 由上述种种可见，即使是读书较多的青年，人们观念更新已经符合新潮流，而行动还是传统方式。总的来说，女性无论作为女儿、妻子还是公民，都不能与男性平等，[④]社会行为的变化跟不上观念的进步。

民国时期，女性开始接受公共教育。传统教育中，只有少数贵户的女性可以进入私塾读书，民间虽流传女性女扮男装混入私塾书院，与男同学发生感情

---

① 甘南引. 中国青年婚姻家庭问题调查[J]. 社会学杂志，1924，2(2)：66.

② 甘南引. 中国青年婚姻家庭问题调查[J]. 社会学杂志，1924，2(2)：68-74.

③ 参见甘南引的《中国青年婚姻家庭问题调查》，刊于《社会学杂志》1924年第2卷第1期，第97页(有删改)。

④ LIU C. The position of woman in China[J]. The Chinese journal of sociology，1925，2(5/6).

纠葛的故事，但女性不进入公开的学校学习。专门为女性设立的学校始于1844年英国在华的教会学校，直到1907年前中国政府都没有宣布为女孩提供教育。1907年政府才允许女子获教育文凭，但男女学生必须分开，初小和正规学校毕业的女生年限比男生少一年，女性不能接受中学教育。1918年，北京办起女子大学，此后，1923年，有180 949名女学生在校读书，占学生总体的12%，学校遍布江苏、安徽、山西各地。女性争取到接受更高教育的机会或多或少会遇到家庭的阻力，如家里人不给交学费，因为他们认为这是前所未有的事情，因而感到难以理喻。接受教育的女性多数未婚，她们有的以读书为由逃离家庭婚姻的传统桎梏。[①] 接受高等教育的女性还是少数，接受教育文凭是女性活动用于改变男女关系天平上的重要砝码。女子进入学校打破了"男女授受不亲"的惯习，男女自少在一个地方接受学习，加强了男女的沟通了解，使男女距离更加接近，相互学习协调性别的亲密关系，男女性共同接受社会的准则。

《社会学杂志》登载的有关女性研究的文章位于时代前列。其中一篇翻译过来的外国人的文章《妇女运动的变迁》展望了现代社会变化对于女性的双重影响。工业革命对女性提出了更多要求，传统女性以家庭为工作范围，19世纪初由于实业制度的发达，女性开始与男性竞争岗位，女性由此负有家庭和工作两方面职责，这使女性负担加重，"一种所谓的社会义务强加于身上，很觉得累赘繁重"。大家庭女人共集一屋分工合作，互助愉快，现代妇女单独做家务，耗费光阴，加上还需兼顾社会的工作，以致于没有时间照顾自己，且家务质量要求妇女提高经济智慧，所有这些都变为对女人的无形枷锁，束缚住她们追求自我价值的脚步。而与此同时，女性争取社会地位的需求不可缺少，这是获得与男性平等并改革婚姻家庭及其相关制度的必要条件。在婚姻家庭上，女性逐渐恢复自行选择男性为其配偶的自然权利，而不是与之相反的男性占据择偶的主导地位，后者与自然界规律是相反的。[②] 这篇文章超前于时代，诠释了男女平等的基本含义要件。文章中提到了西方女权主义先声者梅蕾·渥尔斯东克拉夫（即玛丽·沃斯通克拉夫特，Mary

---

① YU H, DJEN A B. Some family problems of the modern Chinese publicists[J]. The Chinese journal of sociology, 1923, 1(6): 6-7.

② ELLIS H. 妇女运动的变迁[J]. 王文祺，译. 社会学杂志，1922，1(1).

Wollstonecraft)[①]、桥治·散德(即乔治·桑,George Sand)[②]等,即使现在,这篇文章也道出了女性兼顾家庭和工作时面临的主要矛盾。

名流学者大谈妇女解放,《社会学杂志》梳理了中国学者对妇女问题的总体看法。罗家伦说,妇女解放是不可避免的事,妇女解放从提倡与男子共同接受教育、进入职业、儿童公育开始。廖仲恺指出妇女解放要靠妇女自己自觉,自己要求自己奋斗,从道德上、智识上、体育上自己准备解放的手段。还有胡适、陈独秀、李达、施存统、易家钺、周建人、杨贤江、慧庐、沈雁冰等社会贤达对妇女问题所持的个人的独特看法都摘要其中。该综述文章重点探讨了男女同校后的问题、妇女职业、男女共同劳动、女性参政、生育节制、男女社交和两性问题、婚恋家庭、贞操独身、两性教育问题,[③]几乎涉及所有的妇女问题,可见那时妇女解放是一大潮流,吸引了各阶层的广泛关注,造就了妇女运动的思想大解放,这些思想对我们来说仍有启迪意义。

第五节　宗教迷信活动泛滥

由于没有更多解决问题和提高物质生活的办法,人们只好寄意于神灵保佑,民国时期宗教活动盛行,人们普遍将希望和未来寄托于宗教和迷信活动中,尤其是迷信。迷信可谓广泛支配社会,不仅大刀会、白莲教等江湖组织借以号召的是迷信符咒,而且市井无赖和一般民众也相信星相卜筮算命堪舆,各地庙宇林立。农村遍布宗教庙宇,以山东龙山镇为例,全镇人口 446 户,2 470 人,大小庙宇 72 座,包括文昌阁、龙王、菩萨、太山、镜武、土地、观音、关帝、玉皇庙等,各处香火兴旺。[④] 这个不过两千多人的小镇,庙宇达至七十多座,香火不可谓不

---

① 玛丽·沃斯通克拉夫特,18 世纪的英国作家和女权主义者,与无政府主义运动的先驱者威廉·戈德温结婚,著作有《男权辩护》《女权辩护》。她认为女性如果不将更多时间用于美貌和身体装扮上本可以取得更多的成就,女性如果屈从于感性、放任于感情和同情,使理性不能健全发展,这将使女性自身受到伤害。

② 乔治·桑,法国女小说家,18 岁时嫁给杜德望男爵,但她对婚姻并不满意,1831 年她只身来到巴黎,开始独立生活。移居巴黎后她开始从事文学创作,七月革命后不久,她发表了第一部长篇小说《安蒂亚娜》(1832)。乔治·桑身边总是围绕着一大群追求者,她与大文学家缪塞的艳事、与音乐大师肖邦十余年同居之故事至今仍被乐道。在两性关系上,她倡导女性的主导地位,认为女人应该主动追求情感满足,婚姻迟早会被废除,一种更人道的关系将代替婚姻关系来繁衍后代。但据说她在公共场合非常拘谨,不善言辞。

③ 高尔松,高尔柏. 中国学者妇女问题之研究[J]. 社会学杂志,1924,2(2/3):1-58.

④ 田维中. 山东龙山镇的调查[J]. 社会学杂志,1932,5(3).

旺盛。学者李景汉调查去北京妙峰山朝顶敬香的香客，每年可达三四十万众，阴历四月初一至十五为朝香的日子，初六、初七和初八为最热闹的三天，这半个月香客可谓络绎不绝。晚上轿夫都忙个不停，执四五尺长的火把，扛着肩舆照着客人去朝香的路。有一个村叫涧口村，为香客集中之地，其拥挤程度比北京前门大栅栏有过之无不及，家家房屋成了客栈旅馆，壮丁做背子轿夫。朝香为的是解决现实中的烦恼，往来的香客在这里最喜欢说“虔诚虔诚”，上山对下山的说“带福回家”，遇到不如意的事情，在这里说“虔诚虔诚”，就一切问题都解决了·“虔诚虔诚”在这里似乎成了无上的权杖，就是皇帝主教的权力也比不上。香客到这里来的主要活动是磕头作揖烧表进香，他们见庙就进，见像就拜，其中为家里亲人疾病还愿而来的占百分之二三十，为受灾难贫困求圣母解救的占百分之五六十。

磕头还愿是这样的，有的三步一磕头，有的两步一磕头，从山脚磕到金顶上，有的穿红衣或戴手铐脚镣上来，有的把自己打扮成牛马等形状上山，有的到山上做工，有的应许给庙里买应用之物。笔者看见一个穿红衣的少年，背着马鞍子爬进来，掌礼的给他引见到圣母天仙面前，叫他叩头烧香，为他念诵了不少话，然后把他马鞍子拿下来，红衣少年像马一样在地上打了几个滚，完事到旁边喝粥去了。据说此人因母亲重病许愿三年，如此每年上山还愿，上山前以牲口自居，总不说话，直到一切手续办完了才与人说话。还有还愿毁垄的香客，山脚下有人故意到田垄上走，将麦田践踏得不成样子，原来这是田主许的愿，将麦田的一部分任人踩踏几垄，这叫“还愿毁垄”。除了磕头，还可以抽签解文，在妙峰山上抽签签文如下，妙峰灵母圣签：心直德厚福无疆，任意求财定有方，守分自然多吉庆，名利双全荣与昌。解曰：求官得位，财源大通，婚姻可成，诸事遂意，孕生男子，利见大人，行人即至，疾病必痊。落款为：板存琉璃厂会远斋甘姓公议助善。金顶妙峰山王奶奶灵签不一样，一般为治病的，签文后附有中药方子。如，肝有火，胃不开，心胃相交，病无来。附白茯苓一钱，次生地二钱，柴胡一钱，酸枣仁八分，引藕节两个，两剂完。板存文德斋。[①]

庙会不单是宗教活动场地，批示未来愿望，还是精神文化生活集中所，庙前有献技艺的，如自行车技拿大顶、狮子舞，施演刀枪鞭叉等，众人都来围观叫好，终日不绝。

---

① 李景汉．妙峰山“朝顶进香”的调查[J]．社会学杂志，1925，2(5/6)：6-11．

这些香客不是孤立的个体，他们组织起来建立了“香会”，北京、天津各地都有香会，每处有数百个。如北京的会峰普照燃灯老会、清静乐善清茶圣会，天津的老北道老爷庙馒首粥茶老会等。香会会员各有职责，如早康熙二年的善老会，分引善都管（香首会副香首）、催粮都管（收取会费）、钱粮都管（采办供品）、护驾都管（掌礼）、车上都管（管理车辆）、苦行都管、陈设都管、中军吵子都管（管理巡查防卫）、号上都管、揆子都管、厨房茶房都管、拉面都管、饭把都管、净面清茶都管、司房都管（管理银钱）、信女等职务。① 这些香会如同企业，分各种职位，而这些职务分工反映出香会不仅是宗教组织，而且具有经济功能，香会拥有为数不少的专属香田，种植粮食作物。香客内部进行经济调剂，有需要的先向香会预支，相互帮助。一些香会是习武组织，秘密结社，红枪会等习武的自卫组织都以信奉宗教为核心，宗教文化吸引团聚了成千上万民众。

宗教组织的主要影响力还在于宗教文化本身，宗教包含的精神和信仰是吸引民众的主要原因，宗教文化代表了香会组织的基本功能，其经济和防卫作用不过是附属要素，民众从信奉神灵中感受到超能力对现实的控制和心灵的慰藉。范迪瑞曾调查过鲁东农村的迷信和禁忌情况。鲁东农村家庭供奉的神有以下几种：一是天地神，又名天井神、中露神。南墙上供有神龛，犹如庙形，龛上像日月山川，有日月星闪耀。龛内放牌位，上书天地三界十方万灵真宰之神位，或书敕封中露神位。中露神俗称天老爷，每年冬至至年节祭祀，年节在龛前搭一席棚，将牌位置于棚内，棚外贴如“天地之大也，鬼神其盛乎”，或“大德曰生”等对联。二是灶王神。俗传灶王神有一妻一妾，名丁香、海棠。不祭灶王者，煮饭不熟，灶王神像每年一换，名曰更衣。八月初三为灶王生辰，祭祀一次，腊月二十三为灶王上朝玉皇大帝之期，这晚各家备纸马，祭祀后扯下灶王神像焚烧之，谓灶王骑马升天。与灶王并焚的还有马草、五谷粮米，是一年的收获，让灶王达于玉皇大帝。祭祀品有面条、年糕和糖瓜。年糕取其黏性，以粘住灶王之口，使灶王不能向玉帝上奏家中的过错；糖瓜取其甜意，让灶王对玉帝说甜言蜜语。② 三是家堂神，就是观音菩萨，观音菩萨是救苦救难的，称为宅神，因为是女

① 李景汉．妙峰山“朝顶进香”的调查[J]．社会学杂志，1925，2(5/6)：22-39.

② 关于灶王，民间年终还贴新灶王像，书写对联“上天言好事，下地降吉祥”等，灶王像上一般附有一年的大小月及二十四节气表，农村中有买历书的习惯，敬授农时基本靠的是这个灶王的节气表，俗称灶王头。灶王神还有娱乐的象征，因为从灶王神朝天到回宫，相距 7 天，也就是从小年到大年，所以有“辞了灶，年来到，闺女要花，儿要炮”的歌谣。灶王神具有监察家人行为的职责，向玉帝汇报，玉帝震怒下来，可能降下灾祸，甚至祸及家人和全村。所以信奉这种迷信的地方，人们不敢轻易做坏事，一有坏事，家人邻居都出来劝阻干涉，大家互相监视，自行惩罚作恶者，让他肚子痛，若是有人肚子痛，就是被灶王神怪着了。

像,又称为家堂奶奶。四是财神。相传财神为殷朝宰相比干或越国范蠡,范蠡人称陶朱公,辞相经商,三聚天下财又三散之。财神除享受年节之外,每年九月十七日享祭一次,用羊肉祭祀,又叫羊肉会,也叫财神会,说是财神的掌管库房的是个回族,不吃猪肉,要讨他的欢喜。五是关帝。关帝是三国时的一位武将,忠义勇士,明朝封为关王,清朝封护国神,进位关帝,农村中有关帝庙。家中供奉关帝,因他和财神相亲,又称作武财神,每年五月十三祭祀一次,叫作关老爷磨刀节,纪念这天关帝单刀赴会,迷信说这天必下雨,以备磨刀之用,因此又叫作雨节。六是祖先。祖先和神一样,祖先有灵魂,常会来家看看,保佑家人,所以也要祭奠,祈福免祸。另外,还有关于小孩的风俗。①

民间宗教文化的组成成分中包含禁忌。禁忌指不可做某事或者避开某些不恰当符号,人们借此维持内心平静或平衡。尽管禁忌从理智上不能得到完全的理解,但禁忌流行开来,无论是否符合常理,只要作为社会共同同意的风俗,就被遵奉。

还是在鲁东地区,如人们认为家里门窗对着屋山的,应在屋山上钉块"福星高照"的木板,屋山上的尖头瓦,名字叫作猫耳朵,不愿见到它。农忙时农夫在田里工作,早上中午两餐都由家人送饭,农夫吃饭前将饭汤洒外,也是祭奠一下。动物中猫怕狗,猫见到狗咬耸尾倒退,或爬上树,狗见到猫追,它们是世仇。为了让它们相容,一种禳治的方法是执着犬和猫的前足,让它们彼此相互作揖,主人对狗说不许咬猫,这叫犬猫交拜,经过交拜的狗猫不再仇视了。端午节那天饮雄黄酒,插桃枝艾叶辟邪,头发上、门角、小孩的五色线上都带着艾叶,端午节辟邪,失去悼祭屈原的意思。还有再醮的妇女,改嫁时到新婆婆家,丈夫不先见面,叫老年女人抱着斧子迎接她,打掉她的凶气。儿童不满三岁夭折的晚间其魂回家吃他母亲的奶,母亲要回娘家躲三天,孩子回来找不到就不再来了,这

① 关于小孩的风俗有:家有小孩的,为求儿童长寿,会把孩子送到一个寺庙记名为僧,意思是让神收为徒弟,直至小孩成年娶妻时捐钱给庙中买身被逐而出。记名时给寺庙送块面,叫作压法面。还有给男孩扮女孩,穿耳孔,因怕小鬼抓他。看到穷人家的小孩多,高贵家庭为让自己的小孩长成,就让自己的小孩拜穷人家的妇女为干娘,沾个穷光。小孩若不会走路,就用刀在他的两足之间乱剁,名叫开绊,他们认为小孩不会走路是因为两脚当中有无形的绊,必得砍开才会走,还有给小孩起贱名的,如阿猫阿狗。多生女儿家的,给女孩起名招弟,是招弟弟的意思。小孩积食,面黄肌瘦,解决的方法是初一或十五晌午时小孩面向太阳而立,一人拿着剪刀,口中念念有词,接着剪去小孩的一个衣角,意思是把食割去了,这叫割食。小孩出生之时,若有第一个客人来访踏至家门的,小孩将来的品性必和客人相似,这称为踏生。详见范迪瑞的《流行鲁东农村的迷信和禁忌》,载于《社会学杂志》1931 年第 3 卷第 10 期。

叫躲三日。家中有人去世时，死者挂念家中会在赴阴司之前到家中看看，俗名回煞。煞性最强，人预见非死即伤残，树木预见也要枯萎，所以回煞的时候家人躲到左邻右舍，至过了时刻才回家。家中老人去世的，棺材上放几个青钱，出殡时孝子女要扫净棺材，如果头三下能扫出钱来，必可过好日子。老人出殡，妇女们哭着送出门，送出后先回家的，将来能富足。①

这些关于禁忌的琳琅满目的活动表明，人们对于一些现实中不愿碰到而又没有办法回避的事情，通常会想办法通过宗教迷信活动予以化解舒缓。遇到不好的情况，悲伤是一方面，但不必过度，现世还是最重要，保护好现世的人，面对当下的生活，这些都是宗教或迷信活动的宗旨要义。

上述流行于鲁东农民中的行为是风俗、宗教还是迷信，不可一概而论，只是角度不同。我们知道某种风气和社会行为的推崇是因为符合当地的习惯，满足了社会中多数人的需求。习惯是可以慢慢改变的，在习惯没有被革除、科学观念没有被提高之前，以当时的文化教育水平而论，这些活动具有正向功能，有助于提高人们对生活的幸福感，从中得到自然的快乐和满足安慰，使生活安宁。无论这种感觉是真是伪，它都有存在和演化的道理。如果新的观念和习惯出现并逐渐被人接受，社会发生质的变化，例如集体讲科学，那么原有迷信色彩的仪式就会随之改变。从这些宗教或迷信表征中，我们可以了解到民众一般的思想观念及社会形态，1920 年后期发生了大规模的破除封建迷信的运动，大批的庙田收归村公所，真庙改造为学校，这些迷信活动有所衰微。

以上为《社会学杂志》描述的民国社会的民生情状。作为第一本社会学专业期刊，《社会学杂志》调查类文章秉承了将社会学作为科学研究学科的宗旨，力求细致刻画民众的日常生活，这种特点使其区别于其他同类的许多报纸杂志。《社会学杂志》不报道时政或社会要闻，不像新闻类报纸或杂志那样关注社会每天发生的轰动事件，也不以醒目的标题来吸引公众，而

① 详见范迪瑞的《流行鲁东农村的迷信和禁忌》，载于《社会学杂志》1931 年和 3 卷第 10 期。该文还提到这个地区其他一些风俗。如人们外出前要吃水饺，水饺形似元宝，预祝着出外发财；外出回家也要吃水饺，预祝容易到家，因水饺形似蛋，意为滚蛋。正月初一吃素，初一一天管一年，得到常年吃素的福气；初一不吃素，预计斋一年。男子迎亲时女家令男方拜其祖先，在祖先桌子上摆和婚瓶，这样男子必怕老婆；婚夜灯放窗台上不能灭，若熄灭夫妇将不和谐。新婚夫妇第一夜窗外有听墙根的，多是弟妹亲戚；若无人肯听，则放以竹扫帚代之，否则夫妇以后不合。孝子持孝杖有很大的威力，若雇佣协助办丧事的人失职，可用孝杖击打之，对方不能还手，被打一下，倒霉一年，若还手被多打几下就多倒霉几年。选好坏日子，“成”“开”日为一等好日子，二等为黄道日，即“除”“尾”“定”“执”日，三等为黑道日，“建”“满”“平”“收”日，四等为坏日子，“闭”“破”日等。

是平实地描摹解释平民的生活。研究者作为普通人中的一员,以观察和实地考察的方式思考分析每天所发生的普通事件。通常篇幅较长,叙述全面客观,比如说明民众对于同一事件的不同看法,注明各自的代表比例,不将具有差别的民意混为一致,实际就是将报纸的倾向明示出来。不热衷采用小说式和现实相结合的塑造艺术典型的方式来挑动读者的情绪,而是理性地呈现,如同纪实片一样,挑选的是实例,因而真实可靠。这种写法在当时独树一帜,一扫我国自古以来写作概括或注重文学的特点,为我们探究那一时期的社会状况提供了专业视角。

《社会学杂志》调查论文反映了1922—1924年及1930—1932年间的社会民生状况。孙中山先生创设三民主义教义时,即充分考虑到中国的主要问题在于贫与不均,以这份杂志所示,此言可谓道中了社会发展的关键:“中国之患在贫,贫则宜开发富源以富之,唯富而不均,则仍不免于争,故思患预防,宜以欧美为鉴,力谋社会经济之均等发展,及关于社会经济一切问题,同时适当之解决。及至人民程度高时,贫富阶级已成,然后图之,失之晚矣。”[①]孙先生的三民主义实质介于资本主义和社会主义之间,以适应民俗国情。变革国家制度,以国家整体的力量规划发展经济,提高民生,就成为解决社会主要矛盾,完成历史赋予使命的重要策略之一。民生包括民众实现生存的基本需求和获取发展的基本机会权利。孙中山先生说,民生就是人民的生活,社会的生存,国民的生计,群众的生命。民生是社会大众最为关注的问题,只有提高民生水平,才能为振兴民族打下基础。这就是余天休在国内三十年生活和学术的社会背景。

---

① 孙中山.在南京同盟会饯别会的演说[M]//孙中山.孙中山选集.北京:中华书局,1985:93.

第三章 以实践建设推动民族进步："动"的哲学理念与社会进化论

哲学思想是一个人思想的本质和出发点，从哲学观念中能窥视其个人思想的总体与基本特征。哲学在古希腊是"爱智"的意思，代表一种独特的思考，用以解释世界和人生的本质，以及万事万物的本源是什么。哲学以它理性而深邃的理念拂去了万物被世俗遮盖的尘蔽，展现出事物的本真。一切科学都从哲学发源而来，科学从哲学发端发展，在某种意义上为哲学做注脚，哲学可以说是科学之祖。哲学并非很神秘的东西，事实上每个人都有自己的哲学，对人生、世界、宇宙都有自己的看法，这种思考源自内心的真正呐喊而非浮于肤浅的表象，故其展示出来的符号具有强烈的震撼力。哲学诚然不唯明确描摹现实实在，但并非空虚无用。就个体而言，哲学观表明我者的思想行为倾向，渗透了个体饱经世事的生活智慧、生活态度精神，其目标在于达致自由理想，由此迸发出"无用之大用"的效能。余天休的哲学思想可总括为一个"动"字，他认为无论是个体还是国家社会，都要动得合适、动得适中，可谓"合适之动"学。国家的"动"体现在建设中，余天休仿照孙中山的建国方略补充完成了国家建设纲要。无论个体集体，"动"的目的是为了进步，近代中国为强国保种信奉西方进化论，余天休详述了进化论原理，但同时对进化予以了传统思想的改造。

第一节 "合适之动"的宇宙社会原理

据余天休友人称，余天休哲学的思想中心在于一个"动"字，他提出了凡事皆以动为本，宇宙间的一切物体无时无刻不在变动之中之论，人生是动的人生，宇宙是动的宇宙。"动"在任事上就是积极勇为、冒险攻势，而不惧其余。人们探究学问不为别的，学问的特点是作为"动"的工具而贵在致用，尤以科学为甚，倘学不为用，则学将失其目的。① "静以致动，宁静致远，淡泊明志"构成了我国哲学的主线条，而余天休这种以"动"为宇宙万物的基础和本原观，击破了我国传统以"静"为本的导向。当然，传统的"静"不是恒定不动，也是在"动"，但主要指内在的"动"，心性之动。心性无时无刻不在"动"，通过实践体悟道理、修养身心，做到知行合一，而举止行为从表象看来不好动，顺应自然，追求精神安宁。② 余天休的"动"确指外在的"动"，即实践和行动，作用于自然环境，与人交往，而无其他。因受时势影响，他本人生活多变，职业及迁居地屡次变更，后移居他国，如是环境不断变化，即应该随之沉浮顺应，不可拘泥墨守，不肯挪移，原地踏步，此为"动"。这种观念与他出生于广东侨乡及留学西方、吸收了西方文化的某些特征有关系。

我国传统主体崇尚"静"，以静制动，但也有一股专门提倡"动"的思潮，特别是明朝以后，这种特征更是显著。典型的如王夫之，认为"动"其实为探索未知，探求过程中难免碰到困难，但不需畏惧。王夫之说如果因为"动"有吉凶悔吝之兆就虚极静笃，永日宴安，那人和块土无异。③ 明朝颜元习斋更是"动"学的集大成者，他说："一身动，则一身强；一家动，则一家强；一国动，则一国强；天下动，则天下强。"又言："性者心之理，情者心之动，才者情之力。"颜元阐述，凡能成事者，必有一种"动"的心情在起推动作用，若连"动"的心思都没有，何来具体行动本身。爱静空谈之学久，必至厌事，厌事必至废事，遇事即茫然，对事冷漠无动于衷，优哉游哉，空无结果。余天休延续了王颜这一派的观点。

余天休思想观念的基础是"动"，"动"的含义指扫除惰性苟安、虚幻寂灭，避免因循敷衍、消极无为。但同时"动"不是妄动，而是动之得当、动得适宜，为一"适"字，动适于天时、适于地利、适于人和、适于天下万物，而常存矣。适合之动

---

① 汪公亮，朱照箕，陈文震. 余天休先生之学术思想与政治理论[M]//谢立中. 民族复兴与世界联邦：余天休社会科学论集. 北京：北京大学出版社，2008：336-338.

② 关于中西文化在静与动方面的差别，李大钊曾在《东西文明根本之异点》中指出了中西文化差异："一为安息的，一为战争的；一为消极的，一为积极的；一为自然的，一为人为的；一为依赖的，一为独立的；一为苟安的，一为突进的；一为因袭的，一为创造的；一为保守的，一为进步的。"这是在近代特殊环境中的一种认识，动与静只是相对而言，表现为在不同范畴和向度，不同文化体的人们处理问题的方式在程度和变化量上有所不同。陈序经认为，一切文化都是动的，文化的发展有赖于人的动力。参见陈序经的《一年来国人对于西化态度的变化》，刊于《国闻周报》1936 年第 13 卷第 3 期，第 22 页。

③ 王夫之. 周易外传：卷六[M]. 北京：中华书局，1977.

或自然之动，或合理之动、常态之动，而有定律之动；反之，举动为无常之动、变态之动，无定律之动、而随时随地与其他诸物发生摩擦冲突，则消耗过巨，积劳过分。只有生存之动，才得快乐、幸福，是乐观、有前途、有希望，此在人间演化为风俗，是习惯、是纪律、是道德、是理想、是和平、是人类至高至上的理想与目的，小而促进个人友谊，次而安定邦国，大而可致世界和平与人类大同。[①]“动”不是盲动乱动，所以动和静有关系，没有完全摒弃“静”的元素。“合适之动”者，能得到个人人生的快乐幸福，而且与社会风俗纪律习惯道德关联起来。“合适之动”是人与人交往的良性法宝，又上升到安邦定国与世界和平的高度，也正是在这个意义上，将“合适之动”定为哲学观念毫不为过。而与“合适之动”相反的“变态之动”，结果则为自然淘汰，将使社会发生冲突。基于此，人不可妄动，始考虑周到，方可致动，否则必将招祸，悔之不及。“动”要动得合适，“不合适之动”对施动者来说劳身伤体无所收获，而且损害他人，招致人生的不快乐不幸福，希望减少，前途暗淡。不良社会道德风气也与妄动有直接关系，影响国家安定。余天休中年以后尤其体察到了这一点，他建立道家学院，他的“合适之动”吸收了传统尤其是道家的思想。道家主张与时迁移，应物变化，无为而无不为，独任清虚为治，借助道学，实际融合，重申了我国传统对待动静关系的理解。

“动”何以带来社会冲突和问题？余天休对比解释为：因人均具有“能性”，人体内存剩余精力，除了用于身体运行消耗与正常衣食住行及解决家庭问题外，尚有余力致社会安危，这个“能性”必须消耗。如何消耗？为此可引导民众从事宗教活动、体育运动、文艺活动、学术辩论、妇女选美等，消耗人们的剩余精力与闲暇时光，如此，社会井然有序，社会问题迎刃而解。

活动必须有秩序，有步骤，否则不稳，不稳则乱。为求国家社会安宁，务改进个人活动方向，务使人人各得其所，得经济精神欲望之满足，则政治自行平稳，如提倡远足，增进对自然之美感，举行运动活动体力，减去闲暇，提倡娱乐活动以调剂疲劳，增进兴趣。人静极则过剩生活力无从发泄，必思活动以资调剂。所以善治国者，必多修庙宇，引人赴庙参佛，以消磨其闲暇时光；再提倡社会运动使人注意而转移其对国家社会之目标，因人好奇，凡新学说或新运动皆愿参加。再次提倡各种比赛、演讲辩论，优胜者奖之，则人们欣然参加，以其好名争胜之欲有所安慰；此外，妇女涂脂赛美，或市民赛马赛狗，皆为自投所好而致精

---

① 汪公亮，朱照箕，陈文震．余天休先生之学术思想与政治理论[M]//谢立中．民族复兴与世界联邦：余天休社会科学论集．北京：北京大学出版社，2008：339.

神有所寄托。此皆为改变活动方式大略。总而言之，个人每日工作之外，日有闲暇甚多，一旦无事，则感觉无聊，倘不利用，则必冥思妄动，且图谋不轨，匪徒吸毒者多因消磨无聊光阴之举动。故因势利导，使人人精神有所寄托，则无腐化恶习的行为，或图破坏社会国家的举动，而升平之世亦可实现。①

余天休在此提出"能性"及剩余精力说，其意在中性地说明人破坏、危害社会的缘由，破坏不是出于本性，而是个体精力和内在之"动"无所排遣而为之。世界上原本很多事是没必要发生的，但对社会的破坏之事从来没有停止过，可是当局者迷，当事者并没有清晰地认知到这其中的无谓和无价值，以至于做了许多本不应该做的无意义之事。归结起来，无非是内在能性莫名驱动使然，内在活力有必要舒展蔓延开去，指向、针对一些具体对象，若内在能性激烈不可遏制，则可能发生迷离怪象被一时所惑。如果合理地对其加以疏导，将这些剩余精力施于有益于身心及社会的行为，则社会的不良现象必将减少。"能性"类似于弗洛伊德的"力比多"概念，都出自人的本能和内在本性结合余天休在后面所述的群治方面引入心理术语的创造性发明，"能性"说源于心理学并不奇怪。再联系余天休博士的求学经历，即曾就读于由美国第一位心理学家出任校长的克拉克大学研究院，这点就更容易理解了。这种学说使人想起"多建一个足球场就可以少建一所监狱"的戏说，也使人联想到"若不为无益之事，何以遣有涯之生"的箴句。

古人还有"无事生非"之说。无事者最容易无中生有，生发事端；反之若有事，则自不生非，寡欲莫过于劳作，劳作者无暇思欲。颜元说："吾用力农事，不遑食寝，邪妄之念，亦自不起。"还说："人不做事则暇，暇则惰，惰则疲，暇、逆、惰、疲，私欲乘之起矣。"劳累不堪，何以有空闲起歪念胡思乱想。所做之事含政治、经济、文艺、学术、体育、选美等活动，有些活动能带来实际功效，有的则属于茶余饭后的消遣，但同样使人舒缓内在多余储存的能量，使其平和，否则，就可能去攻击他人，甚至危害社会。

归结起来，人既不可不动，也不可胡乱动，动有善动，也有恶动。"合适之动"就是积极勇为，格物致知，充分考虑周围环境的特征，采取合适的行动路线，达到动能合一，实践与知识相结合，类似于王阳明的知行合一。余天休友人认为余氏得自王阳明心学滋养居多。王阳明在他的《传习录》中记载说："路歧之

---

① 余天休. 世界史之出发点[J]. 商业经济评论，1937，4(10)：897.

险夷，必待亲身履历而后知，岂有不待亲自履历而已先知路歧之险夷者邪?”又言：“食味之美恶，必待入口而后知，岂有不待入口已知食味之美恶者邪?”这都是在说实践的功效，实践越多，对人的心力培养效率越高。王阳明经常告诫其弟子要在事上磨炼功夫，锻炼意志。“人须在事上磨炼，做功夫，乃有益。若只好静，遇事便乱，终无长进。”每做一事，就是在磨炼意志心境。他告诫弟子做事需出自良知，秉承良知，良知为本体，事无止境，以良知应之即可，方可知行合一：“知之明觉深察处即是知，知之真切笃实处即是行，知行功夫本不可离。”①行为的底线为良知，良知在行的基础上一再确认，这就是事与知合，以良知的认识而行动，综合起来即为余天休的“合适之动”，“合适之动”提升了“知”与“行”的契合程度。动而有能，能而有知，动是首先发动的因素，但不同的是，余天休在传统的行和知之间加了一个“能”，进行能性能量的消耗引导，达到知行合一，这种观点融汇了西方行为主义的心理学说。②

“合适之动”之后上升为治国理念和宇宙人生定律。余天休言善于治国者，应激发人民好“动”，发现人民喜欢和擅长的行为，鼓励这种行为，不可遏制它，同时必使人民动作合理、行止有度，对“动”进行合理认知，使之不触犯法律道德界限。人们喜欢经济活动就予以鼓励而不是压制，让人们发财致富，但同时规范制度法律，使这种行为合适有度、人人可享，不致发生激烈的冲突对抗。余氏由此将“动”的理论上升为宇宙原理。他说宇宙间有三大原理：一为静性，一为动性，一为适应性，静保守而具有建设性，动浪费而具有破坏性，此二性之间，则适应性属焉。物极必反，理所当然，国家社会欲求发达，绝不可走极端，务使阴阳调和适当，然后可以符合中庸之道。不偏谓之中，不倚谓之庸，中庸力量常在维持两端。故政治政策重在“执中”，社会乃达到安宁，否则必失其平衡度而倾覆。③“合适之动”上升到宇宙原理，竟取儒家“中庸之动”之意，强调政治中庸的必要性。与儒家不同的是，余氏强调“动”之中庸，而非“静”和“止”的中庸，是在确定“动”的合理前提下的现代“中庸”，以后我们所论余氏的新“中庸说”，如经

---

① 王阳明又言，“知是行的主意，行是知的功夫，知是行之始，行是知之成，若会得时，只说一个知，已自有行在，只说一个行，已自有知在”，都是在说知行合一。

② 行为主义者通过系列动物实验，如鸽子实验来验证人的基本行为原理。人的行为是有目的的，鸽子老鼠为了食物而行动，人为了成就价值而活动，外在刺激越强，人的行为动力越强，行为得到刺激物的强化。余天休撷取了其中“能动力”的概念，但是不同的是，他认为即使暂时失去人生目标，人也有必要将内在的能量通过渠道疏散开去，这似乎与弗洛伊德的内在“力比多”分泌即本能驱动有关，但舍弃了弗洛伊德派心理学的神秘色彩，而将其移植到可观察的社会现象中。

③ 余天休. 宇宙间之三大原理[J]. 正风，1937，4(11)：997-1000.

济中庸平衡的总括含义，都取自以"动"为主的动态平和之意。

研究历史者同样需要了解"动"的理念。"动"的哲学贯彻于人类历史中，因历史不外乎表现人的"生活力"、求生存发展之力。"人类历史所经历之事实，不外'动'与'求'二字演绎之，无论何时何地，均不能越出此范围。人类何须'动'，此理甚简，人为动物必须生存，既欲生存，自须活动。所谓历史云者，不外人类生活力(energy)的表现而已，此种生活力，亦即历史上之原动力。"①历史是人的组合，历史看起来不过是文本，但这文本不是静止的，而是人的生命力、思考力的表现，是人的内驱力在此阶段事件中的种种表演呈现。历史给予我们经验或教训，就是在说有人动得合适、有人动得不合适罢了，其中的行动差之毫厘，而谬之千里。

余天休"合适之动"的理念，有若是孙中山的"行易知难"学说，孙中山先生认为，行在知后，以行求知，因知而行，知从行中来，不行则不知。孙中山的"知行合一"同于余天休的"动"学，动如何做到无偏倚不失？只有在知的基础上，知之越深，行之越切，将知反于行之中，才能造就优良结果。若只动不知，则是盲动乱动，胡乱实验实践，付出了不必要的时间成本，不是在行的过程中认真思考何者可为，何者不可为，谨慎从事，那这样的"行"一般要付出高昂的代价却无所获。"动"本身要求合理，要么不动，虚以待劳，知止去危，一动必有所成，行必有获。所以说行易知难，知道怎样"行"合适很难，也是"合适之动"的全部含义。

总而言之，余天休的哲学理念以动和实践为主，将道学、儒学的理念辅助其间，并结合个体体验和西方之学，演化为他的不盲动、有目的有节制的"合适之动"观。余氏推崇道学，谓道学为适宜动学，知止保身，无为而治。无为不是不为，而是为合理之为，言必有中，行必有果。不中之言、无获之为，不如不言不为不动。妄动常常误事惹祸，不如以静制动，刚柔并用。② 道学阐述合理之动的精髓，道学包含合适行动的全部含义，此种认识，若非深得社会人生之理，饱含丰富社会经验，很难体会出来。如今有人但知尽情表现表演，绞尽心力，殊不知多数无甚意义，仅供一笑谈而已。

---

① 余天休. 世界史之出发点[J]. 商业经济评论，1937，4(10)：894.

② 汪公亮，朱照箕，陈文震. 余天休先生之学术思想与政治理论[M]//谢立中. 民族复兴与世界联邦：余天休社会科学论集. 北京：北京大学出版社，2008：338-340.

第二节 “动”起来的国家建设纲要

“合适之动”不只涉及简单个体的人生问题，作为统筹历史社会的整体哲学思考，“动”还关涉国家发展。余天休论说，动得不合宜，可能致邦国倾倒衰颓，由执政者一念之差演化成国家之祸例有之，兴邦丧邦皆人为也，历史上兴革变化，一旦误入歧途，即愈趋愈远不堪回首。革新政治社会，需先知先觉者为之运筹谋划，思虑长远，切不可临时动议、朝令夕改、仓促行事。这种治国经验也为近代历史所一再证明。

余天休关心国家建设，对中国近代化进行了全面构想，深刻展现了他“动”的理念。他认为国家应该“动”起来，也就是加强建设，国家若不致力于建设，何来发展，如同华厦构建，一砖一瓦都要搬动粘砌。近代国人较为因循守旧，不能解放思想，不敢迈开步伐，所以国家发展缓慢。“动”起来的国家建设包含若干方面，心理建设、社会建设、军事建设、政治建设、经济建设、国防建设都是其不可或缺的内容，余氏对每一种类型的建设都做了仔细分析。其心理建设说明我国民众普遍存在的矛盾心理，提出要培养新政治新道德和信念的建设任务；社会建设包括推行社会运动、调整社会行政机构、矫正教育方针、实施卫生政策、组织民众、建设政党，解决民族问题、妇女问题、农民问题、劳工问题等；军事建设则分析了军阀祸国事实及贻害的后果，提出建军方针、整军步骤；政治建设包括培养民众参加政治活动的习惯、完成宪政、确立选举、实行人民立法、限制行政权能、健全司法制度、确定考试权能、充实监察制度、修明内政、实施地方自治、实行村镇自治、整理外交方针、重振边务、调整侨务等；经济政策分析发展经济的根本举措、非常时期统制经济措施、调整金融资本、财政建设、土地与农林建设、工商业建设、交通水利建设、矿业建设、渔牧业建设等；国际建设程序如调整近邻邦交、设立近邻国际研究机关、致力于近邻国际经济建设、建设世界联邦政府。[①] 政治、经济、心理、社会建设总和起来为国家建设纲要。近代中国内忧外患，每一种建设都显得迫在眉睫、刻不容缓。而在每一大领域下面，余氏又列

---

① 汪公亮，朱照箕，陈文震. 余天休先生之学术思想与政治理论[M]//谢立中. 民族复兴与世界联邦：余天休社会科学论集. 北京：北京大学出版社，2008：376-464. 关于具体的建设举措，在本书后面的分论章节中会逐一阐释。

举了一二十条关于如何开展建设的具体举措，事无巨细，尽力铺陈，相关事务一览无遗，这些构想至今仍具有借鉴意义。此外，由于农业和水利利益相因，余氏还专门论述了水利建设，他说水患关系国家安危，治理水包括筑堤蓄水，利用水力发电、航行、造林等，以及水不得实行私有制和水利的经理问题。[①]

一方面，出于对社会的责任感，另一方面，也与社会科学研究的目标任务有关，余天休像政治家一样构想着国家民族发展的蓝图，书生何尝不能论国，俨若建构指针，类似于孙中山建国方略实业计划体例，充分体现了余氏作为"士"所传承的公共服务精神。余天休在美洲追随国父多年，深入探究过孙先生的思想真谛。因陈炯明叛变，孙中山建国方略除部分出版外，其余皆被焚烧无遗，旋以病故阙疑无从弥补。孙先生自述了这一经过，并希望读者同志本此基础，触类引申，匡补阙遗，更正条理，使之成为一完美之书，以作宣传课本，则其造福于吾民族、吾国家诚无可限量也。[②] 余天休正是秉承这一遗志，希冀对孙中山先生的建国纲领有所补充完善，故作国家建设纲要。

我们比较余天休和孙中山的国家社会建设纲领发现，它们在形式上各具特点。孙中山的《建国方略》对于国家交通、矿业、工业、农业等发展、集会表决之法指导详细具体，而孙先生的《国家建设》一文则旨在阐释其原理，并没有具体指导，可能与前书稿被烧掉重新寻找资料比较困难有关。余天休本着"动"的哲学理念，依据孙中山的建国理念，再仿照《建国方略》体例，具体构架实现建国理想的实践措施和方式途径，具体而微，重在施行。如在开展心理建设、塑造新一代国民道德方面，内容就更为充实。还有，孙先生的社会建设主要是民权初步，也就是集会程序动议，余天休将其推广至广泛的社会运动和解决社会问题，根据新的情形添补了详细内容。反过来，孙中山对于国家实业建设计划修建哪一条港、哪一条铁路，开发哪一座矿藏都有一一规划，指出了规划的地点名称，余

---

① 参见余天休的《水利与治水》，刊于《正风》1935 年第 2 卷第 18 期和《水利的经理问题》，刊于《正风》1935 年第 2 卷 22 期。

② 《建国方略》出版后，孙中山创作了《国家建设》，《国家建设》含《民族主义》《民权主义》《民生主义》《五权宪法》《地方政府》《中央政府》《外交政策》《国防计划》八册。《民族主义》已经脱稿，《民权主义》《民生主义》草就大部，其他各册大略规划就绪，尚未执笔直书。不期 1922 年 6 月 16 日，陈炯明叛变，炮轰观音山，竟将数年心血所成之各种草稿，并备参考之西籍数百众，悉被毁去，殊可痛恨。后虽演讲三民主义五权宪法，但演讲无暇晷预备，无书籍参考，只于登坛随意发言，较之前稿，遗忘实多，都觉远不如从前（见孙中山：《三民主义》，中国长安出版社 2011 年版）。从这段文字看出，《建国方略》（包括《心理建设》《物质建设》《社会建设》三部）保持原型，已然出版，而现在面世的《三民主义》与陈炯明叛变前所著相比，精义和依据已然丧失不少，五权宪法只剩下一个框架，其余政府、外交、国防论更几乎无从可见，所以孙中山的思想需要大量补充，余天休的著作志在对孙先生的"三民主义"进行完善。

氏则将这方面的建设总括为经济建设概而化之，将经济建设内容所包括的各分支阐述得更为全面。总之，余天休认为，国家要动起来，国家的活力体现在如火如荼的建设与发展中。这些建设方案总的特点是实践，余天休不过多地去阐述其学理原则，行甚于知。余氏的国家建设论，鲜明地体现了务实的风格，也鲜明地体现了他"合适之动"的哲学观。

第三节　社会活动分类

如何从科学上分类解释"动"，余天休引用了吉丁斯的社会活动特征论。弗兰克林·亨利·吉丁斯(Franklin Henry Giddings，又译作"季亭史""吉廷斯""基丁斯""吉亭斯")，是美国心理学派社会学的代表人物之一，曾任教于哥伦比亚大学。[①] 其代表观点是通过同类意识研究社会。吉丁斯偏重于把社会当作社会行为来看，他探讨了社会普遍行为(pluralistic behavior)。社会(society)的最初含义是指友谊、交际、结合等，social 一词出自拉丁文 socius，意为团体成员，社会调查和研究的对象即为社会中的成员。"社会"表示一种组织以联合一切个体，初为自然团体，后形成固定关系，成为复杂持久的组织，人类行为相互联系构成社会，社会学是对人类社会关系与活动进行研究的学科。

吉丁斯认为，无论是治国理家、工商宗教，还是人际交往，从本质看都是人的行为，符合行为主义的刺激反应原理。行为有相似行为和不相似行为两种，或竞争对抗，或团结合作。社会行为活动具有目的性，或消极、危害社会，或积极、改进人生服务价值。吉丁斯将社会活动分为欣赏、致用、特性表现、社会化四种方式，其中，对环境和人物的喜欢为欣赏，利用事物满足需要为致用，还有个性特征表现，以及向他人求助的社会化。社会化包括经济活动、法律活动、政治活动、文化活动。其中，使财富合理的生产分配为经济活动，督促致用的道德化和社会化进步；使个人活动合理化、服从准则为法律活动；组织同情互助，共同保护社会内部秩序为政治活动；谋求精神愉快或伙伴友谊，提高知识和情绪的欣赏作用为文化活动。其中，刺激模仿为欣赏方法，共计、感应、发明为致用方法，固执、适应、自治

---

① 吉丁斯有时译成季亭史，《社会学刊》1933 年第 4 卷第 1 期刊出一集季亭史专号，吴文藻介绍了《季亭史的社会学学说》，说季亭史开创了美国社会学，他在美国社会学界的地位，原可比于法国涂尔干、德国席墨尔(又称齐美尔，Zimmel)，英国霍伯浩士(又称霍布豪斯，Hobhouse)。这是吴文藻的观点，从现在看来，吉丁斯实际的贡献及地位还是不如上述诸位。

为特性表现方法，相互学习模仿的同化为社会化方法。[①] 为了达到某种目的而开展社会活动，此社会活动具有多种类型，人类所有活动无不包含在内。活动为的是满足人们的意识需要，不同阶段需要的重点倾向也会有所不同，因此，社会活动要进行规划，以突出这种重点，从而保持社会稳定进步，培养健全个体。

活动具有社会性，社会活动中的个体为了与周围环境保持一致而集体行动。吉丁斯偏重心理分析，他认为社会活动的根本还在于人的意识和心理，人的外在表象展示出行动的合理性，而人的内在意识平衡实为其开展社会活动的基础。社会中的个体相互作用，经过同情、模仿等环节逐渐形成相同趋向的意识、判断、意志、动作，这些情绪再感染其他人群，形成了同类意识。同类意识是一个旨在沟通主观和客观、主体和客体，但以主观为主的名词概念。同类意识对行动影响很大，甚至可使社会暂时失去理智。只有具有相同观点志趣的群体，才能构成这一类社会组织制度。[②] 同类意识实际指人的同类性，人们对于相同境遇具有相似的反应，就是同类意识，或者逐渐培养成同类意识，同类意识易发展为一致行为。不同个体的心理和行为反应如果大致相同，感觉态度情趣相似，就会产生群体社会。同类意识使大规模的群体社会生活得以维系，如遇到自然灾害、外国入侵、国内问题，具有同类意识的人群就能够共同合作，一致行动，拯救危局，渡过难关。反之，如果同类意识差，人们相互猜忌妒恨，社会就会趋向个体化、原子化，社会问题的解决就只能依靠个体，社会甚至会崩溃瓦解。据此可以这样认为，吉丁斯的"同类意识"中包含着社会建构形塑的主观意识，其意为社会实在的演变如若化作真正的社会体，那么在这个演变过程中，人们对此的思考过滤和判断以指向共同行为这一阶段就不可或缺。

同类意识在不同社会表现出差异，意识随社会环境的非同类同性而表现出不一致。在吉丁斯看来，社会最初作为主观事实存在，即表现为同类意识，此意识形成后，逐渐发展成社会组织联络，而同类意识来自外界的变动，如食物、环境的变动，经过若干时期的磨合乃得相集，众多人口集合起来形成同类意识，同类意识高者社会性强。[③] 境遇压力和文化变迁转为组织人群的刺激要素，众多人对同一时期的共同情境或刺激作出的近似的反应即吉丁斯所说的普遍行为，

---

① 余天休. 社会学大纲[M]//谢立中. 民族复兴与世界联邦:余天休社会科学论集. 北京:北京大学出版社,2008:39.

② 余天休. 社会学大纲[M]//谢立中. 民族复兴与世界联邦:余天休社会科学论集. 北京:北京大学出版社,2008:197.

③ 美国基丁斯氏的社会学原理[J]. 解敬业,译. 余天休,校订. 社会学杂志,1932,4(8):187.

普遍行为得益于应对外界环境的变迁。不同国家民族的外在环境不尽相同，所以国家民族的心理和意识不一，环境固然要挑战，但人们都希望在这个过程中以健全的心理和人格顺应调适环境，养成乐天知命的性格。同类意识和相似心理构成了社会团结组织的基础，人类社会通过发展同类意识，从简单的家庭、村落发展到复杂的国家及其他各种组织，因而同类意识也是社会文明的基础。

吉丁斯关于社会活动的分类有助于加强其对社会的政治、经济、法律、文化的理论解释，也就是说，后者无论以怎样的形式出现，都属于社会活动类型的一种。不管是政治经济还是文化法律活动，如果人们从这些活动中感受不到内在的福利和增益，满足不了内在的心理需要，就不会对这些活动保持恒久的兴趣，这些活动就会最终被分散和荒弃。政治经济等活动的最终目标还是致力于让人高兴、致用或表现人的个性以及有利于人们之间的互动模仿等，这是人同此心的共同性。① 也就是我们通常所说的政治、经济、法律、文化的活动具有社会性的含义，是从一个个不同的角度、领域出发而达成社会活动整体性的共同目的，满足人们的多种社会需要，这种分析将同类意识和社会活动从概念学理上有机地连接了起来。

吉丁斯的"同类意识社会活动说"和余天休的"合适之动"应该说具有关联。吉丁斯的学说保留了人的自由选择和个性独异处，社会对他来说不被古板地视为一种确定不变的秩序和规则，人可以通过活动发挥积极的主观能动作用，进而改变社会。这与余天休的"合适之动"见解类似，而是否为"合适之动"，则取决于人的感受及其对外在变动的认识，诸个个体认识不同，直接导致动的结果有差异。但不同的是，"合适之动"主要取决于外在相应的条件和不断变化的实践，主客观力求在世事磨炼中变得圆融无碍，达到良知认知，二者相辅相成。"宇宙社会人事既无时无刻不在变，人就应该意识到这种变化，人之所以寄居在地球而不被淘汰，实因为具有应变天才，因适应环境之故。宇宙发生变动，人类思想与行动随之而变，以配合天时地利运行，致达其生存之目的，顺变是不可变之理，国家社会兴盛衰亡都在于此。人物事业的发展，是由于参与者不为别的，而与时势俱来，及其人物事业衰败，在与时势背道而驰也，此时人物下台闭

① 需要说明的，吉丁斯的社会意识是社会活动的基础，而同时个体意识也不是凭空产生或者只依靠个体本人产生的，是在社会互动交往中学习而得之的，即意识具有社会性。如此衍生的是，余天休所说的"中庸"和"道家"以求内在安和的心理或意识也应该与时俱进，在不同时代赋予新的内容，人们的心理调适应时而变。

幕。"[①]审时度势，依势而行，不固执前见前行，不过高估计自己和体制规罚，摆脱先天情绪偏见，唯依据客观存在事实，前瞻性地确定社会及个人在每一阶段不同的发展路线方向，这就是发展中的"合适之动"。这种论调是余天休学术在实践中的集中体现与应用，唯有通过应变和与时俱进，才能求得"合适之动"，由此展示了他的学术和社会活动相结合的典型特征。

第四节　社会进化

与社会活动相关的是社会演化和社会进步的思想，因为"动"的目标正是为求进步发展，而进步脱离不了竞争，进步是在竞争中达成的。彼时，严复翻译过来的"天演论"观念深入人心。严复翻译了赫胥黎的《天演论》、斯宾塞的《社会通诠》《群学肄言》等，影响了国内许多有识之士。康有为、梁启超等维新领袖都是进化论的赞成者，康有为读过严复的译著，康有为的据乱世、升平世、太平世递擅而进的"三世说"就发表在严复《天演论》译出之后并受其影响。梁启超也指出，"竞争者，文明之母也。竞争一日停，则文明进步立止"，"凡群之成，必以对待，苟对于外而无竞争，则精神与形式皆无所着"。[②] 文明的进步依靠竞争，社会群体离不开竞争，他们从竞争中可以获取活力。进化论在近代可谓风靡一时，近代我国受到西方的严峻挑战，人们生发出强烈的紧迫感，由此相信自然选择、优胜劣汰的原理，信奉这个理论当在情理之中。

进化论发端于西方自然科学的考证及其进展。达尔文的《物种起源》(1859)证明了进化论在生物种类中的客观存在，并运用了大量考古的证据乐观地预言动物界出于个体的利益，一切物质和精神的环境都倾向于尽美醇善，有利于动物生存繁衍的外形或内在，都会通过基因而被它们的后代保存下来。美国的托马斯·亨特·摩尔根(Thomas Hunt Morgan)和英国的爱德华·伯内特·泰勒(Edward Burnett Tyler)进而运用动物进化原理解释了人类社会和文化，他们被认作"社会达尔文主义"的滥觞。而最早使用"适者生存"这一术语之人，当属英国赫伯特·斯宾塞(Herbert Spencer)，他比达尔文更早地将社会和生物体予以联系类比，

---

① 汪公亮，朱照箕，陈文震. 余天休先生之学术思想与政治理论[M]//谢立中. 民族复兴与世界联邦：余天休社会科学论集. 北京：北京大学出版社，2008：329.

② 梁启超. 饮冰室合集：专集第四册[M]. 上海：中华书局，1989：18，77.

认为社会是一个超有机体生物结构。1851年，斯宾塞在他出版的《社会静态学》中阐述了如下观点：社会计划不断提高着社会组织的复杂性，通过竞争分化，组织从简单到复杂，这种复杂性提高了人类适应环境的能力，促使进化朝向进步。万物都在变，变化是万物都要遵循的规律，人类也要遵循无限变化的规律，人类的可完美性成为可能，恶行源于不适应环境的结果，有机体不断在调整对环境的不适应性，直到达到最高的适应。所以一切恶行就趋向于逐渐消失，人类的每个成员都拥有获得最高程度生活享受的能力。① 斯宾塞阐述了人类进化的趋势和方向，生物物种经过漫长的进化过程，所存恶行不断被修正、减少，善良因素增加。这固然是一种好的自我证言解释，然而我们也应该看到，物种恶的方面远不止一种或寥寥几种，进化不是短时期就可以竣工的工程，新的恶习会在以前的基础上产生，因而通过进化达到纯粹的人、纯粹的物种可谓"路漫漫其修远兮"。

一、余天休论道德进化和人类进化历史

余天休的《社会学大纲》用两个章节专门论述了社会演化和社会进步，其中，社会进化的含义为：人们不断在适应环境，这个过程不是环境适应人，而是人适应环境。人们能生存是适应环境的结果，适者生存，不适者淘汰，优胜劣汰乃自然和社会法则。社会不断演化，是适应环境从简单组织到复杂组织、国家的过程。其中，特别要提到的是道德。社会道德也是为了适应环境，有道德者生存，无道德者难以生存，或说适者有德，不适者无德。余天休重点论述了"道德适应"，身体强壮能抵抗气候或地理之变者不是一般意义上的身体原因，而是有德的表现；同理，身体衰颓怕冷怕热者无德，人类中有好嫖好饮酒赌博者，长此以往破坏个人身体和心理健康，适应大自然的能力日益减少，身体内伤，举止无力，将与医药忧愁为伍，天年消减矣，这是不道德的。"自然界有其规律，如乱砍滥伐树木演致为水灾，伐木为不适行为。如适者为和平、互动、合作，不适者为互相破坏、为不合作，社会秩序破坏。某人行为不轨，天长日久身败名裂，其他人避而远之，这人在社会中立足之地日削，难以存矣。"②余天休将适应与道德联系起来，他认为，有德即进化，无德退化之，并提出了新式的道德伦理进化说，

---

① 斯宾塞的进化观比达尔文的《物种起源》还早10年，达尔文在他自己的书前言中礼貌地感谢了斯宾塞。

② 汪公亮，朱照箕，陈文震．余天休先生之学术思想与政治理论[M]//谢立中．民族复兴与世界联邦：余天休社会科学论集．北京：北京大学出版社，2008：345．

这是一种与西方进化论不同的另外的思考途径。从社会层面说，如果道德品质没有提高，即使技术和经济日益发展，也不代表社会在朝着进化的方向前进，技术和经济的发展可以为善也可以为恶提供优越的条件，余氏敏锐地感觉到了进化和道德文化、合作互助之间的关系。但同时，他不认为道德是进化唯一的标准，他对道德本身提出了新说，说道德不可拘泥，否则就变为道德说教，道德也为适应环境，社会道德因时空差异而不同，为社会中的人所共同遵守，如人口过剩之地提倡独身节育，人口缺少之地奖励人口繁殖，其中的差别无所谓道德不道德，只要有利于国家社会生存发展的是为道德，道德不能泥古不化。这样，余氏又在道德论中融入了进化因素，取中西各自精华。

儒家学说表达了中国式的进化观，这种进化观致力于长远，将时空延伸到很长，不计较于一时一地的得失。《社会学杂志》一篇文章论述认为，儒学进化观以《易经》为代表，阐述的宗旨是从大趋势看，好的事物必将获得好的结果，坏的事物虽得意一时但难以为继。由于好坏因素一般混杂在一起，综合在一种事物中人们难以辨别，所以人们应发展出理性判断的"智"。所谓理性判断，是说发现事物的趋势是好还是坏，而不只看到事物眼前所在，人们观察这种趋势而不是专顾理会当下，再运用他的选择权作出决定，这就是《易经》的智慧，也是真正的优胜劣汰。如好战者趋向于威胁他人的生活，在这个过程中即使胜利一时，也消耗了自身，增加了不必要的阻力，在那些保持合作的团队中，团队的发展将惠及每个人，个中好坏趋势判断明显。合作、仁爱是儒家赞赏的道德品质，儒家道德、风俗、法律制度有助于加强这种正向进化的理智力。[①] 善恶皆有报，为恶者短期壮大不为真正的发展，存活得越久方显出进化，眼光需放于长远而不止于眼前。各国都力求在人类历史中进化，我国民众也深知通过竞争活动进化的道理，但我们的竞争是马拉松式的，并不表现得过于激烈和明显。竞争不是你死我活，而是合作中的竞争、竞争中的合作，缺乏合作者早期就被团体抛弃了。

余天休从整个人类历史看进化，描述了自远古开始的原始人的演化，整个过程遵循了进化的路线。从冰河期始直至慧人，在这个过程中，人类直立行走，智力不断改进，使用的工具从旧石器转变为新石器，体型外貌也逐渐发生改变。考古发掘的原始人遗骨显示，原始人体型短小、体瘦，四肢小而弱，筋骨不强，食

---

① LEON, HUS S. The confucian theory of nature evolution[J]. The Chinese journal of sociology, 1925 (2): 11-19.

物粗劣饮食不定时引起消化不良、肚子膨大，食量惊人，但身体强健，耐寒暑冷热，原始人成熟过早，后期退化停滞。现代人进化后身高增加，四肢更强壮，饮食有度，成熟期晚，但因为生活条件好了，身体反而变弱，不耐寒热。原始人感觉敏锐，肉眼能看远物，耳朵能听远声，观察敏捷，听音能辨人畜踪迹，感觉所费既大，心力必衰减、智力薄弱，而现代人正好相反。感觉和智力反向交替，也是进化的标志。

原始人从情绪理性特征看有以下表现：第一，情绪判断急躁。不假思虑突然应之，固守习惯，只计眼前，不思将来，不知储蓄食物，常因小事而狂乱易怒，社会合作不易成立。第二，放纵，不受约束。不愿受人制驭，不服从法律制度，任意而行。第三，缺乏亲密感。男女欢爱逞一时之欲，倏合倏离，无确定配偶。稍能自营生计，即离弃父母而去。第四，智力薄弱，缺乏经验。言语不完备，文字未启，前人经验不得而知，不具交通，活动范围数十里以内，见识狭隘。缺乏抽象观念，不能概括事物，不解数理，难数超过手指的五个以上的数字，不解原因结果关系，不明自然之理，崇尚鬼神。[①] 相形之下，现代人情绪、智力、理性均增强，可见进化轨迹。

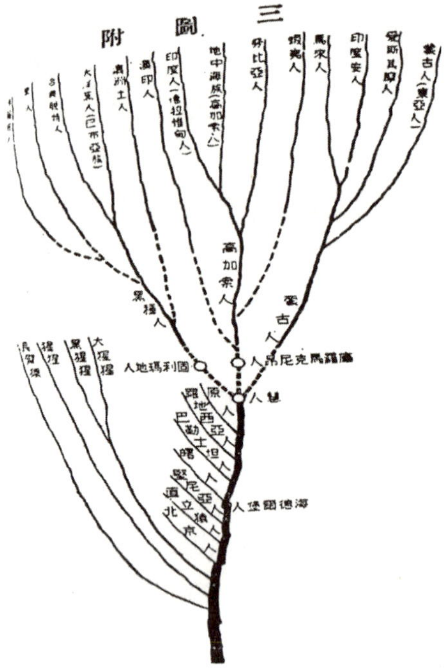

图 3-1 人类演化系统树状图

从个体来说，进化目前已到极限。现代社会虽知识增加，但智慧不见得增加，现代社会中最聪明之人，未必比几千年前的老子、孔子、柏拉图、亚里士多德更加睿智。人的脑容量有限，证明其智慧演化是有限度的；其时人的体格外貌也难有更大的变化，可见个体的进化可能已臻至顶点。但社会的进化不但没有停止，且有无限前途。社会从简单组织到大型社会、国家，一代代将经验传下来，文化从生番到野蛮，从野蛮至文明，由文明至开明，进化无终止。社会的进化同样为一漫长过程，社会的发展来自竞争，成功者、强者存，庸懦者去。社会

① 余天休. 人类之过去现在与将来[J]. 北京大学法学院社会科学季刊，1943：17-22.

为多数个体的集合，被多数人拥戴的组织获得成功优势。人在各种社会活动如政治、经济、教育、宗教活动中的起始目的乃在于求得个人势力的扩张，善能此道者居领袖地位，领袖特性生而有之。早期，人类为求竞争的胜利无所不能，极端自私自利，夸耀自己，不顾道德、公理、慈善而无序竞争，损人利己，为达目的各种手段都使用：欺骗、贿赂、盗抢、虚妄、决斗、武力冲突、战争，无非为达一己私欲。① 后其他人纷纷仿效，报以颜色，于是社会成为如同英国第一个现代哲学家霍布斯所说的人与人之间如同狼与狼之间凶狠决斗的"自然秩序"。

欲望无界则斗争不止，强者胜出支配弱者。正如动物界食物链一样，下等生物减少，上等动物不能维系。人类社会弱者无存，则将破坏社会秩序，破坏土壤气候，使得生存环境恶化，物质资料更不易得。故世间演化出法律、规则、礼仪，订立契约，心照不宣，从自然秩序过渡到社会秩序。同时，人类本质中潜藏同情与和群本能，人类具有乐群本性，同情心强健者适应社会，乐于与人配合繁衍子孙，遗留多数子孙，越是低等动物越互助团结，缺乏此类特性者渐趋淘汰。② 阶层高的群体需要在同类中显出自己的优势，突出其被社会承认的价值，从而也具有对弱者的同情而无私地帮助他人，从中体现和夸耀自己的才干，亚当·斯密在他的《道德情操论》中阐述了如是内容，可见同情在所有阶层中都存在着。

在人类征服自然和展开社会生活的过程中，随着工具的改进和物质财富的不断积累，人类的语言开始成系统地出现。语言最初是为了取乐，由人类在宴会上或跳舞之际受到刺激而呼喊出来，后被模仿固定下来约定俗成。语言越发达，智慧越进步，欲望亦愈扩张，好奇心越强。善用语言者为集团领袖，由此形成不平等关系，人人相互竞赛。通过语言符号的传播，人们讨论观念的抽象能力提高，形成了关于政治、经济、法律、宗教的系列思想，如用语言解释误会，避免冲突，以及不得随意侵害别人的权利观、私人财产所有权观、共同抵御外来侵略的公共防务观、推选首领受其统治的观念、维系情感道德的礼仪观、解释宇宙奇妙现象的宇宙宗教观等。③ 文字是语言的记录符号，人类用文字将这些观念记录下来，在这些思想的指引下推动社会实践，建立社会制度，结合现实和思想进行更新，从而不断走向进步。不同地区的人观念不同，从更远的未来看，随着

① 余天休．人类之过去现在与将来[J]．北京大学法学院社会科学季刊，1943：14-26.
② 余天休．人类之过去现在与将来[J]．北京大学法学院社会科学季刊，1943：27-29.
③ 余天休．人类之过去现在与将来[J]．北京大学法学院社会科学季刊，1943：30-35.

不同地区的人相互之间的交流沟通、反思融合，未来社会中的人群将更加具有同样的特点，思想行动变得同一，这样使学术更为发达、科技更加进步。但不是所有人都能适应环境，有的人适应能力强，有的人适应能力弱，由此形成不同社会阶级和社会威力者，以上大致为社会进化的历程。

二、对进化论的评述

如何看待社会进化论？社会进化论因达尔文的生物研究而得到确认，但毕竟人的世界与动物界不同，自然环境对人的影响与动物迥异，人具有精神、意志等主观因素，这些主观因素会阻碍或促进自然选择作用。人类社会的未知变化莫测，面临多种可能性和风险事故，故而实际上前景难以完全把握，许多突发事项的发生超出了人所能把握的范围，越出了人类确切的视域。“技术和经济的发展带来人们物质的丰富和生活水平的提高，但是诗歌艺术、社会制度和道德伦理的进步并不一定与之成正比例。社会每前进一步，都消耗了既有的确定的资源条件，增加了现代人享受的动机，从而为下一代的生活带来的未必是可持续的发展。每一次的进步即意味着欲望的加深以及与之相应的痛苦的增加。换言之，进化的观念是必要的，它给人以信念和鼓舞，给予希望，推动着人们为创造自己的幸福生活而不断努力，但不能对它进行超出它本身范围的过于乐观或悲观的估计。”[①]人类智识骎骎日上，技术、工具制造与时俱进，而道德、心理未必随之改进，文化发展相对于物质仍有较大差距。我国近代学者章太炎提出了“善恶苦乐并进”说：“进化之所以为进化者，非由一方直进，而必由双方并进。专举一方，唯言智识进化可也，若以道德言，则善亦进化，恶亦进化；若以生计言，则乐亦进化，苦亦进化。双方并进，如影之随形，如罔两之逐景……进化之实不可非，而进化之用无所取，故名之俱分进化。”[②]进化过程中善恶并进，非专为一个方面进步，只看谁压倒了谁，而不是其中一种因素全然消失，章太炎的思想与伯瑞相同。还有一种情况是不进不退，如人的外貌、体型似乎已经进化到了最高点，因为最近七八千年来人的身体并未发生太多改变。

---

① 英国剑桥大学历史学家约翰·伯瑞在详述西方进步的观念后得出关于对进步或进化的中性判断的观点。参见约翰·伯瑞的《进步的观念》，上海三联书店 2005 年版，第 242 页。

② 章太炎．俱分进化论[J]．民报，1906，7.

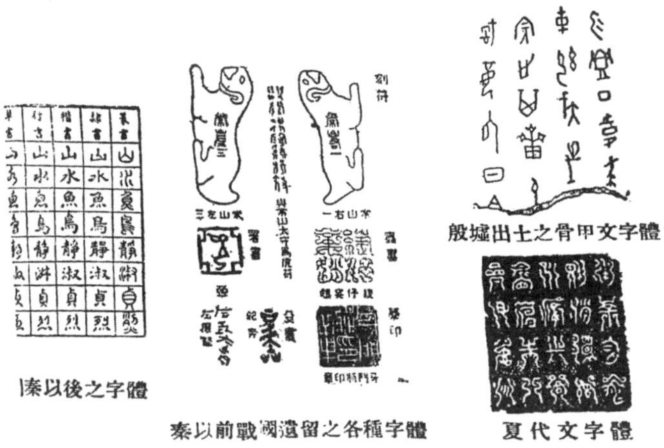

图 3-2　我国文字源流图

吉丁斯本人区分了自然淘汰和社会淘汰两种概念。自然供给有限，人口繁衍无穷，人类不得不为生存而竞争，竞争结果是强者留弱者去，此为自然淘汰。但社会并非弱肉强食，强权即公理，而是良善者存，强梁者不得好下场，社会弱者占多数，强暴者将引起社会群起反对攻之，这是一种很显见的基本道理。因此，社会原理应由适者生存变为善者生存，它是人类得以长期延续继替的可行方式。故吉丁斯说，最适于生存者，为三种特质之人：大度宽容、同情合作、明智了解之人。总之，能融合社会与他人合作之人，自易在社会中获得地位，为大众所承认。[①] 西方新进化论者认同了他的这一结论，如汉密尔顿发现，物种具有近亲选择偏袒的倾向，他们为生物亲缘关系宁可自我牺牲，父母对子代的无私利他行为，其原因是为了将自己的基因保留在基因库中，以一种包容性适应（Inclusive fitness）的方式生存。[②] 个体尽量扩大其亲属群和亲属地域圈，彼此保持信任团结，汇聚起更大的力量，而对于非亲缘关系的他者施行帮助，其潜在的目的也是为了大家将来互惠共利而提高适应性，社会中的合作原理基于此，同样是生存策略。[③] 合作牺牲不一定是逆进化，合作互惠是为了长期适应，相比为己私利冲突，它更适合推动整体的进步。

① 吴文藻．论社会学中国化．北京：商务印书馆，2010：133.

② HAMILTON W D. The evolution of altruistic behavior[J]. American naturalist，1963，97：355.

③ TRIVERS R L. The evolution of reciprocal altruism[J]. Quarterly review of biology，1971，46：38-52.

认识和看待进化论的一种处理方式是，就科学研究而论，与其对前途作出预测，不如更多地去估计未来社会可能遇到的困难，将进化论转化为一个中性的观念。美国另一位社会学者罗斯①认为，社会学应该抛弃进步或退步的概念，而用社会变迁代替之，人类社会的进化和自然界的适应不同。例如，动物居于北方寒冷生厚毛以及防止卵被啮筑巢的天性都是适应环境的结果，对于人类社会来说，如果被敌人侵犯，则击退敌人强化武力的军阀主义绝非退化之事，但一人势力的发展，如果依靠压制人民而得来，那就是退化。罗斯居于中间派，他从其他角度委婉地承认了适应说，例如，他认为道德风俗都是生存与选择的结果，巩固群体的道德和风俗相比不巩固群体的道德和风俗更为优胜，文化乃小规模竞争的集合结果，政治团体的建立是为应付生存适应问题。② 社会不可能总是顺利发展，前进的道路中总会遇到各种问题，对于社会中的个体来说，生存竞争的潜在压力不可避免。从人类社会的角度来看，一方面动物界的优胜劣汰并不存在，人类社会有互助协作的一面，团结互助促使社会进步；另一方面，竞争的存在不可避免，人们会在对有限资源的争夺中获得个人机会。综合这二者，社会中的竞争不能无序，要将竞争约制在一定的规则范围内，不能出现贫富差距过大的不合理局面。社会中的人们以合作共赢为主，同时适度竞争。在人口众多、资源缺乏的国家，压力感和紧迫感始终如达摩克利斯之剑高悬，从这个意义上来说，社会演化或进化规律具有价值。

余天休将道德和进化连缀在一起，用中国元素改造了西方进化观。余氏叙述了人类社会从原始社会到现代社会、从个体到群体的进化历程，阐述了进化的含义。在他以后的论著中，进化论几乎贯穿了对政治、经济、文化、教育、国际关系的全部分析。我们只有对进化观较为熟悉，才能更好地体味、了解他的学术结构，这个特点在我们接下来对他学术的具体探讨中还会不断提及。当然，需要说明的是，余天休的学术进化观不是唯一的，他注重学术的科学性，还与科学结合起来，他亦认为所有的社会科学都是科学，在西方的长期学习使他对科学的理解更加深刻，并融化于其学术的血液中。只有将科学因素和进化相结合，才能正确地认识社会世界。

---

① 爱德华·阿尔斯沃斯·罗斯(Edward Alsworth Ross)，美国社会学家、社会心理学家，1903 年任斯坦福大学教授，1906—1937 年执教于威斯康星大学，1911 年曾来中国游历六个多月，发表过对中国民族性格的看法，著有《社会控制》《罪恶与社会》《社会心理学》《社会学原理》。

② 黄公觉. 美国社会学大家罗斯史略及著述[J]. 社会学杂志，1922，1(2)：4.

第四章　国家社会得治的群治术治观

“群治”约略等于现在所说的社会治理或管理，即通过管理的方式维护社会秩序，保持社会安定，这方面的内容在余天休学术中占据了显著的位置，他在博士论文中就探讨了社会控制与进步的关系。这固然与当时的社会比较混乱无序有关，如第二章论及的背景所示，学者因此更加强调群治的途径和方式。“群”指“社会”，20世纪初前后，社会学被称为“群学”，维新运动后社会学才作为正式名称被确立下来，所以，“群治”即社会治理，民国初期一直沿用“群治”一词。群治指以治理保持秩序，以秩序求进化发展，社会离不开治理。群治包括若干方面，治理得当主要取决于道德教化和法律制度，其中具有我国特色的“术治”发挥了独特作用，进而由术治衍生到得人用人之道，社会心理建设与个体修养，这些都是群治的内容。本章主要阐述余天休的群治观。通过治理方式，个体对社会的凝聚力和团结性都得到了增强。

第一节　群治概说

余氏认为，治理社会有两种方式，一为自然的，不需要特别治理，只要遵循社会自在的运行逻辑就可。例如在简单的人与人直接相交的社会，如乡村、小团体，这些初民社会里存在自然的秩序，这种类型的社会不需要采用特别的方法调治人们的生活。余氏引用罗斯的研究：在一个新开的边邑社会里，如1848年去美国大西洋沿岸的淘金者所面临的社会，没有法律、法院、监狱、宗教，甚至没有舆论，但是大家相安无事，几乎路不拾遗，盗窃很少，人们用不着犯罪，社会太平，其中的原因在于来的每个人都是平等的，都抱着同样的目的，都是来劳动干活的，没有贵族、雇工之分，不需要欺诈伪装，这是一种自然秩序。① 另外一种是作为复杂社会的人为治理方式。例如1849年冬，因交通问题，淘金矿区的食物不能运送，于是就出现了偷盗行为和逃工现象，自然秩序被打破了。由于人口增加、生活问题出现，特别是人的阶层地位出现分化，人们开始分成不同的阵营，原有的秩序紊乱了，发生了社会问题，人们就组成了治安委员会以维持秩序。② 余天休将社会秩序分为简单和复杂的类型，简单的社会不需治理，现代社会日益复杂，简单的治理方式愈加不可取，但其中的自然原理值得借鉴。

关于简单社会的自然秩序无须"治理"以及复杂社会需要特别"治理"的原因，余天休解释为："在简单或野蛮的社会组织中，人们可以不加计虑而得协和的生活。从积极方面论，人类本有社交与同类相处之心，再而有感情或朋党之念，所以能自动联合而协作，而互助，所谓人道，不外此现象。但在复杂社会，此种单纯作用，不足以维持社会谐和，这只是社会本能，范围和力量甚小，复杂社会因果关系不明，需要加以人力调治不可。"③人本有社会协作的本能，现代社会各种因素和力量综合在一起，使偶发和不确定因素增加，盖过了人的社会需求，从而产生治理的必要性。一个社会总有些不良分子，简单社会里这些人做坏事的机会少，复杂的社会因偶发性增加、制度真空，导致做坏事的机会增多，因此应该加以管理控制。在复杂社会，宗族和派系的分离与争斗，经济事业的发展、商业竞争都要求实行群治。

一、群治的目标、类型和内涵

群治的方法很多。一个独裁的社会，以武力为最后定断，逢生计困难、社会冲突颠连时，强者出而争雄，社会平定，这是一种治理方式。但依靠武力毕竟好景不长，乱局又起，如此循环不已，演成三十年一小乱一百年一大乱的景象，所以武力不足恃。除了"武治"外还可以"术治"，我国在传统意义上是一个术治的

---

① 1848年夏季到加利福尼亚矿区淘金的人们来自世界各地、五湖四海，他们相互不认识，但能和谐相处，"成磅成品脱的金子放在帐篷或小屋里无人看管，或扔在山坡上，或为了被检验而在拥挤的人群中到处传递。人们可以随意走进一家矿工的小屋，割下一块熏肉，做一顿饭，吃完后裹上毯子睡觉，当主人回来时他一定受到热情的欢迎。"参见罗斯的《社会控制》，秦志勇、毛永政译，华夏出版社1989年版，第33－34页。此段文字描绘了一种自然状态下形似路不拾遗的无冲突景象。

② 余天休．社会的自然秩序[J]．社会学杂志，1931，4(2)．

③ 余天休．社会学大纲[M]//谢立中．民族复兴与世界联邦：余天休社会科学论集．北京：北京大学出版社，2008：48．

国家，权谋、术数、世故、礼教，都是群治之“术”，其手段和方式各式各样，令人眼花缭乱。“术”不如武力直接和强暴，“术”也是靠不住的，它有时穷而失去能力，使人人自危，人们不能以忠诚处世，使合作发生障碍，这是术治的不足。社会最低的限度应该依靠法治。如1884年黑龙江下游发现了一些金矿，投机者云集，被俄国流放的犯人和一些不良分子也掺杂其中，一时秩序大乱，他人不敢进去，裹足不前，最后食物和基本的生活用品都不能保障。当地居民召开大会，决定立法惩罚和成立公安委员会。结果稳定了局势，商人进入进行贸易，人口逐渐增加，这是临时突发的法治起到的效果。① 余天休在此列举了群治的三种方法：强力、术治和法治，他否定了强力，武力相报演化成治乱循环的怪圈；同时认为术治也不可靠，术治破坏社会最基本的信任；肯定了法治，法治具有稳定局势的效果，社会应该多提倡法治。

社会群治源于社会失调，那么社会的秩序是怎么遭受破坏、损害的？社会安定时社会保持惯性运行，社会发生变迁时秩序容易失去常态，而社会变迁的发生，来自社会、经济、政治等方面由量变到质变积累的过程。“文化和习惯的变迁，新智识的积累、仿效，新经验的增加，都可能使旧有的群治失调。特别是，如果在这个过程中出现贫富不均，机会不均容易引起群治失调。如果重要一点的位置被人占领，后起者即便奋起九牛二虎之力也无法向上流动，特殊权利者保存其所据有的位置，那么就容易发生社会矛盾。遇到利益冲突，则小组林立，结党营私，团派斗争，则社会不可能和谐。”②社会失调、社会秩序的破坏往往发生在社会出现剧烈变迁而不是稳定的时候，这是由“突变”造成的。当社会发展变化，出现了与前不同的迹象和现象，具有明显的转型转折时，那么无论是向好还是向坏的转变，都要注意维护社会秩序的正常运行，而不可汲汲于所谓的变化或进步成绩本身。问题常常隐藏在质的进步发展中，这一时期容易涉及基本的利益分配问题，尤其要特别关注社会分化、贫富不均、权利不等的扩大状况，也就是说，但凡出现社会分化加剧，就要注意稳定社会和加强管理。

---

① 余天休. 群治的需要[J]. 社会学杂志，1931，4(1).

② 具体而言，群治失调包括如下情况：1. 因战争、灾祸、生育繁多、不良分子夺得政权这些极端情形，社会空前紧张，专制服从增加，务使人人服从，艺术家教员都不得例外，都要拥护正统思想和统治阶级。2. 局部联系的中断，即贫富差距造成的派系斗争、武力独裁。3. 文化道德的变迁，贪腐盛行、家庭解体、迷信发达为文化失调的外在标志。4. 新知识的变迁，如近代中西文化与社会动荡，新经济制度和新发明的出现。其余如贪求外来品、人们背井离乡在外获得新体验等，都是群体失调的表现。社会处于新旧交替时期，旧制度旧习惯无法适应新环境，都可能使群体解体。详见余天休的《群治的失调》，载于《社会学杂志》，1933年第5卷7期。

余天休进而指出，如果社会不幸出现变迁、利益分配不均而使人际关系紧张，这时不能过于急切地立即强化管理而应该缓和。强化导致的后果是：个人自由容易受到限制，人人趋向某种趋向，接受正统思想，舆论受到严格限制，报纸或被查或被封，甚至娱乐电影戏剧也要接受检查，警察侦探武力增加。这都属于强硬的治理，多产生于社会问题增多之时，但实际上是否需要刚性治理方式要视情况而定。一般来说，这些应激式的举措不能轻易采用，因为它可能进一步激化社会矛盾，使原本不和谐的社会雪上加霜，借靠管理之名加重了社会的紧张情绪。这种情况下反而应放松管理，促进各阶层的联络沟通，以社会联络督促群治调和，很多所谓的利益问题如果以尊重合作的态度去处理，增强信息情感的交流沟通，营造生动活泼的局面，问题就可能迎刃而解，大事化小，小事化了。

治理复杂社会的目标是增加社会协作而不是制造社会对抗，如果治理使社会更加不和谐，那就说明是治理本身存在问题而不是社会的问题。所谓社会协作，指促使大家做类似的事情，营造出社会团结的氛围。“治理复杂社会最要紧的事，是令社会中各个分子觉得其一己行为是许多人所做类似行为的一部分，其个人行为虽无显著效果，但与他人许多类似的行为互相集合，则可发生无限效果。此种行为就是协作，乃文明社会的一大特色。简单的社会协作出于本能，复杂的社会协作来自理性，知识可以引起人类精神，因知识愈发达，理性行为愈多。”[①]个体与他人的合作行为增多，个体感觉自身是社会的一分子，则能够推动知识社会的进步。人和人之间如果增强了“我们是同类”的意识，增加了相互间的合作信任，激发了理性，由此不和谐因素就会减到最低，社会就会变得有序。

同类意识或者说社会协作涉及个体和群体的关系问题，这是社会学关注的基本问题。毋庸置疑，人本有融入群体的天性，但乐群不是将自己完全交给社会，任由社会约制，个体需同时保持一定的独立自主。“人有乐群的天性，一旦被人遗弃，即觉得无限的痛苦。联欢社交友谊聚会俱乐部都是乐群性所促成的，乐群使人共乐，容易合作。但也有个人性，西欧的民族是有个性的，勇敢、好战、独立，这是他们的特性。现在都市里的人群而不交，很少接近，即便相互认识也不甚往来，在郊外建房子享受个体之乐。”[②]个体性突出、不人云亦云者往往

① 余天休. 社会学大纲[M]//谢立中. 民族复兴与世界联邦：余天休社会科学论集. 北京：北京大学出版，2008：48.

② 余天休. 乐群性在群治上的功能[J]. 社会学杂志，1931，4(2).

能成就伟大事业。“大抵圣贤才能之士，皆能战胜环境，平庸之辈，只知循众而行，不能违拂习禁，独行己意。纵知人生成败，多恃一己能力与奋斗。”①总之，人既有社会性，也有个人性，社会性和个人性同时体现在个体身上，“个人有合群的本能，同时具有破坏合群的本能，即个人主义”②。社会性和个人性何者更为重要，相比较而言，个人性的那一面不能成为人类社会最终发展的目标，过于追求个人主义不利于社会协作和合群。但就方式和途径而言，个人主义并不是完全没有作用，因为只有发达的个体，才能为发达的社会准备主体条件，而且社会存在的目的是为了每个个体的发展。“社会治理的最后目的在于抑制不合理的行为，而使其合理，同时，社会上多数人的福利，比个人福利重要。但若牺牲少数为多数也不合宜，社会应尽量发展个人力量，广大其见解，使各自治理不受制于他人为合理。不能被幻想所蒙蔽，社会治理不能只为保障少数人利益，而与多数人福利无关，此种治理方式，不应容其永久存在。”③个体之所以组成社会就在于社会能够保障多数人的利益。

需要说明的是，乐群固然是好的品性，但不是说它完全没有坏处，乐群者容易被群体中的某些人利用，而成为被他人统治支配的工具。“由于乐群性可能被少数人利用，所以一定程度的不乐群以作反抗确有必要。社会的合理性体现在个人和社会的关系上，社会治理的根本任务即培养个人的合群人格，一方面发展个人性，另一方面为社会服务，社会和个人联为一气。”④一般来说，个体与群体融为一体，但个体过于顺应群体并无绝对的益处，如果群体整个地违犯纪律法律，个体不需要对群体顺而从之。适应社会者，其个体性和群体性同时比较谐和地统一在个体身上，能够正确认识群体和个体的关系，也唯有此才有助

---

① 余天休. 中国社会之根本问题[J]. 社会学杂志，1930，3(1).

② 余天休. 社会学大纲[M]//谢立中. 民族复兴与世界联邦：余天休社会科学论集. 北京：北京大学出版社，2008：8.

③ 余天休. 社会学大纲[M]//谢立中. 民族复兴与世界联邦：余天休社会科学论集. 北京：北京大学出版社，2008：48.

④ 余天休. 社会学大纲[M]//谢立中. 民族复兴与世界联邦：余天休社会科学论集. 北京：北京大学出版社，2008：49.

于社会的治理和发展，社会治理实质上处理的是个体与社会的关系。①

从利害和情感关系也可以分析社会治理。利害隐藏于内，情感浮动在外，“利害比情感在社会调治上更重要，因为利益是切身的，但是利害关系在表面上不容易被看出来，人们常被情感左右，社会则装成一副无利害关系的模样，无知和迷信与真正的利益不相容。调治的方法是逐渐实现逐渐变化的，等到社会情形全部变了的时候，调治的用途也丢失了，可是它的制度还存在。”②尤是言之，调治施用于无形之中，实际每个行为都或多或少涉及利益分配，但利益不可公开言之让人发觉厌恶，行为者以情感为保障外衣，逐渐渗透实现其利益意图，等到依照这类调治方法实现目标后，调治本身已经不存在。调治固然为人所不喜，人们喜欢自在、不受约束，强制的治理因感觉钳制了自由而很难被人接受，但缓慢渗透的以情感为外壳的调治却能被人理解内化，情感在治理中扮演着不容忽视的角色。等到人们适应后，将其制定为制度，随着时间的推移，人们慢慢习惯了这种本质为调治所遗留和造就的制度，其便作为一种客观的存在被人遵守而不会让人觉得有何不妥。情感和利害关系体现得最明显的是法律、道德与宗教之间的关系。“法律规定利害关系，道德和宗教由情感促成，法律比较向前，防患于未萌，道德向后，是社会已经发生的，宗教和道德差不多，宗教比道德还要守旧些，主要用于维持人类的婚姻家庭。法律的背景是国家，道德的背景是社会，宗教的背景是‘神’，法律比较有理智，有时道德和宗教不许可的事法律却任其自由，反之，前者赞同的事法律却不允许存在，这是因为立法者比较冷静不轻易受感情冲动的干扰。”③一个有秩序的社会，情感理智都需要，既依赖法律调节，又接受道德和宗教的熏染，不能有其中一种而没有另一种，比如光有道德而没有法治，或者只有法治而没有宗教，这三种都作为调治手段，在不同的情形中应采用不同的调治方法。

古代的教化思想主旨在于陈说教化在群治中的作用。作为日常治理方式途径，教化和法律不同，教化意在培养人的道德品格，法律是违法后施行的制约

---

① 个人和社会的关系，当前仍然是社会研究的主要范围和对象，对具体社会现象的解释最终都归结到这一对组合范畴上。社会压倒个人或者个人超越社会这种二元对立、非此即彼的认识的意义不可忽视，可以上升到判断不同国家民族的社会价值观及其社会制度性质的高度。现在对于这组概念范畴之间关系的处理已经转变为二者相互融合、互相影响作用的建构主义观，建构主义观类似于余天休关于个体和群体之间的同构和合和的探讨。详见：GIDDENS A. The constitution of society: outline of the theory of structuration[M]. Oxford: Polity, 1984; BOURDIEU. Outline of a theory of practice, Cambridge University Press, 1977.

②③ 余天休. 情感与利害在社会调治上的功能[J]. 正风，1937，4(3).

恢复手段，教化在前，教导人们不要违法。社会治理的方式一为直接治理，即利用法规及其他例章；一为间接治理，即借社会暗示、同情与模仿的传达而治理。相比较而言，后一种方法才是最后的方法，暗示同情法表面看来是心理疏导方式，实质是在培养个人品性。维持社会秩序的最后程序不在法律，而在塑造社会各个分子的人格，社会治理所重不在积极而在消极，使人自觉为之而不是敷衍对付。培养个人人格的教化采用让个体内化而不是强迫的方式，使人对于治理不嫌其拘束，因教之增加理性认识而能自觉融合于集体，可觉自由不逾矩。"培养人们诚实、有恒、公正的品格均为合群人格的要素。尤其是公正，公正即放开眼界，用理性克服本能，不只顾个人私利，对于大众利益，也有相当顾虑，甚至能牺牲自己而为他人，公正就是牺牲之谓也。个人肯谋社会利益，社会方能实现大规模合作生活，若此目的达到，则个人所受利益，当较其牺牲力量为大。"[①]个体愿意牺牲个人利益为社会和集体服务，这是伟大的精神，是对精英品格的强申，这种品格的养成当然是反复教化的结果。余氏多次阐述个体无谓付出的价值，个体先行不计较得失，积极主动行事，个体比群体主动，如果有更多的人这样想，则得以带动群体发展。实际我们可以认为，道德素质的培养教化也是一种治理，且这种治理对提高社会治理的功能有莫大助益。

从思想渊源看，余天休的群治思想来自古代儒家思想、西方基督精神、西方个人主义思想，其对乐群和个人性的关系认识，实际承继了"五四"以来的思想，如胡适、严复等人的思想。余天休回国在北大任教时正是"五四"运动后的第二年，新文化运动的思想家一面批评个体不当的散漫无纪律，一面批评个体对于社会过于顺从的不良后果。经"五四"洗礼的思想家们多留学后归国，吸收了西方的个人主义精神，但对西方个人主义并不苟同，而是赞成培养打破旧社会桎梏的积极有为的个体，这有助于建设理想中的新社会，而不是将个体置于社会之上，以个人主义为目标。如果社会和集体需要，特别是在国家困难未独立之时，个人应做出的选择还是牺牲个体、顾全大局。在这种思想和背景下，一种新的治理方式呼之欲出，即德治。相比其他治理方式，德治更为重要，这归根到底还是培养人心普遍向善。培养人格群治的主要任务体现为提升个体道德素质，无数充满善意的个体必定孕育出优良的社会，若有人专门牺牲，有人专门收益，你诚实他欺诈，从别人的善良中获益，那社会将缺乏公正，社会的合作基础将大

---

① 余天休. 社会学大纲[M]//谢立中. 民族复兴与世界联邦：余天休社会科学论集. 北京：北京大学出版社，2008：49-50.

为缺席，社会秩序也将化为空谈。由此，社会治理中有关个体和社会的关系处理还是要在道德培育上统一起来，将教化德治作为传统治理的路径，余天休在此主要吸收了儒家传统的要素，他后来也写了不少有关道德修养的文章，这和他在这方面的认识具有紧密的联系。

二、时人对罗斯《社会控制》的认识

提到社会群治，不能不论及罗斯，《社会学杂志》有作者专门梳理了罗斯的社会控制论。罗斯将其思想汇聚成《社会控制》一书，"控制"主要也可以理解为"治理"。首先，罗斯肯定了自然管理在保证社会秩序中的作用，如同情、乐群性、正义观念和个人反动，主要说的是他所认为的古代社会的道德管理方式。罗斯认为"自然管理"有多重含义，并不只是确定为固定的某一种意义。总体来说，他对自然管理的认识有些暧昧，有时他肯定自然管理和秩序的作用，有时又否定这种作用，在此略过这一层。其次，他说到社会管理的需要和根本点，论及管理的手段包含舆论、法则、信仰、社会暗示（教育与风俗）、社会的宗教、个人理想和观念、典礼、艺术、人格教导和欺骗等，认为从控制的角度看，这些活动都具有管理的功能。罗斯区分了它们作为社会管理的类别及不一样的作用，除法律和个人观念外，其余均为使个人被动适应社会的方式。法律和有规则的舆论属于社会的智慧管理，个人理想、艺术、个人教导、社会的宗教包含的是个人的智慧管理，其中通过暗示和模仿管理社会，是最为被动的促使个人适应社会的方法。[①] 如果将社会管理方式的这些不同作用汇合起来，可以解释为通常所说的"柔性管理"，如果个人能够在潜移默化中接受社会的引导，那么这是最佳的管理方式，如艺术和教育、宗教都具有这种功能。简单粗暴的管理起不到多大的作用，精良的社会控制工具一般具备如下几个特征：经济的、教育的方式比强迫和纯粹的管理要精良；精神的、教化的方式比刑罚要高明，能同时影响人的情感、理性、意志而不是只影响其中一种的行为，最能控制人的内在；简单的、不受任何观念教条的束缚比复杂的观念条框更具有管理效果。[②] 也就是说，归结起来，无论采用何种控制方式，如果人们在活动中有兴致受其指引、接受教育且能刺激理性和感性，而不是在被约制，使人体会到不强迫而是自愿自觉，他们就能

---

① 黄公觉. 美国社会学大家罗斯史略及著述[J]. 社会学杂志，1922，1(2)：5.

② 罗斯. 社会控制[M]. 秦志勇，毛永政，译. 北京：华夏出版社，1989：325-327.

逐渐接受它，暗示和学习最能使人适应。

关于道德，罗斯有专论。他在《社会控制》一书中论述了道德的社会控制作用。道德的发明和说明各地区有所不同，这是因为各地区的道德发明家们具有超人的眼光，这样的以革新说明变化取得最后胜利的法则为生存竞争的法则。[①]大意是道德条文在各个国家、地区都有，但解释各一，比如中西道德观念就不同。为何如此？原因是道德来自非凡的圣人和道德家的发明，道德不从民众中自发产生。这种说法是否准确仁者见仁，道德伦理条文确实是圣贤总结表述的，但圣贤发明应该从民间民俗中吸收营养。罗斯又说，道德伦理其实最能适应社会，而且确定后不太容易变更。以道德管理社会不像我们想象的那样完全被动，而是内含积极的因素，道德最后要做的是论断而非讨论，合乎道德者存，不合乎者淘汰，道德不是纯弱的武器，它有强硬的面孔。在罗斯的分类中，舆论、暗示、个人理想、社会的宗教、艺术和尊重都是以情感而非利益为依据的，因而都可称为道德的维持法，这与政治的维持方式不同，法律、信仰、教育、典礼和欺骗是政治的维持法。这里，罗斯的道德法包含了舆论、暗示、宗教、艺术等要素，这些都具有道德因素，并非只是道德伦理一种含有道德法，道德铺散在所有这些活动中，或者说宗教艺术心理说本身就包括了较多的道德元素。在进行道德维持和政治维持时，我们注意到，罗斯将宗教和信仰区别开来，宗教是道德的维持法，信仰是政治的维持法，而教育和典礼则被看作是政治的管理。可见，罗斯的道德的维持法不是说所包含的都是道德，而是以道德为主兼顾其他要素。

管理在古代社会是一种彰显残酷统治的方式，古代的管理等同于统治刑罚。古代的社会阶级之间差别甚大，一旦斗争，极为激烈。现代社会不是如此，现代社会没有严格的阶级，管理方式也随之改变。罗斯区分了阶级管理和社会管理这一组不同的概念。在古代例如农奴社会，奴隶主可以有私产而且允许掠夺，例如霸占别人的田地而悠游无事，这类社会的管理如果采用艺术、人格和社会的宗教则不易维持秩序，通常只能采用权力、迷信、欺骗、仪式典礼、习惯和口号等方法，这个过程被称为阶级管理（class control）。在阶级管理中，权力掌握在少数有能力的人手中，适合典型的生存竞争法则，信奉能力至上的原则，阶级管理制造了社会的分离，而不是社会的成功。现在，阶级管理的方式过时了，过渡到社会管理，社会管理以罗斯所说的道德的维持法为主。社会管理源于经济发展的需要，利益的冲突和机会不均导致的阶级集团的冲突，以及基于外来势

---

① 罗斯. 社会控制[M]. 秦志勇，毛永政，译. 北京：华夏出版社，1989：5.

力和新知识新经验促使的民族文化和习惯的变迁，使社会管理出现。① 社会管理区别于阶级管理，社会管理适合新的时代，阶级管理适合于旧的时期，或者说新时代不适合阶级管理而适合社会管理。

社会管理的原则是通过管理或控制而有助于团体中每个人的幸福，社会管理的着眼点不是压制个体，而是促进个体发展。为了达到这一新型目标，社会管理应具备以下条件：1. 社会管理应增进社会中个人分子的利益而不是裁抑个体；2. 社会管理不应引起个人的反感，不可采用强迫威临法；3. 社会管理应尊重社会秩序的维护；4. 社会管理不应专制，任由道德不良分子自灭；5. 社会管理不应限制生存竞争导致消极选择的作用。社会管理的标准是自然性，根植于天真、内心、道德良善，而非工具的进步和生存的适应，越是工具进步越是非自然的。② 这几条都是罗斯比较有名的社会控制原则，其中心点在于社会管理依靠道德和教化，维护个人利益自由。法律、教育、典礼等是政治的维持法，社会管理不依靠这些方式，社会管理重在熏陶教化，在这一点上，罗斯的思想与我国古代思想家的思想，尤其是儒家的社会管理思想出奇地一致。

关于罗斯社会管理原则第 4 条社会管理不应专制，不应反人性喜为，以及让道德不良分子自生自灭社会不加干预，颇有争议。罗斯认为，群治对于个人之事不应过于干涉，不应去反对人性喜欢做的，如禁止喝酒，禁不洁，禁自戕之类，这有碍于群治。禁止喝酒使好酒者得以尽天年而从容传播余毒于后代子孙，这些无一不与自然淘汰规律相舛驰，其意虽在禁恶，实在是使人的劣根性传播无穷。社会对于道德不良者，应让其自行堕落，社会不应成为道德疗养院，教育文饰、掩盖个人的不良气质。故社会对于制恶不应过严，以免阻碍德行恶劣者自行淘汰。天演论指出，互竞使适者长存，竞争固然不可无序，要保护妇女儿童老人，制定规则，漫无纪律的竞争使滥竽充数者得以侥幸而真才者被埋没，但同时不可像基督教那样赈恤无告者，使不良之种得以蔓延。社会以正谊为依归，不可过于仁慈，哀怜弱者如吗啡一样虽可止疼一时却消耗社会元气，社会对于生存竞争勿过于节制，使天然择种机制失去效力。同理，财产私有虽可为子孙后代创造优厚条件，实则限制了他们未来生存竞争的条件。社会应干涉售货以假乱真、商业垄断、贿赂选举、病患痨者与人婚媾等，至如性别关系、家族关系、社会风纪、宗教仪式、个人服饰、容仪娱乐等，都与社会无多大关系，如果干

---

① 黄公觉．美国社会学大家罗斯史略及著述[J]．社会学杂志，1922，1(2)：8.
② 黄公觉．美国社会学大家罗斯史略及著述[J]．社会学杂志，1922，1(2)：9.

涉，斯悖情理。[①] 罗斯此说吸收了天演论的内容，重在阐述自然淘汰的“自然”二字，用心深远，他说明了哪些方面可以管理、哪些不必干预，甚至纵容坏人坏事以遵循自然之理，看似平和实则严厉，此说是否在理，固然仁智各见。

第二节 关于术治：世故、权谋、迷信、礼教

关于到底需不需要硬性的社会管理方式，罗斯有自己的看法。罗斯提到每个民族都具有自己特色的可供选择的管理方法，不是随意一种管理方法都适合所有种族，管理具有地域和人种差异，如果社会出现秩序紊乱，则可能需要强有力的管理方式来暂时稳定局面，之后再采用相对柔性的管控。余天休提到的“术治”是带有中国特色的一种，介于刚柔治理之间，他对“术治”进行了深入阐发。

基于当时阶级分化严重的背景，余天休将20世纪前叶的社会阶级分布分为几类：1. 独裁尖峰：元首；2. 上层士大夫：官僚、政客、学者（教授名士）、律师、主笔、工程师、技师等；3. 中层士大夫：上层士大夫告老或退伍落伍者、缙绅（部分为劣绅）；4. 下层士大夫：乡间教师、学究、行医者、经商者；5. 土豪（浪人、土棍、土霸、保镖、放印子账者、聚赌者、开戏园者，手段是可欺者欺之，可压者压之，可诈者诈之，神通广大）、地痞（盗贼、土匪、扒手、乞丐）、江湖阶级上层（卜星相者、说书者、僧道、卖药之流，他们四海为家，不可小觑，甚至可抢夺政权、改朝换代）、江湖阶级下层（小贩、贩卖烟土等的私贩、盲巫、车夫、船夫、马夫、店伙、说客，平日只求温饱，若有事易追随江湖阶级上层）、小地主小资产阶级；6. 自耕农及手作阶级；7. 农工苦力及无产阶级。各阶级关系如图4-1所示。

这种区分阶级的模式反映了20世纪前叶社会人群的主体差异，也体现了作者的主观标准，其特点在于突出了两大群体，一是士大夫，二是江湖阶级。余氏说天下无事的时候支配社会的是士大夫，天下有事的时候支配社会的是下层士大夫群体，其中最有魄力的是江湖分子，他们上下联络、反抗社会。历代改朝换代，都是这班人兴起的，英雄豪杰也是这班人的代表，乱天下者若无他们的帮助，很难有成功的希望。通常意义而言的士农工商分野在这里体现得并不明显，这种阶层分类反映了那一时期的社会形势，此后余天休对江湖阶级和士大

---

① 罗斯. 群治应有之限制[J]. 太真，译. 社会学杂志，1930，3(2).

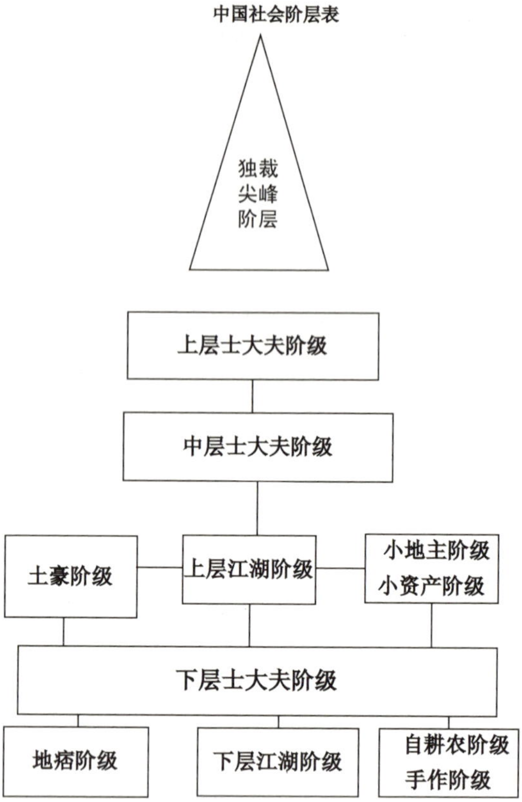

图 4-1　20 世纪前叶中国社会阶层分布

夫的论述较多，在情理之中。自然而然地，作为描述江湖的代表作品《水浒传》被余天休看重，他将其称为证明下层士大夫，特别是江湖分子在社会中的势力之书。《社会学杂志》上有一篇文章专门分析《水浒传》，说宋徽宗时期朝政日非，民不聊生，皇帝昏迷浮浪，权臣弄权，文官要钱，武官怕死。官员倚仗权势夺人妻女、财产，滥用刑罚，不讲法律制度，贪滥贿赂，梁山好汉趁机打起替天行道、为民除害的旗帜，聚拢豪杰起义。他们仗义疏财，专门结交好汉，结为兄弟，笼络落魄朝廷命官（108 人中官员贵族富户 39 人，占 38%），以忠孝节义为名，收罗来自各个阶层各行业的数十万之众，四方联络，震撼朝廷。[①]《水浒传》生动地证明了江湖人士的能量不可小觑，江湖人士是民众中具有反抗精神和侠义心肠的磊落之辈，或是中上层中因得罪上级被犯事污蔑或遭受陷害而不得已流落

① 姚慈惠. 水浒传之社会学的分析[J]. 社会学杂志，1932，4(12)：298-320.

民间的能力超群人员，他们以某种亚文化形式联合在一起组成集团，对外扩张活动，增强了其对社会的影响力。

余天休将江湖人士划归为下层士大夫，颇有深意。这一划归暗示出江湖阶级常与下层知识分子相结合，这两类群体具有某种天然的契合性。知识分子向来具有理想抱负，无论是上层知识分子还是下层知识分子，如若抱负得不到伸展实现，内心必然惆怅无比，比起一般人更为焦灼不安。上层知识分子被当局和体制收购吸纳，如通过科举考试吸纳，但能考上及借此途径为官者毕竟少之又少，所以下层知识分子多被体制忽略，但从政治稳定角度出发，这类人群又不可忽视，他们能力不弱，只是苦于无用武之地。历来一些没有考中科举的秀才举着农民起义的旗帜，闹得轰轰烈烈，如洪秀全等，即为例证。当权者对于这部分人应加以回报，虽不能给予政治机会，但可使他们生活舒适，将其意志软化于日复一日的安宁生活中。江湖人士既可对社会起到破坏作用，也能起到建设作用，江湖人士若无下层知识分子的加入指导，其洪流盲目，不能致力于达成长远目标。同样，下层知识分子善于谋划而拙于行动，无江湖人士的协助行动亦不济事。平日里，这两个阶层的人物本无多少交往，下层知识分子和江湖人士不容易结合，他们之间并无多少品位文化共同点，但在特殊的环境里他们却能够融合在一起。

余氏提到对于这种类型阶级或者社会组织的调适方法——“术治”。术治来自我国根深蒂固的文化，文化是适应环境经历史检验的有效方式。文化是什么？文化是人类用以适应环境的方法，包括物质文化和社会文化。余天休表达出这样的观点：数千年来，我国维持社会的不是法治，而是权谋、术数、世故、礼教，可统称为“术治”，这是我们文化的要点，民众一举一动莫不受其约束。他将“术治”的具体内容分为四类：权谋、术数、世故、礼教，这种分类值得重视，它使我们对于何谓“术治”了解得更清晰。就每一类具体含义而言，权谋意在操纵居上者的举动，使之符合自己的利益。“权为两端，上谋知命，其次知事，预见祸福吉凶，成功失败。其行事能防患于未萌，避难于无形，居乱世而不害于本身，太平之世则能握天下大权。”（刘向：《说苑》）。实际是说，权谋者善于料事，对未来若干时间以后的事情能够预见推算到，这需要权谋者反复用心思考，借鉴他人经验，综合各类信息，保持机警。善于权谋者具备若干素质：喜怒不形于色、见风转机、利害精密、纵横捭阖、威胁利诱、以退为进、无为而有为。权谋者不做多余的事情，不在不必要的事情上浪费时间，节省精力用于保持和专注于所要做的事。术数指满足一般人相信命运的心理，自称能预知天命、预测祸福，如看八字、算命、相面、看掌、抽贴、占卦、扶乩、测字、符咒、抽签、解梦、择日、风水、诵经、声巫等。世故包括待人圆滑、四面讨好、涵忍小事、拉拢平辈、讨好上级、欺压下属、应酬细致、做事秘密、谈笑自若、耍手段、摆架子、指桑骂槐、投鼠忌器、走曲线、装虚伪、假卑弱、不彻底、不露骨、不闹翻、不说破，维持平衡。① 另有礼教，礼教是指社会约定的规则，用于约束人的行为。权谋为大的经世，世故礼教为小的人情面目，术数覆盖了现在说的迷信类，但迷信在此处是作为一种控制管理手段出现的，即迷信的目标在于以未来的命运管理抚慰现在的遭遇。

一、权谋、世故

有关权谋的内容可以从古代书籍如《孙子兵法》《鬼谷子》《心书》《六韬三略》，法家的书《管子》《韩非子》《吕氏春秋》中发掘，这些书不少讲权术应用，它们实际是权谋书。一部二十四史，不主要诉解国家社会制度的建设，而对个人用权的逸事津津乐道，明朝冯梦龙②将权谋术编著为《智囊全集》③十部，集权谋之大成，如果要了解权谋，阅读这些书就能发现其特质。还有“民间流行的《三国演义》等小说戏曲也不例外，都是讲运用权谋分合开展斗争。善于权谋者成为职业，诸如策士、说客以及书吏都是弄权的代表。还有世故，也是如此，因此可以说中国社会的群治建立在世故主义和权谋主义的基础上”④。权谋、世故我国早已有之，非个人所能提倡发明出来，大约适合于过去环境。《社会学杂志》的一篇文章说，士大夫热衷于世故和权谋之术，将其称为支配上中等社会群治

---

① 余天休. 中国社会组织及其调治方法[J]. 社会学杂志，1931，3(11/12).

② 冯梦龙(1574—1646)，明代文学家，字犹龙，南直隶苏州府长洲县(今江苏省苏州市)人。他的代表作有《古今小说》(又名《喻世明言》)、《警世通言》、《醒世恒言》，合称“三言”，是中国白话短篇小说的经典代表，他还编写了《新列国志》《古今烈女演义》《智囊》《古今谈概》《太平广记钞》《墨憨斋定本传奇》。

③ 冯梦龙在《智囊叙》中说，人有智，犹地有水；地无水为焦土，人无智为行尸。智用于人，犹水行于地，地势坳则水满之，人事坳则智满之。周览古今成败得失之林，蔑不由此。《智囊全集》分《上智》《明智》《察智》《胆智》《术智》《捷智》《语智》《兵智》《闺智》《杂智》十部，全书共收集上起先秦、下迄明代的历代智慧故事 1 238 则，依内容分为十部二十八卷，冯梦龙撰写了书中各部类之前的总叙、分叙、各篇之后的评语、文中的夹批。《术智》序讲述：智者，术所以生也；术者，智所以转也。不智而言术，如傀儡百变，徒资嬉笑，而无益于事。无术而言智，如御人舟子，自炫执辔如组，运楫如风，原隰关津，若在其掌，一遇羊肠太行、危滩骇浪，辄束手而呼天，其不至颠且覆者几希矣。蠖之缩也，蛰之伏也，麝之决脐也，蚺之示创也，术也。物智其然，而况人乎？李耳化胡，禹入裸国而解衣，孔尼猎郊，散宜生行贿，仲雍断发文身，裸以为饰，不知者曰：“贤之智，有时而殚。”知者曰：“贤之术，无时而窘。”婉而不遂，谓之“委蛇”；匿而不章，谓之“谬数”；诡而不失，谓之“权奇”。不婉者，物将格之；不匿者，物将倾之；不诡者，物将厄之。呜呼！术神矣！智止矣！

④ 陈兆畴. 约束中国上中等阶级的两种群治要素[J]. 社会学杂志，1930，3(2/3).

的两个要素。我们在这里并非提倡用世故权谋，不是对这二者进行褒贬评议，本身持中立态度，而是说明权谋世故是从帝王贵侯到平民百姓广泛流传的现象和行为，关于权谋的总结归纳蕴藏在古代典籍中。

权谋通常指事业成就，世故则体现在日常交往中。世故者的基本特点是圆中有方、经验老到，世故离不开权谋。“世故一方面需要涵养的功夫，自制的习惯，不使人难堪，给人面子，另一方面做到圆中有方，还要有些硬朗，过谦召侮，安其身而后动。权谋作为处世的本领，无处不在，甚至在日常交际的时候也勿忘要要手腕。”[①]世故的要诀是勿显露。世上的不良之事，福祸悔咎，大都因为显露，露财显才，或示加相色，并给予接近机会，则被人记念或忌恨而起。铺场张扬，言语惊座，美妙动人，都可能给自己带来不必要的麻烦。有心者明里暗里，相机下手，如果一旦冲撞事发，若不能忍气吞声、自我消遣，必要比试一番，权横公理，或诉诸官衙及有关机构，殊不知“穷不与富斗、富不与官斗”为古话，必有三分道理。富者奉陪到底而如同九牛拔其一毛，官者熟悉文本程序，迁移不决，且官官相护，其结果必定不但出不了气，反而进一步伤了弱者元气，动摇根本，暗淡沉寂，抑或一蹶不振，此为一处，不是世故者所为。另一处，不必故意曲意奉承、自行示弱，需要让人不敢动歪念，从软处拿捏。不主动涉言就事，保持距离，敬而远之，勿贪图小利、靠近“烫手山芋”，避免做替罪羊，少发话表态，发言不关宏旨，或指意玄远，必要发言，则越简略越好，略加意义不清无妨。世故者，人情练达世事洞明也，态度不卑不亢，实为涉世不二法则。

二、迷信、礼教

迷信分若干类，迷信起自十天干十二地支，阴阳八卦相间，河图洛书，配以三十年为一世，六十年为一周，周而复始，划定时岁。每一天干地支相配，必有金木水火土五行属之，所以六十年为一甲子循环，此造成人的八字。如甲子属金，第一字为天干，第二字为地支，金为五行属字。十二生肖即十二地支所属生物，如子鼠申猴，每人诞生之年为甲子中的某一年，以生物论形象容易记忆。时日也是如此计算，人诞生年月俗为“八字”，“八字”迷信判断生辰时日决定人的命运，祸福吉凶都由先天注定。批命算八字法如凶吉冲煞、九星、生肖冲合、压运的内涵都是在说一个不确定之物，没有谁固定好命或不好命，人的命运不断

---

① 陈兆畴. 约束中国上中等阶级的两种群治要素[J]. 社会学杂志，1930，3(2/3).

流转，彼时好运，此时坏运，没有定论，算命先生说话一般模棱两可，不明确，如此才让人信服，觉得命运本该如此使然。

批命过程是这样的，先通过各种方法分出若干种类，种类名称虽都不同，但原理大同小异，描述各类间的关系，由于属于不同类，所以必然有相合不相合的。如九星分为太阳星、太阴星、木星、火星、罗猴星、金星、水星、计都星、土星，其中遇太阳太阴星吉，木星有小疾，火星诸事不宜，金星利男不利女等。十二生肖也是如此，马牛冲、羊鼠冲、蛇虎冲，鼠牛合、龙鸡合、马羊合，另有流年冲合，子午冲、卯酉冲、已亥冲，寅卯未合、申子辰合，其间必无确定道理，随机选择。压运指星象家认为人有神压运，神有十二位，一年换一神，每年有神当值。十二位神计有太岁、大耗、青龙、丧门、白虎、朱雀、六合、贵神、官符、吊客、小耗、病符，其中青龙、朱雀、六合、贵神为吉神，其余皆为凶神。时日也有选择，天喜日宜婚嫁纳彩，青龙日宜行船，天瑞日宜上官，月压日忌嫁娶出行，河魁日忌起造安门。又有看相称骨、风水堪舆、圆光、祝由科、符咒，都各有要义。[1] 这些迷信手段的共同特点是人无一不在命运中流转，人生不确定。每个人的人生皆有顺境逆境，不可能总是一帆风顺，也不可能事事倒霉，人们之所以迷信，道理就在于此，这体现出迷信的管理功能。进而言之，命运其实掌握在每个人手中，人心正行事正，自然好运。荀子在"非相"篇言："相形莫若论心，论心莫若择术，相不能胜心，心不能胜术，若术正则心也随之而正……其要者居心正而行为合法，方为趋吉避凶之善法也。"心正命顺，确乎遇到不能把握之事，此时求助于迷信无非为求断之。迷信种类繁多，各种类型，不能确定是非对错，事实上没有任何东西能够无碍预测未来。迷信但提供一指示线索，姑且听之，如果孜孜以求、深信不疑，即所谓迷信观念根深蒂固，则当受其害而不自省。

礼教为群治的一种，起初在贵族中流行，宋明以后经理学家提倡民间将礼作为治理宗族子弟的手段，礼随之覆盖社会。"礼"最初指宗教仪式，《说文解字》后简称《语文》曰："礼者，履也，所以事神致福也。"后来，礼扩大化，不单指宗教，而且包含了"民风、民仪、制度、仪式和政令"，大而等于"文化"，小而是"礼节"，是一个复合型概念。[2]《礼记·王制》说六礼：冠、昏、丧、祭、乡、相见；七教：父子、兄弟、夫妇、君臣、长幼、朋友、宾客，这些构成了礼的基本内容。教，《说文》解释为："上所施，下所效，包括教化威权和教导善诱二义。"何以需要礼？因

---

① 姜子航. 术数社会学之分析[J]. 社会学杂志，1932，4(9)：208-237.

② 李安宅. 礼仪和礼记的社会学研究[M]. 上海：上海世纪出版集团，2005：3.

“礼本乎于情，礼也者，反本修古，不忘其初者也”。（《礼记·礼器》）又“礼报情，反始也”。（《礼记·乐记》）“礼”被当作治理社会的工具。“礼者，事之治也。”（《礼记·仲尼燕居》）“道德仁义，非礼不成；教训正俗，非礼不备；分争辨讼，非礼不决；君臣上下父子兄弟，非礼不定；宦学事师，非礼不亲；班朝治军，莅官行法，非礼威严不行；祷祠祭祀，供给鬼神，非礼不诚不庄。是以君子恭敬撙节退让以明礼。”（《礼记·曲礼》）社会和国家事务的各个方面都离不开礼，无礼诸事不成，礼实际是人们在社会生活中遵守的规范以及具有约束力的惩罚准则。古以孝治天下，孝要符合孝礼，“夫孝者，善继人之志，述人之事也”，传承前人意志行动、发扬前人志气最符合孝的举动。古代阶级分明，阶级符合礼的形容是“天子穆穆，诸侯皇皇，大夫济济，士跄跄（翔举舒扬），庶人僬僬（不谨饬）”。（《礼记·曲礼》）礼形象地表述了如果所处阶层不同，其装饰外观的材质也不同，神采飞扬程度自然不一样，礼对此有严格规范。财产政策方面的礼是“使民富不足以骄，贫不至于约”。（《礼记·坊记》），礼使民众不太过富裕，也不贫困，恰到好处等。

达礼之人表面看起来恭俭庄敬，礼，不妄说人，不辞费；礼，不逾节，不侵侮，不好狎；修身践言，谓之善行，等同于现在所说的“交往理性”。既与人交往，不可放诞得意忘形，也不必拘束谨慎，如此长期双方都承受不了，通过循礼尊礼起到如春风化雨的教化作用。那么礼从何而来？制作礼的标准是区分、判别人群之间的差异，“夫礼者，所以定亲疏、决嫌疑、别异同、明是非也”。（《礼记·曲礼》）因亲疏远近，故在尊礼方面不同，而之所以要这样区别，其日的还在于不使伦理秩序紊乱。因资源机会分配在各种环境中实际难以做到均平，但要使这种不等分配让人心悦诚服而毫无怨言，便提倡尊者长者优先，其余者次之，若没有礼数，无论什么都人人争之，那社会这艘共同承载的大船早晚会一起沉没，所以先王制作礼，使争而不乱。“人生而有欲，欲而不得则不能不求，求而无度量分界，则不能不争，争则乱，乱则穷。先王恶其乱也，故制礼义以分之。”（《荀子·礼论》）礼不凶恶，面目不狰狞，但藏器在身，待时而动，关键时刻显示出规训惩罚力量。如果礼总是面目和善、亲切有加，不施惩戒，则起不到维护社会秩序的管理功效。“刑仁讲让，示民有常。如有不由此者，在势者去，众以为殃。”（《礼记·礼运》）不遵从礼者要接受惩罚，严重者众人谴责冷落他，从此失去资源机会，难以在群体中立足，其势被逐。

人们对“礼”自发地采取自然而然的日常态度，百姓日用而不知。礼教的作用在古代甚至超过了法律和宗教，它使民众自觉地服从规范而不需要强制。礼教的精神归结起来，包括名分、差别、仪节、矫情、隔离、克己、尊古，其中心不外乎忠孝节义。[①] 礼通过对人的区分、对外表形式的分别，推及待遇礼遇的不同，以此来管理人群。礼是公平的，通过努力，人人可至尊者长者的位置，享受礼遇。随着时代的变化，礼现在并没有消失，而且在不断进步。现代社会崇尚自由平等，节奏加快，礼的繁文缛节必得删减。[②] 现在的礼在人们心中，懂礼知礼，行动上略有表示即可，得其精髓，去其形式，不必兴师动众铺张浪费。礼为社会俗众不成文的习惯法则，区别于成文的法治，社会进步当然依靠礼法并行，二者不可或缺，共为治理良器。

第三节　心理术与得人用人之道

其后，余天休转从社会心理论述社会治理，这是他众多文章的组合，是其学术特色之一，实际上可视为古代“术治”的现代发挥，从术治到社会心理，将古代转换为现代。社会心理的统制，不妨称作现在说的心理战术，包括嘲笑、恐吓、利诱、偏见、宣传、颂扬等。同时期，吴泽霖教授对社会治理也有论述，但将其称作社会约制，在分析约制工具时同样列举了社会心理方面，提出应重视人的保守心、好新心、求显心、社交心这四种普遍心理属性。[③] 同为论述心理术，引为参考。

一、心理术

论嘲笑。余天休论述笑分若干种，看见奇怪的不寻常的事物发笑为奇笑；

① 关于礼教部分，参考了宫廷璋的《中国礼教之解剖》，载于《社会学杂志》1930 年第 3 卷 3 期。

② 从《礼记》记载见古代“礼”的程序之烦琐：“凡与客入者，每门让于客。客至于寝门，则主人请入为席，然后出迎客。客固辞，主人肃客而入。主人入门而右，客入门而左。主人就东阶，客就西阶，客若降等，则就主人之阶。主人固辞，然后客复就西阶。主人与客让登，主人先登，客从之，拾级聚足，连步以上。上于东阶则先右足，上于西阶则先左足。”现代社会不必这样迂腐，应该适当删减礼仪的形式，但对待客人热情的态度及其相应表现依然需要，所以并不是说礼在现代就完全不存在了。

③ 参见吴泽霖的《社会约制》，世界书局 1930 年版，第 31—43 页。吴泽霖关注社会治理的主题，将其称为社会约制，他区分了约制的工具和方法。吴泽霖谈到社会约制的必要性，在论及约制方法上与余天休有异曲同工之处，比如有关心理制约方面的内容，但他不如余天休所说的心理调治的类型丰富，而余天休所论的术治内容吴泽霖则没有提及。吴泽霖：江苏常熟人，1922 年赴美国威斯康星大学、密苏里大学主修社会学，1927 年获俄亥俄州立大学博士学位。1928 年回国后历任上海大夏大学、西南联合大学、清华大学教授，中华人民共和国成立后，任中央民族学院教授兼中国社会科学院民族研究所研究员。

热情的态度，如见到多年未见的朋友为热笑；带有不满意的情绪的笑为冷笑；看见别人的短处而笑为评笑。冷笑和评笑都为嘲笑，意在纠正别人的错误，以达到群体团结和群治的目的。笑和人有关，动物穿上人的衣服或做和人一样的动作，才引人发笑，如果动物只是做动物的行为，不会引起笑。怪事、生理缺憾、职业畸形习惯、戳穿把戏秘密、愚笨都是引人发笑的原因。语言的不寻常，如双关、讽刺、妙语、不伦不类的话是言语方面引人发笑的原因。嘲笑的效果比法律道德还要大，因为嘲笑可以治人，而且可以随时随地使用。人都怕被别人嘲笑，嘲笑可以团结社会，维持社会平衡，使人解闷，令人融洽，改良习俗，不致生怒。嘲笑的短处在于不能过度，否则便引起反感。嘲笑可以让人不做一件事情，但如果想让他去做一件事情，嘲笑的方法就不行了。①

论恐吓、颂扬、造谣等。恐吓也是一种治人的方法，较之嘲笑指挥效力尤大。如让犯人游街，就是一种恐吓的办法，意在警诫他人。恐吓的目的是使对方生惧怕的心理，然后顺从立即照办，免生枝节。但恐吓也要让对方明了自己的要求，免生误会。如西方人要小孩别胡闹，就说谁做坏事上帝全都知道，做坏事的人要受惩罚，但是小孩不知道上帝什么模样，以为父亲就是上帝，就学父亲的样，结果父亲的坏毛病都被学会了。恐吓的目标有伤害对方的身体、扣留财产、罚款、罢职、开除、敲竹杠损害名誉、波及亲属等。恐吓表现为声音激烈、文字或符号夸张，行为有冲突迹象以及亮出凶器工具等。如果恐吓不得法，反而容易激起反抗，发生危险。恐吓本身造成恐怖的气氛，是不好的。② 还有颂扬，如鼓掌、亲密谈话、写书评或序跋铭、题词祝词、立匾牌庙碑、搭塔祠坊铜像等，颂扬使关系亲密、社会和谐，颂扬比较方便使用，但不可滥用，过度颂扬鼓动做坏事，将对社会造成破坏。③ 造谣，造谣者无事生非，内容多关于男女关系、道德品质和社会安宁方面。谣言可以毁人，制造社会恐慌，谣言常常一知半解，故作神秘，其实与事实不符，是虚假的，造谣者借此达到自己的目的。谣言有时出于无意，纯属闲谈和好奇所致。④ 偏见为主观见解，如宗教种族偏见，科学可以消除偏见。⑤ 利诱，如请客送礼之类，送礼要投其所好，使对方重视这个礼物并记

---

① 余天休. 嘲笑[J]. 社会学杂志，1932，5(2).
② 余天休. 恫吓[J]. 社会学杂志，1932，4(7).
③ 余天休. 颂扬[J]. 社会学杂志，1931，4(4).
④ 余天休. 造谣[J]. 社会学杂志，1931，4(5).
⑤ 余天休. 研究社会学之阻碍：偏见[J]. 社会学杂志，1922，1(2).

得这个送礼物的人，送礼易于使社会腐化，导致不公平。[①] 余天休以一个词为一主题著一短文，对每个词进行了详细解释。

宣传舆论。宣传舆论也是心理术的一种。《社会学杂志》刊有一文论及宣传本质，主要论说日本对外传播策略，日本为达到不可告人的军事侵占目的，其宣传策略是精心包装外表后逐渐渗透。“宣传为挑动性的，不明论是非，而以只言片语挑拨生事，使人发生相似联想。如在卖给欧洲人的百合花中，商店用排华祖日新闻纸包装，内附语祈祷圣像前世界和平等。日本人的普通饼干做广告说义和团攻使馆时此饼干发至各外国使馆，维持了使馆数十天粮食，既夸赞了他们的饼干，又污蔑了义和团。这些宣传初期无关痛痒，时日长久成效显著，几动摇外交壁垒。如果遇到极端情况，日本人则利用通讯优势，干脆发布谣言，彻底弄虚作假，欺骗天下，如谎称食物中掺有鸦片，雇用小旅馆服务员、理发匠、招待员代为传播，以讹传讹。”[②]时人莫知真假，信以为真，或造成恐慌，此为新闻宣传上的侵略行径。《社会学杂志》另一文论舆论的作用：“此种势力，可以左右人类之倾向，决定政治之种类，转移人类之心理，改良社会之腐败，增进人类共同之幸福。其势力维何？舆论是已。其势力之宏大，实无以比拟，社会上一切变动，改革诸事绩，均因此而实现焉。”[③]舆论为民众公众意见，民众人数众多，他们的看法观点常常造成不小的影响力。

以上都为心术治，术治对社会是否有益处？余天休曾经提到“术”影响人们之间起码的信任，致相互猜忌，说明术治无益的方面，但他又对术治的含义进行了分类阐发。我们认为，术治没有绝对的好坏，不可以墨守成规、机械对待。术因人而异，因事而异，因地、因时而异，并无统一标准，大致对好人以道德良善迎之，对坏人以术对付之。若对好人用术，术就变得具有破坏性，与其在公开场合被贬斥的地位相对应，正如对坏人以德一样。从罗斯的术语看，术治不同于政治维持，也不是道德维持，而是介于这二者之间，坏人不是绝对的坏人，是生活中的坏人而已，不至于触犯法律的那种。若是触犯法律，当属于法治范围，非术治可以解决。术本身无所谓好坏，术之所以名声不好，是因为它容易被联想成阴谋诡计、阳奉阴违，可是术本身能起到维护人的面子和团结社会的作用。术的运用无一定之规，全在乎个人运用，每个人对术的认识不同、熟练程度不同，

---

① 余天休. 利诱[J]. 社会学杂志，1931，4(3).

② 浩公. 宣传[J]. 社会学杂志，1931，4(5).

③ 刘国桢. 舆论与社会[J]. 社会学杂志，1925，2(5/6).

术的水平高低也不同,术在很多时候起到说服震慑对方的作用,从而获得事半功倍不战而胜的结果。

二、得人用人之道

术由人灵活掌握,无一定之规,因此在我国,人永远比制度重要,如何用人便成为成功的第一要素。人是灵活多变体,用人的要诀具有多变性,不容易琢磨。余天休指出,用人很重要。“举凡治家、安邦、行军、执政、办学、经商或经营实业,以及其他一切事业经营,莫不以用人为基础。”社会上一切待人接物,莫不是对人的问题。用人的基本原则是知人善任、用人任事。用人不当者必失败。真正有领导才能的人在普通人中并不多见,领导应善于用人,一切社会滋扰、风潮、不平事,莫不是用人不当造成的。要求增加工资、减少工作时间的罢工不过是借题发挥,于工人生活补益不大,其根源仍在于不善处人。任用私人,感情用事,均是弊端。领导者应善于与同事共甘苦,对人对事,热心照应,对人尊重,对事坚持,知己知彼,常替对方着想,明白问题症结所在,针对性地解决问题,以服务为主,在上者多体恤下属。① 这里所说的都是用人良言,领导要会用人,其中提到的一切社会问题都是人的问题,尊重了人,人与人相照应,即使面临艰苦的环境,也能和谐共处,诚为至理之言。如果对人不尊重,用人上出现问题,那么无论事情做得多么漂亮,社会冲突仍将无端产生。

在组织和用人中,余天休特别说到加强联络。组织工作中,联络很重要,联络失当,易酿成祸害之源,尤其在大型组织和交通组织中,在上者和属员人事如果隔膜,易发生意外,出现军队倒戈者也和缺乏联络有关。如若发生事故,处理风潮应体恤对方苦衷,满足合理愿望,如此风潮立即平息,领导者不能以维持威信计,不肯退让,如此必越闹越僵、难以收拾。对于属员意见,也是如此,一经提出,应立即改正,不固执己见,如此社会问题消减。聚餐、座谈、谈话、生活影像出版物等,都是联络沟通的方式。②联络显然不指一般的沟通,而是一种发自内在的交往需要,不是从上而下发通知、自下而上汇报工作,而是从联络中体验到社会联系和群体和合。如若达不到这种真正意义的沟通,保持联络工具和信息传达的畅通也属于必要,这是次之选择。

与人合作之道,秘诀有二,“一为细察人的个性与特点,舍长取短相机而处,

---

①② 余天休. 用人[J]. 全国学术工作咨询处月刊,1936,2(2).

随时暗示建议并从旁鼓舞，使其依示而行，但须小心使对方相信这种示意系出于自己的心得，而不为吾人左右，如此始能获得合作，人都不愿受人指挥任人操纵。二是对人客气虚心，凡事皆请其发表意见，再进而要求共同协作，宽大待人赞誉。如此则团结日固。幕后策划者亦然"①。伟大事业集多人才智拥戴而来，得道多助，得人之道，虽至顽至恶之人也能潜移默化恬然悦服，与智愚不肖均能周旋，就环境及个性不同施以不同对待：或感之以恩，或临之以信，或持之以义，或动之以利，或加之以威，感恩图报为人类天性，未有刻薄寡情而能得人爱戴者。若不能得人，即便勤劳诚挚，也常感困难掣肘莫知所从。② 听人发挥，少发表意见，尊重他人，筹思引起对方发表言辞的兴趣，自己静心听候，询问有关引起兴趣或易答复的问题，不问私人问题，或表示赞许，诚意领教，感谢高明之论。③ 若要引起对方兴趣，自说错误让其纠正以显对方高明，以自卑态度求教于人，必可获高明指导，反之持夜郎自大傲视一切的心理，将使他人反感而致失败。④ 事实上如果合作得法，任何人都有可交往之处。虚心求教，尊重他人，对他人保持信心，鼓励对方，是与人合作的基本之道。反之，视别人为工具随意支配，喜欢展示权威，自以为是，将被人摒弃，不可能获得别人的真正帮助。

助人者自助，助人为快乐之本。如何助人？"助人之道，给予小惠或微加敬意，但不须过为，每一次受人之助，则自己面子亏损一部分，多助人一次，自己的面子多增长一分。受他人恩惠过巨而无策酬报，以致极力避免与其交接。如此常感不安，而反仇恨于对方，这就是恩将仇报的缘由。最大的敌人也就是受自己恩惠最厚者，因受恩惠过量无法回报。助人当少助，使其能报答为止，互惠才能维持友谊，否则友谊渐次疏远而至决裂。"⑤人各有嗜好奇性，待人之法，不违其特性，投其所好。我们了解他人日常习惯兴趣特征，如此事成。⑥ 帮助人与人合作，遵循公平合理原则，以对方能够报答为界限，以此照顾到他的面子，不宜一次给予过多，无论是物质还是权力。如令对方感到无以为报，双方的长久互动将会发生问题，甚至以断交结束。所谓君子之交淡如水，不是君子无情无义，而是希望关系维系较长时间。希冀与人互动发生联系，前提是个人有条件吸引

---

① 余天休. 合作之道[J]. 正风，1936，2(7).

② 余天休. 得人之道[J]. 正风，1936，2(8).

③ 余天休. 听人发挥[J]. 正风，1936，2(2).

④ 余天休. 美国前总统胡佛之谈话[J]. 正风，1935(24).

⑤ 余天休. 助人之道[J]. 正风，1936，2(1).

⑥ 余天休. 服人[J]. 正风，1936，2(5). 现代交换论 EP 证了这一原理，如互动的公平性，互动者的相互吸引为互动前提等，参见：Blau. Exchange and power in social life[N]. New York：Wiley，1964.

对方，让对方感兴趣，如果言行举止甚不合乎他人心意，南辕北辙，顾左右而言他，恐怕双方难以投机，今后再也无法继续交往下去了。

第四节　心理建设中的个体修养

国家建设包括有形的物质建设和无形的心理建设，心理建设也是国家建设的有机部分。心理建设很重要。余天休从整个国民改造着眼，论述国家的心理建设，强调要培育个人道德，促进个体进步。余天休为《正风》写过不少文章，是这个杂志一段时期的主编，他在该杂志上发表的论文很多是关于培育道德修养的。《正风》的宗旨即为培养国民新道德，这本杂志认为新道德的根源为风俗醇美，待到整个社会弥漫良好的风气时，则个人道德不善也不可能，所以以《正风》为名。吴贯因是《正风》的创刊者，他在《正风》发刊词中说，国家强弱盛衰之源，在其国民之智识道德，目标是树立正风、促进国民智德。欲求新国，必先新民，欲求新民，必先造成一新风俗，这阐述了《正风》的主要任务。培养新一代国民的任务自孙中山起就很受重视，孙先生专讲国家心理建设一节，说心者万物之源。“夫国者人之积也，人者心之器也，而国事者一人群心理之现象也。是故政治之隆污，系乎人心之振靡。吾心信其可行，则移山填海之难，终有成功之日；吾心信其不可行，则反掌折枝之易，亦无收效之期也。心之为用大矣哉！夫心也者，万事之本源也。”①新文化运动中的有识知识分子提倡塑造新一代国民，如陈独秀、鲁迅等，呼吁唤醒国民，增强国民道德素质，一定程度与心理建设有关。《正风》传承其风，并有所发扬，提出“美化风俗整体迁移”一说。

中国文化历来重视道德修养，“物有本末，事有始终”，壹以修身为本，自天子以至庶人均是如此，修齐治平，修身齐家治国平天下八纲目一脉相连，若修身不到，谈不上治理家国社会。儒家认为，君子所应该担忧的不是别的，正是德之不修、学之不讲，修己以安百姓。我国文化积累了大量精湛的有关品德修养的论述，成为文化宝库里璀璨的明珠，余天休有关道德修养的论说就有很多取自传统文化。

余天休的心理建设论重在说明存在的问题、所需达到的目标及方法，他将心理和思想措置在一起说明，认为心理建设的基础为思想改造，心理和思想具

---

① 孙中山. 建国方略. 郑州：中州古籍出版社，1998：58.

有紧密关联。思想为行动导源，行动源于思想，人的“心”由知觉智力、触觉感觉、意志几部分构成，心理建设的目标是平和，心适于外界的物即为和平，反之为违和，违和则发生争斗，心与物共生共存。社会思想为人类对外界环境总的反应，建设思想的目标是改善环境，排除社会中的恶劣势力。我国社会思想历史悠久，这多少有些老气，因此务使少壮化、积极化，扫除消极疲倦的人生观。社会思想还有一个特点——矛盾，表面说得冠冕堂皇，实际为图私利，交往虚伪，口是心非，其原因在于历史上真诚者惹祸、虚伪者免灾。为调整国民这种思想心理，余氏提出当解放人性，使人人恢复固有之天真烂漫人性，不受权力威胁，不生畏惧之念，得到法律保障，享受人权，享受自由，让民众养成监督政府和官僚的习惯，达到社会自治。而心理建设的目标又宜通过公民言论自由、自动参政、勇公怯私的方式培养，使人人具有自信力，主持正义公平，除暴安良，真诚处世，有仁者之风，对社会国家负责。余天休将思想和心理联系起来说明国民心理具有共同性，其中思想为共同的心理反应，受到几千年传承下来的文化思想教化的影响，思想形塑着集体民族的心理反应。

关于个体道德培育，余天休强调以下方面，也是分词逐一阐释：

一、有为

改造社会需要积极有为之人，有为者指在社会中求地位、为国家社会做出事业和贡献的人，这在近现代显得尤为必要。余天休认为有为者具备以下条件：其一，养气。养气者，涵养一切，不为外物所动，含蓄存养心性，喜怒不形于色，如苏老泉所言，为将之道当先治心，泰山崩于前而色不变，麋鹿兴于左而目不瞬，然后可以制厉害，可以待敌。所谓气，就是精神，就是活动力和毅力，养气的目的在于培养一种大无畏的精神，修养自己的身体心性。善修养者举止合理化，凡一切有损于身体和精神的事务，须经过十二分的考虑才可参加，因为我们要保重身体来做有为的事，一切无谓的牺牲都是犯不着的。不论大事小事，须把精神集中迎头去做，养成良好的习惯，一般人把自己的精神消耗于无为的事上，而对于应该努力的事情却没有余力了。养气要养成慷慨的态度，对于外界一切利诱、恫吓、要挟、蒙骗，不为所动，明知而不究，以宽量度人，吃亏不要紧，但是吃亏一定要让对方知道，不然他们就会以为你是一个傻瓜、一个可被欺负的书呆子。反之，如果他们知道你是一个明白的吃亏人，他们不但不敢欺负你，反而佩服你、恭维你，有什么可为的事，还要推荐你。① 其二，静心。做事一定要安定，不要害怕，一旦害怕就糟了。② 这些论述说明，有为者的素质集中体现于养气涵养上，这是做出事业的基础，不要把精力浪费在无谓的事情上，同样的时间有人做出事业，有人不能，其根本在于各人对时间的处理不同，有人专一于一项事情，有人分心从事各项，不能做到孟子所说的“不动心”。而之所以被分心，无外乎受到外界的诱惑，尤其是那些权力和利益突出之所，向来为人心骚动人情熙往，难有几人不为之争囊而去。要做到不为外界所动，除需能力超常外，还要注重心理修养，对于外界不畏惧不拔高。

有为者的其他条件还有：读书，要奋斗成功，必须读书，读学校的书，读世界的书，治天下之具，必出自图书馆；察变，凡做大事成大功者，定有一种先见之明，先言人所未言，知人所未知，观察社会和盛衰，预测未来的祸福吉凶；思虑，对国家和世界的问题加以研究和考虑，深谋远虑，考虑周到；定见，社会中做事的人很多，但成事的人很少，因为他们没有定见，他们发言夸张，行动不可行；立志，培养志气，不为世俗所惑，刚毅果断，坚持到底，不因艰险半途而废；待机，等待机会，相机而动，做事不在于多而在于精，集中力量，藏器待时，闲居不要紧，耐穷不要紧，总不要为功名富贵所利诱；努力，努力获得地位，经营自己的事业；勇为，做事不要畏首畏尾，敢怒而不敢言，敢为天下先方可成功。成功者充满自信，而且精力集中，精神始终专一。遇事恒多顾虑，瞻前顾尾，精神分散，以致百无所成，倏忽不定者，一无所成。成功者付出相当的努力，工作贯彻，目的单纯，对人圆滑，经济节省，做事热心，待人恭敬等。③

在一次对学生的演讲中余天休再论有为，他指出了有为者的特征构成：有为者身体康健，富有经验智识，立志自立，充满希望，从不畏惧，把生活当作一场快乐的游戏而不是苦役。一般普通人的态度是太庄严、太循俗、太胆小、太不敢表白、太作假了，有为者做人要活泼而不要闹假庄严和摆臭架子。越肯干事的人越精神，普通人用的脑力不及他的十分之一到三分之一，思想越活跃的人脑筋就越发达，世界上没有一件大事业不是由大志向促成的，有为者追求进步，比别人多卖力气，财富名誉不过是努力后的自然结果。我们的前途成功失败都是

① 关于养气，孟子有名言：“四十不动心，不动心有道：持其志，无暴其气。志，气之帅也；气，体之充也。夫志至焉，气次也；志壹则动气，气壹则动志也。今夫蹶者、趋者，是气也，而反动其心。我知言，我善养吾浩然之气。”

② 余天休．有为[J]．正风，1935(1)．

③ 余天休．成功[J]．正风，1935，1(11)．

我们自己做出来的，运气掌握在自己手中。有为者甚至可以长生精神不朽。有为者远离闲人，爱惜光阴，做事勤勉，努力勇为，不畏艰险。① 有为者生动活泼，活得真实实在，并且刻苦努力。

其中，余天休特别论述了成事持恒一贯的必要。

行事需目标坚决，一以贯之，否则如汪海一舟，随波逐流，不禁风雨，浅尝辄止。以经商而论，今日卖一货物，明日卖一货物，必致失败。又如求学，典籍充栋，如无一定目标，即使十年寒窗，也无心得。经营国政，千头万绪，倘若整个国策如白云苍狗，变幻莫测，无一贯国纲，头痛医头脚痛医脚，临渴掘井，国未有不乱者。如政制，今朝采用君治，明朝改订宪政，本月主张共和，下月重议专制，救国此时航空救国，彼时海军救国，不一而足，朝令夕改，前后矛盾，民众无所适从，内政外交无通盘筹策，随时变更，民众成为试验场，国权未有不沉沦者。一贯主义为奋斗最大前提，目标确定之处，需审慎考虑，目的既定，努力推进，不可中途而弃。鹄的为一，不当为二，否则前后矛盾，势难专一。目标不可变更，手段则因时制宜，随机应变，不可固步自封，期以一月、一年、十年，终有成功之时。若每以手段为目的，随时运转，朝三暮四，反复无常，则不可能成功。②

个人事业成功的要件在于是否能够确立不变的目标然后持之以恒地做下去，国家的振兴也需要抓住一贯目标，不可朝夕令改，使人无所适从。持恒坚毅，滴水石穿，难有不成功者。可惜在现实中诱惑太多，多数人希冀多途径发展，多个方向发力，主观意志难得统一，结果每一方面都不能做到精致突出从而导致平庸。

二、沉忍

余天休又陈说沉忍的含义和作用。

语曰：小不忍则乱大谋。一朝之忿可以亡身，不忍之为害。孟子曰：欲速则不达，其进锐者，其退速。为人当雍容镇静，动用周详，胸怀宽厚，器宇宏远。何谓沉忍？性情忍耐，举止和平，言谈安静，态度缄默，意志坚决之谓也。演绎而言之，大忍之含义，乃喜怒不形于色，言笑不苟，只知有自动而不致被反应。至

① 余天休．有为者[J]．光华期刊，1928(3)．
② 余天休．一贯主义[J]．正风，1936，3(2)．

其效用，则虽经若何重大刺激，意外横逆，奇耻大辱，不世深仇，亦必不致因而冲动以埋没理智，肆意妄为，而引起无谓纠纷，或铸成终身大错。宋儒苏子瞻留侯论曰：匹夫见辱，拔剑而起，挺身而斗，此不足为勇也。世之所谓大勇者，猝然临之而不惊，无故加之而不怒，此其所以挟持者甚大，而其志甚远也。窃其所以致此巨效者，不外大忍收获其效。是以涵养有素之人，虽处于横逆非常之下，世情幻变之秋，亦必然保持其内心镇静，步伐整齐，和平举止，雍容态度，坚决意志，所谓臣心如水，静观皆自得者是也。孟子曰：吾善养吾浩然之气，所谓浩然之气者，即气量浩大无物不包，有如汪洋大海，无物不载是也。

河海不择细流，故能致其深，王者不弃众庶，故能明其大，一杓之土，不致峰陵，一滴之水，可成洋海，任何功名，均赖无数众庶努力合作与拥护爱戴，方克有成。获得众人爱戴最简捷有效的秘策首贵心平气和，沉忍自在，务使贤智不肖，各界人士，甚至贩夫走卒皆乐为己用，然后事有可期也。众人千面，利害不同，政见出入，南辕北辙，主张分歧，自此情形下，虽小心翼翼，尚不敢必其绝无冲突，若毫无涵养，则睚眦之忿，结不解仇，每日攘夺不暇，复何能获众庶爱戴拥护？古今成事者，不外忍耐迈进，再接再厉，忍常人所不能忍，如张公百忍成金，九世同堂。韩信忍胯下之辱，成就功业。佛经有所谓唾面自干，耶教也有左面被唾，不妨以右脸相迎之说，人生理想当从大处着想，不必介介于尘世鸡虫得失，无谓争辩，以伤残宝贵精神，纯净元气，益于养生。[①]

沉忍的性格表现在不计较小事，不去无谓争辩，遇事沉着冷静，不仓促莽撞，涵容万物。沉忍的人不因外物扰乱内心，干扰既定方案和目标，沉忍在集众人之力合成功业成果。余天休曾自述他在做西北大学校长期间冷静处理一起学校潮动事件的事，说的就是沉忍之功。他本人在每次国家事变撤离某城市时往往临到最后时期，此前认真观察思考，直到事件走向趋于明朗，给自己留有充分时间判断形势而不仓促莽撞，经深思熟虑然后果断决策，做出后即不再反复。

三、正思自安

人们应当时刻拥有快乐，事业成功的基础在于健康快乐的思想，所做的事业，由以往的思想所集成，勿要使邪僻或沮丧的思想侵入其间。人们只有拥有

① 余天休. 沉忍[J]. 正风,1936,2(12).

端正的思想，才能做出合理的事情。动作每启于思想，孟子曰："生于其心，害于其政者是也。""有健康和清洁的思想，始能够练成健康清洁的体格，同时勿让忧虑和怯弱的思想荡漾于脑海。颦眉蹙目的容貌，乃不健全思想的表征，清俊仁慈的外貌，可知其人具有正当的思想。事业上长存希望成功的心理，若果常向失败的途径上着想，则其事业必定暗淡。自信方能取得其他人的信仰，我们的脑海中，要常存有一幅成功者的秀美图表。不必过于虚心，不敢努力工作，不宜问津于世常怀有德薄能少自弱力微的思想，则思想二字，绝无希望者也，只知逐日追求安逸生活。构想了图画之后，再按照预定计划，努力去做，不断前进。"①此处说明，健康快乐、努力工作、简单生活、勿走邪辟之路，此为不二之道，其理简，其道深。

社会的安定来自每个人的自安，如何做到自安？其实不去招惹是非，保持克制理性，天下哪有烦恼可在？天下本无事，庸人自扰之，世上的一切纷扰，一切纠纷、烦恼，都是人们自己招惹来的。倘若人人能自制，人人能自爱，人人能自安，人人能用理智处置其日常生活，世上哪会有事？哪里会有争执和问题？人们若处世得当，当无所谓问题，对于情欲二字稍加节制，则可自安。若能安人亦可自安，无论是在社会中还是在家庭中，人们彼此互助友爱，彼此迁就谅解，分担职责，则未有不安乐者也。自安的方法有很多，这里简要介绍以下几种。

其一，愉快的精神。多看人生的幸福光明面，少看不幸的那面，则精神自然愉快。遇到不愉快的事不去迁怒他人，就算是对家人也是如此，宁可将自己禁锢一室中，待愤怒过后才出来会见，这是利己利人的一种好办法，以免此时说话不慎。言语重要，一言足可使友爱为敌，或致家散人亡，一言既可以兴邦，也可以丧邦。

其二，体谅的态度。谅解别人，别人也将谅解你。对于朋友不该说严厉的话，家人对严厉的话同样不能接受，对家人大发雷霆，家庭生活必然遭到破坏。对人态度和蔼，会谈友善，常可化敌为友。有人染有谩骂的恶习，每遇不满意的事，立即大发牢骚，令人难堪，这种举动伤人情感至甚。暴戾和轻率之言，不应常用，对于一家至亲，尤须特别戒绝。

其三，谦恭的情态。若待人以敬，接人以礼，人当对我以诚，爱我以义。有人对外人客气，对于自己的家里人却不管不顾，这是不对的，对家人不恭敬易伤

---

① 余天休. 思想[J]. 正风，1935(18).

感情,易失和。

其四,忍耐的意志。言行急迫,易错误,谨言慎行,一言一行,莫不经过缜密思虑而后发。行事者不在多言,而在效果,若言行过度,或将反得为失。我们如果稍具一点忍耐,最低限度可以减少人生一半的烦恼。做人最要紧的是不要忧郁和发愁,忧郁不足以济事,反有害于身心。忧郁发生心虚,没有勇气,不可能成功。互助、忠诚信用、约束言语、知足,这些方面需时刻注意。不论置身于何种逆境,务须处之泰然,切勿咆哮,表示不满,于事态无补。对人诉苦泄怨,实无补益。无论何种情境,都要保持优雅的举止。[①] 遇事控制情绪,不大手大脚花钱,少言慎行,对人谦和尊敬,对家人也是如此,何尝有不安所在扰乱心神。做到这些,愉快平和的心态自然存有。

四、任事

人成长到一定阶段就要走向社会,担任职责事务,这是人生的主要活动之一,初涉社会者应事先了解任事的要点及注意事项。任事是指处理具体事务和实际问题,亲身运行事件过程和执行决策者的意图。余氏认为,任事者须有一定的计划,能保持对工作的热情,如果做自己不喜欢的事,不情愿而为之,绝无成功的可能。有些人经历很长的时间,还未能感觉到自己的潜力,以后因某种偶发情形的关系,才将这种潜力激发出来,这是很可惜的事情,所以任事者要尽早知道自己的兴趣和才能倾向,立下志向,努力成功。任事的要点包括以下几方面:

第一,量才行事。任事者要对自己有信心,规划较高的理想抱负。多数人是能干大事的,不过因其不相信自己有才干,故仅能做一点小事而已,我们之所以能做,是因为相信自己是能做者。

第二,修养品格,装饰外表。品格的价值大于一切知识智慧,我们可以缺聪慧,寡学识,无名望,但断不可无品格。人们生活习惯的良恶,对人是否具有爱护同情之心,外表都能显露出来。大多数时候人们靠外表而非事实取人,对于他人的意见和判断,常从外表得来,故应整理服装,修善面容,端正态度。说辞忌浮夸,用词奇异,影响信用。与人交谈时,态度应温雅自然,两目宜正视,不可乱旋,头颈宜挺直,不可摇动,坐时上身端正,不可前倾后倚。遇见他人有人不

---

① 余天休. 自安[J]. 正风,1935(8).

知行会见之礼，不表示和悦的面容，如此知此人不常与人交往，对人态度冷酷，易遭非议，从而使事业进展受阻。有的人笑容可掬，人尽欢迎，与其交接感到无限的快乐而被其精神吸引。礼貌是基本的美德，无论他人贫贱，我们均应表示敬意。声调和气，谈话清晰，勿吞吞吐吐，词句勿中断，声音勿过高，句句嘹亮，错落有致，勿连珠多字，从容发出而无束缚。声调可随时练习，发音时需精神缓慢，每字每句需加以注意。一般人谈话的错误是发音过速，态度不雅致，思想无充分的贯通，词句也不加以考虑，如此只有含混地往前直谈而已。这种谈话常如针刺耳，但谈话也不能过于拘谨和机械化。服装宜整齐，朴素清洁，得体雅致，勿求过于鲜艳夺目、价格昂贵或时髦款式。

第三，励志向上。精力是成功的要素，任事者应富有志气，坚忍不拔，不达到理想的目的绝不停歇。懒惰的人，做事常畏难苟安，如此绝无成功的可能。

第四，自动向上。不待他人主使而自行努力向上，所行之事符合己志。一个有作为和有志气的人清晰地知道自己的目标，自动行之。墨守成规，无争胜之心，为人做随从驱使者，向前发展已受限制，其心意精神也必将逐渐衰颓。做事需常潜心于敏捷的方法，怀有出类拔萃之愿，且多谋多筹，如此事没有不成者。

第五，观察时势。考察他人经营事业的方法，尤其是有成就者的方法，择其善者而从之，增长见闻；还有与己身相关的讯息亦当留意其要点，人生最大的经验是由观察获得的。

第六，求事之方。过于倚仗亲友等他人的势力，将来终无良果，总要依靠自己的才能。可寻求多方支持，如公共组织，可登载广告、寄出简历等，如此增加机会，薪金多寡，不必多询。①

第七，保守位置。少作利己之念，多贡献最大价值，但勿有意示才，在工作中表现才能为宜。工作应用心，常思改进之术，而勿墨守成规，做事不图改善，终非失败不可。做事殷勤，早做准备，耐苦耐劳，多想新法。多寻新法，又需博览群书、集思广益。工作时专心致志，不与人交谈，办公勿谈外事，在外勿谈公事，保守公家秘密，是任事者的本分。向外泄露公家未发表之事，使之成为十字

---

① 求职时应借助有限的亲戚朋友还是依靠广泛随机的公共信息历来有争议，前者为强关系，后者为弱关系。美国社会学家格兰诺维特认为，弱关系的作用可从多方面获得信息，所得信息非重复，因而在求职中作用更大。我国边燕杰教授认为，在中国，强关系对找工作的帮助更大，这是我国的特殊国情，虽与他国有所不同，然而原理同一。参见边燕杰的《找回强关系：中国的间接关系、网络桥梁和求职》，载于《国外社会科学》1998 年第 2 期。

街头的口头禅，这种行为小可误事，大可丧邦，是绝对不道德的。此外，与同事相处，切勿争论，争论小事有害无益，好辩者发言时有讥讽，或责人以非，将来必有招祸之日。任事者勿违规办事或与同事谈论是非，对组织应忠诚，要扬善，若是扬恶不如及早辞职，以消除彼此怨言。反对他人的任事者绝不会被上司信任，被反对者的地位反而更加巩固，若关系不愉快不如及早处理，以免耽误时间。

第八，运用思想，利用想象。我们的世界是由思想支配的，讨论、拒绝或接受一种思想是我们的责任。想象的机能是人类活动的泉源，依赖想象之力日图进步。[①] 任事者需抱有远大的理想，不可甘于平庸，应在工作中追求成功并达至卓越，为此要不惧辛劳，勤于思考。与此同时，人际关系处理要小心谨慎、不张扬，言行理性，如此，伸弛有度、文质彬彬是任事者面对的两个不同方面。这些话句句良言珠玑、用心良苦，值得后来人认真体会。

余天休还编写了行业者如何遵守职业风纪的相关文章，合起来构成律师、法官、医师、药师、教师、官宦、新闻记者的"风纪集"系列。[②] 宇宙皆有定律，各行亦有纪律，从业者不可放荡，需有所戒惕。如医师对病人应保持耐心、和蔼且保守秘密，报告病情方式得当；教师对学生应温和诚恳、诲人不倦、因材施教，尊重同行，不妄评其他教师教法；为官者应清廉等。职业风纪，便是现在所说的职业道德，只有加强职业道德和职业团体建设，各行业才能兴盛。职业风纪实际为个体修养在职业上的体现及延伸，也是道德修养的一种，是职业道德修养的准则。

需要说明的是，余氏谈论道德修养，所指向的目标和方向与传统已经不同，他不赞同将道德修养过多地表现于人情关系或为官从政中，而主要面向经济社会活动。经济社会活动中的道德修养以遵守工作做事的行为规则为主导，如任事、持恒等，其余复杂的人际关系和矛盾应尽量避免卷入纠缠。简而言之，一切都为了实业发展，其余"外围"事情勿过多参与，如果不能避开就做到沉忍、涵养有度，此二者相辅相成。工作的改进一方面通过完善制度等外在因素来实现，另一方面则有待于个体提高内在的涵化修养，将这两个方面结合起来，方能使工作环境清正。余天休的个体及职业道德论结合现代，融合中西，适于新时代。

---

① 余天休. 任事[J]. 正风，1935，1(15).

② "风纪集"系列有：《律师与法官之风纪》，载于《正风》1935 年第 1 卷 22 期；《医师风纪》《宦风》《教师风纪》《新闻记者风纪》《药商风纪》，载于《正风》1936 年第 3 卷第 8 至 12 期。

第五节 人权、法治

在众多群治方式中，余天休实际赞成法治。余天休在平、津、沪等地做过多年律师，并著法学、社会法学书籍，翻译《中华民国刑法》（天民书局，1928年版），对法律理论实务详为熟知。与人治不同，法律作为治理方式，有种种优势，法律作为社会控制的程序和规则，其施行权在人民手中，规则由多数人制定，法律起着改良社会、改变社会风俗的作用，其威力与术治等相比较，不可等量而观。

法治方面，余氏着重关注人权。他在论述法律判刑时认为，判刑应重证据，没有确凿的证据不可轻易判刑，其原理在于保障人权，人权神圣而不可侵犯。他指出，“人之有贵贱贫富，但享有法律的权利不可动摇，生命权、姓名权、自由权、居住权、诉讼权为一切人类应享的基本权利，其中身体上的自由权尤其重要，即使对犯罪嫌疑人量法，也需审慎，核查后方可裁定，不可因贪功、偏见或滥用职权任意对犯罪嫌疑人身体施刑，否则公民即谓丧失自由权。公民只有在法律范围内享受自由，才可安居乐业。法律以平等为原则，无阶级差等之分。法律以事实为准绳，即便对起诉罪犯亦当勿有偏见，受伤者未必有理，如在汽车前假碰倒勒索之类，检察官不可只看受伤，就判对方败诉，纵长投机取巧之徒。法分公法私法，权利亦分公权私权，公权为国家社会之权，如选举、罢免权等，私权为维护个人自体权益，如生命、姓名、自由权等，公权私权分开，彼此不相冲突，罪犯被褫夺公权，私权则不在剥夺之列，丝毫不受损。如受羁押、自由权受到限制，但其余生命权、姓名权、公权都仍具备。此理甚明，不可因其被告在押，便认为其天地所不容，人神共愤，品质败坏，即身体也可受法外拷打虐待，这种心理亟待矫正”①。人权为人的基本权利，是人所享有的权利，每个人都应该受到合乎人权的对待，人权具有普适性和道义性，为最起码的基本公民权。公民身体不受损害，无论面对何种组织，公权机关不应贪功，不可通过滥施刑罚的方式获取口供，即使是嫌疑罪犯，其身体的安全同样受到法律保障，不受法外侵害，这是法律的底线。在法治不盛行的国家，强调人权相当有必要，防止借法治之名行中饱私利滥施刑罚之实，以上只有在保护人权的基础上才能提到。人权的公权和私权，不仅包括个人自身安全的权利，而且包括个人作为国家成员自由、平

① 余天休. 人权[J]. 正风,1936,3(4).

等地参与政治社会生活的权利，从而促进整个国家的民主法治建设。

笔者认为，群治术治、心理术、职业道德约制等是余天休学术有特色且着墨不少的内容，许多方面值得我们再思考，具有很高的学术价值，归结起来就是关于社会治理、公共管理的知识。如果进化进步是目标，那么控制治理则是达到进化的手段，社会控制维持社会秩序，使群内成员和群体之间保持团结和谐，这是进步的基础。余天休的博士论文专门探讨了这二者之间的关系。例如，历年战争使人口骤减、生灵涂炭，人口的增减在历史上主要屈居于朝廷的治乱。如果加强社会治理，使社会更有秩序，则这些悲剧就可以减少。[①] 余天休在其博士论文中提出了若干社会治理的建议，比如为加强国家统一有序，发展交通通信是首要考虑的事情，其次是建立社会部，开展社会调查进行社会病理的科学诊断，政府听从学者建议，政学结合共同治理。还有传承传统道德仪式，让妇女接受教育，改革对罪犯的惩罚方法，提倡政治民主、发展经济等。也就是说，只有社会治理得紊然有序、井井有条，民族才能振兴发展。反之，社会发展了，物质条件好了，也可使治理控制顺利进行。发展和治理控制一体两面，同步进行。当前社会治理是国家的重要任务，我们党提出治理能力现代化和体系化的使命任务，在此，余天休的学术营养可供借鉴吸收。

---

① 余天休. 中国的社会进步和控制[J]. 中国社会学会，1923：91-110.

第五章　追求科学:社会学大纲

一个国家民族的发展应当遵循科学的原理规律,提倡科学,牢固树立科学发展理念,以推动科学进步为使命。余天休的社会科学论,包括社会、经济、政治、国际关系、教育在内的论丛都遵循科学的逻辑,以科学理论和方法为工具,面对问题科学分析,得出结论。国家民族如果不按照科学的规律盲目跃进,不顾条件是否可行而一味向前,则欲速不达,适得其反。社会科学虽然和自然科学不同,其对象是主观意识强烈、多变灵巧的人和人群,但也有确定的一些原则、标准。本章仅以社会学为例说明余天休在学术研究中科学思考的特点。此外,在他所涉猎的其他学科,也遵从科学规则,在后面的叙述中我们能够发现余氏社会科学方面的训练有素、驾驭自如。

社会学起源于现代社会,作为社会科学体系中的一种学科门类,相比很多学科更年轻。余天休著有《社会学大纲》一书,大纲顾名思义是对社会学理论、方法的认识和观点的总汇集,大纲以一种简明的方式列出对学科的认识。余天休首先给社会学下了定义,叙述了该学科的目标,社会学与一切社会科学,如政治、经济、文化、法律、伦理、心理、哲学、数学等都有关系,社会学是这些学科的基础,是各种社会科学的综合,研究整体社会和社会现象。社会学为一发展的科学,用于解释社会起源、结构、变迁、机能、管理与进步及物理、生理、心理的关系,以揭示社会秩序和法则,增进社会幸福。[①] 该学科研究的目的为确定人类团结生活的起源、演化、发达、组织及机能,以社会治乱为标准。[②] 此论说明社会学和其他学科一样,都需要对社会的现象做出解释,但社会学区别于其他学科的是,在对社会进行

① 余天休. 社会学之定义[J]. 教育丛刊,1923,4(2).

② 余天休. 社会学大纲[M]//谢立中. 民族复兴与世界联邦:余天休社会科学论集,北京:北京大学出版社,2008:3.

解释时，主要进行抽象的、深层次的、以宏大结构为主体的思考，具备观察分析社会视角的综合性和整体性，是各门学科的总述，社会学以此区别于其他学科。

第一节　社会学作为科学的存在

在我国长达数千年文明发展的过程中，社会总体呈现出一治一乱的特征，朝代更迭，几家王朝，兴盛一段紊乱一段，梁启超先生总结历史上具有影响力的起义动荡计160余次，每一次都造成人口的急剧减少和社会物质的大为破坏。人们不由思考：社会治乱循环是由哪些因素造成的？分析并解决这一问题是社会科学的任务之一。治乱循环观源自我国传统思想，根深蒂固，老子说：大曰远，远曰逝，逝曰反；又言：万物并作，吾以观复，是说事物发展到较远阶段后必将返回来，回到原初状态。儒家认为"五百年必有王者兴"，人存政举，天下大势，分分合合，也是在讲这个规律。《社会学杂志》一篇社论将传统的循环思想顺势发挥嵌套到社会学上，称社会学最后的目的是解决社会的继承问题，即社会如何在长时间的演进中不至消亡的问题。社会学的学科使命是关注社会中那些无迹可考、逐渐失传的现象。"人类历史社会因因循环，一盛一衰，兴亡交替，这是什么原因造成的，这应该是社会学最大的问题了。如果能够控制和解决社会承替问题，社会就能够相继长久，这是社会学最后的目的。"[①]这明确说明了社会治乱循环问题是社会学关注的要点。社会学以研究社会的整体现象为职志，概括个中原理，目的在于借助学科知识维护社会秩序，团结汇合人群，以避免社会动荡，使社会长治久安。

社会学的研究对象是社会，那我们就需要了解社会是何种含义。"社会"一词虽常用，但却并不是可闻见接触的实在体，社会乃唯名的"虚物"。余天休从古代文化溯源入手解释社会，他引用《近思录》卷九《法治篇》中的条文："乡民为社会，立科条，旌别善恶，使有劝有耻。"在古代，乡民即为社会，社会位于"基层"和民间，其上的是国家、官员机构。古代认为社会的范围应不及一乡之大，地域有限，相当于现在所说的狭义社会，《前汉五行志》云"二十五家为一社。""社"还可指民间结社组织，更加狭义。由于过去"社会"的概念涵盖面窄，社会在这里主要指个人与个人的关系。实际上，社会还有广义的范畴，如国家、民族和国际

① 余天休．社会学最后的目的[J]．社会学杂志，1930，3(4)．

组织都可以称为社会，广义社会超越了个体关系或小型社会。

人作为个体不能孤立存在，个体所为之事均离不开他人，互助关联的现象即为社会，家庭、企业、国家、社团都是某种互助联系的形式，因而都是社会的类型。若有组织框架相互联系但人心不齐，成员间不能同心同德，未具有社会同类意识，则这种组织不能谓之团结，空有一副组织架子，还不能唤作完整意义上的社会。根据吉丁斯的叙述社会学，相互关联的社会组织分为若干种类：第一，同情社会，根据血统如家族等划分；第二，同性社会，由心德相同之人组成，如宗教团体；第三，嘉纳社会，嘉许某种行为，包括不法分子的结合，政客、流氓土匪、江湖组织；第四，暴虐社会，根据专权及奴役程度划定，如王朝等；第五，威严社会，根据威严而定，可见于专权社会鼎盛期，领导者受敬如神明；第六，阴谋社会，根据阴谋、营私、包庇、特权界定，常在世道变化之前出现；第七，契约社会，根据约法来分配利益，如刘关张三结义；第八，理想社会，根据理想结成的社会。社会运行遵循一定的规则公例，社会研究的任务就是找到此公例法则。研究社会问题和社会的作用有二：其一，补救社会不完善点；其二，增进和调治吾人生存。[①] 分析起来，吉丁斯社会的分类具有特色，其颇值得注意的地方是将社会认作"同"，"同"的程度不等、类型不一，如同情、同性、同行为，社会相应分为各种模式。其中，同行为的组织内部凝聚力最强，讲究哥们儿义气，同仇敌忾，这种组织一致行动对外，外界莫可催坚，对外界可能造成危害。再有，社会混乱分期也有特点，世风兆变开初，营私舞弊之风泛滥，人与人之间丧失基本信任，到处充斥着欺瞒狡诈，这是乱世将至的信号。而进入社会变动程序，则干脆演变为公开的武力、侵犯。良性社会也分为不同种类，如有威望道德的首领治理社会，或普通民众行为都循法度而行，虽然这样的社会小有缺陷，但秩序稳定，结构功能运行良好。最后，理想社会和现实社会各依据社会的特色偏倚而确定，过于理想化和过于现实的社会都不是好的社会，理想和现实有机统一起来的社会方为优良。

社会学以社会为探讨对象，具有特质，即需要研究者具备社会学的眼光。社会学眼光体现为观察与解读社会的独有主观视域。余氏认为，社会学眼光包括：义理公平、比较事实曲折、细考各方偏见。"社会学者应取公平与客观的态度，凡一事一议，不可偏执，不可乐观，不可赞助，否则失学者态度而为煽动人心者之流。虽有主张，主张必经研究，非一朝一夕的风闻邪说假语。"[②]社会学者在

① 余天休. 社会之意义[J]. 社会学杂志，1922，1(5).

② 余天休. 社会学原理[J]. 社会学杂志，1922，1(1).

学科训练中要逐渐养成一种不偏激的态度，学习情绪保持中立，不轻易主张或表示不赞成，不立新奇之论煽动人心，不道听途说。社会问题的起源多在于各执己见，相互争论不下，平衡公正为解决事情的有效方法。“事之纷争，实由于各执己见是非不明而起，所以谈社会问题者，必均衡事实之公偏，研究事实之真否。”①② 既然探究事实真相为第一要务，由此需进行调查研究，探究因果关系分析综合，这才是作为科学的社会学研究应居态度。“社会学性质为何，及研究调查、公平分析组合及批评，使成为科学。调查的目的在于采取事实发现真理，无调查几无科学。科学包括不偏之性质，一旦有偏不为之科学。科学采用分析方法，因科学原质必一一研究，非知其一，而可以明其余，欲知一科学原理，非研究其分子不可。批评为科学一大义务，无批评科学无进步，批评从研究而起，无研究而批评即是狂骂，为不自重。有分析必有组合，组合各部分，二者缺一不可。”② 社会学从群体调查开始，尊奉科学原理，表现出一门容忍差异寻求特色，允许主流和非主流同存的综合学科特质，要求判断事物尤在于公正全面，减少偏见，适当批评，谨慎实践，这都是社会学学科的特点 。

如前所述，社会遵循进化原则，社会的人群具有阶级差异，阶级实为根据人的适应能力强弱不同而进行的等级区分，余天休引用美国吉丁斯的社会阶层说。吉丁斯将社会群体按不同标准分为以下几种情况：从生活能力方面，阶级分为上层、中层、下层；从品性方面，分为优秀分子或才子（常来自遗传）、常人（普通人）、身心不健全的欠缺人；从合群方面，分为热心社会的合群者、专门利己的不合群者、寄生的假合群人、危害社会的反对合群者四类。从心理方面分为：才人，活动和思想能力大者；有天资者，能干种种事业者；常人以上者，即能自立者；常人，略能自立者；下常人，不能自立者。③ 吉丁斯的社会阶层说包含多种因素，不仅按照通常的政治经济标准，而且按照道德品性分类，将乐群的社会性列入分层体系，个体心理因素和天赋才能也杂入其间，这和目前关于社会阶层分层标准都不一样，使得分层形式丰富多样。凡具备以上条件者自立于社会，适应环境，适应环境者为社会上层强者，不适应者沦为下层，因而进化在不同人群中呈现出差异。乐群、肯于背负社会责任、保持个人性的人以及个人化和社会性完全统一的人最适合社会。

---

①② 余天休．社会学原理[J]．社会学杂志，1922，1(1)．

③ 余天休．社会学大纲[M]//谢立中．民族复兴与世界联邦：余天休社会科学论集．北京：北京大学出版社，2008：42．

社会威力也是如此，适应者获得高威力，社会中的人相互影响的效用即社会威力。余天休介绍了黑斯(E. C. Hayes)的研究。美国学者黑斯将威力分为十种，包括来自人数之多的威力，年长者的威力，勇武威力，神权威力，灵魂或先知的威力，地位职业的威力，财富的威力，智慧、思想、道德的威力，科学、学术威力，门第的威力。以合理判断为依据，威力来自专家、优秀者；以下意识推论为依据，威力来自崇古、迷新以及迁移；以非论理衡量，威力包括身体力量、异常事件、美丽、鼓动情绪、满足民众欲望。如果思想与欲望和信仰相悖，则这种思想难以得到传播，反之，思想和情绪一致，则容易被接受。[①] 威力类似于现在说的威望，指个体以实力为基础而形成的被社会真正认可的名誉，威望的来源有多种，人的某些特长都可能成为威望的条件，构成正当合法的力量。威望最主要来源于个体展示出来的优良道德品德，传统文化认为，威望基本和道德伦理画等号，如果个体成绩非凡、占据丰富资源机会而品质卑下、舆论口碑不佳，则这类人威望缺失。有威望为进化的表现，反之，不具备威望者个体进化不完全。余天休介绍当时西方社会学各派别如下：[②]第一，社会环境说。代表人物有黑德(Herder)、里提(Ritti)、亨利·托马斯·巴克尔(Henry Thomas Buckle)[③]、孟德斯鸠(Montesquieu，又译为蒙德斯鸠[④])[⑤]、凯特勒(Quetelet，又译为赏

---

① 余天休．社会学大纲[M]//谢立中．民族复兴与世界联邦：余天休社会科学论集，北京：北京大学出版社，2008：45-46．

② 余天休．社会学派别[J]．社会学杂志，1922，1(1)．

③ 亨利·托马斯·巴克尔(Henry Thomas Buckle)，英国实证主义史学家，实证主义史学认为人类不过是自然的一部分，人类历史同样受自然规律的支配。他以1857－1861年间所著的《英国文明史》(*History of Civilization in England*)第二卷闻名于世，主张气候、食品、土壤等地理自然因素对组织人群的演变发展独有大效。

④ 此为民国时期的译名，为保留史料原味，后文也将给出部分民国时期的译名。

⑤ 夏尔·德·赛孔达·孟德斯鸠男爵(Charles de Secondat Baron de Montesquieu)，代表作有《波斯人信札》《论法的精神》等。他认为地理环境，特别是气候、土壤和居住地域的大小，对于一个民族的性格、风俗、道德、精神面貌、法律性质和政治制度有着决定性的影响。例如，气候会影响一个民族的性格，冷热空气对人体外部纤维末端刺激程度不同，这使寒带的人精力充沛，有较强的自信心、勇气、体格魁伟，开朗直爽，较少要诡计、猜疑，但感觉迟钝，不太机灵活泼；热带的人较软弱、多疑、器官娇嫩、感觉敏锐。热带民族的怯弱常使他们沦为其他民族的奴隶，寒带民族的勇敢则使他们能够维护自己的自由。寒冷国家的人对快乐、疼痛和爱情不够敏感，而炎热气候下，很多东西看起来都像爱情，但其实它们不是爱情，在更炎热的地区，爱情是生命，是幸福的唯一源泉。热带国家里的妇女容颜容易早衰，有的热带地区的女孩在十岁就达到结婚年龄，二十岁就衰老了，热带人们的需求不多，故男人常常遗弃发妻而另觅新欢，因而产生多妻制；寒带的男子纵饮烈酒，在对待酒方面的理性比女子弱，妇女有一种天然的节制，因而容易实行一妻制；寒带人因有独立自由精神，宜兴新教，热带人没有自由精神，故天主教盛行。土壤的不同状况也有类似的社会作用，如在平原上，在大的帝国中，就必须始终实行专制统治，否则易割据和分裂，土地贫瘠使人灵巧、朴素、耐劳、勇敢和善于打仗，反之，土壤肥沃之地的人容易懒惰和贪生怕死。

特烈）[①]、拉采尔（Ratzel，又译为拉特倪尔）、森普尔（Semple，又译为爱兰三蒲尔）[②]、亨廷顿（Huntington，又译为亨亭登）。这类学者偏于从地理、气候、水文、山势角度解释人的性格、婚姻家庭、政治社会制度的差异，得出社会发展特点由地理环境决定的结论。余天休本人发表过论自然环境对人的进化的影响的专著，他将自然环境分为气候、地势和矿物三类。如温带适合生存，热带和寒带不利于生存繁衍；空气干燥之地的人身体灵活，湿地的人身体沉滞而柔弱；北半球南部英法美居民精神激动，易起冲突革命。地势方面，高地居民凝聚力不如平原，因高山负险自固，交通阻碍，平地易于冲击，方便联络，平原人较为团结，沙漠地民族逃亡转徙，变迁无恒。水陆交错之地，文化商业发达，内陆之民保守，海河之民活泼开拓，文明发源之地都在沿河流之域。另土壤肥沃、矿藏丰富、动植物繁茂之处，文明一般都比较发达。[③]

第二，生物学说。代表人物如达尔文（Darwin）、斯宾塞尔（Spence）、龚普洛维奇（Gumplowicz，又译为甘婆罗唯支）[④]、德国历史学家特赖奇克（Treitschke，又译为脱来德斯客）、哈佛大学教授卡弗（Carver）。其中，达尔文和斯宾塞尔的生物学说如上所述概为进化论，影响深远，并进一步演变为社会达尔文主义，无视社会弱者，认为贫弱者应被自然淘汰，这种观念对社会诚为有害，须知人的主观能动性和应变能力非其他物种可比。

第三，遗传说。代表人物如弗朗西斯·高尔顿（Francis Galton，又译为佛兰

---

① 朗博·阿道夫·雅克·凯特勒（Lambert Adolphe Jacques Quetelet），近代统计学之父、数理统计学派创始人。最早的统计学被称为“国势学”，研究的主要是“国家的形势”。17 世纪，研究这门学问的人在德国被称为“国势学派”，在英国则被称为“政治算术学派”，凯特勒从事有关人口和犯罪问题的统计学研究。

② 埃伦·森普尔（Ellen Semple），美国地理学家，地理环境决定论的代表人物，又译为辛普尔，师从拉采尔。曾任克拉克大学教授，著有《美国历史及其地理条件》《地理环境的影响》《地中海地区地理及其与历史的关系》。

③ 余天休. 人类过去现在与将来[J]. 北京大学法学院社会科学季刊，1943：41-60.

④ 龚普洛维奇（Gumplowicz Ludwig），奥地利经济学家、社会学家，社会达尔文主义的主要代表人物之一。1863 年参与波兰起义，1893 年任奥地利格拉茨大学教授。他把社会看作是相互之间为争夺统治地位而无情斗争的各群体的总和，社会群体之间连绵不断和残酷无情的斗争构成了社会生活的主要因素。著有《种族和国家》《种族斗争》《社会学史纲要》等。

西斯·哥尔登)[①]、皮尔逊(Pearson)[②]、达文波特(Davenport)、摩尔根(Morgan)[③]等。他们将统计学和生物实验、优生学、进化论结合起来解释社会。还有巴赫(Bach)、沃德(Ward)[④]、哈维洛克·艾利斯(Havelock Ellis,又译为哈肥尔洛克·爱利斯)[⑤]等,这一派的观点总结为:社会虽然由人构成,但不能完全还原为个体心理主义,人和人之间的关系才是社会主体。

第四,人类学观点。代表人物有耶鲁大学萨姆纳(Sumner,又译为深奈尔)[⑥]教授、埃米尔·迪尔凯姆(Emile Durkheim,又译为爱章尔·多尔克罕)[⑦]教授。孔德发明了社会学这个名词,迪尔凯姆是第一个将孔德的社会学发展成为更具社会学学科特点的法国人,他论述社会是社会事实,运用统计资料分析法国的自杀现象,讨论原始人的宗教。萨姆纳阐释过民俗,因而可以说他们的观点是人类学观点。

---

① 弗朗西斯·高尔顿(Prancis Galton)和达尔文是表兄弟,他对地理科学有浓厚兴趣。1850年,他与友人先后远赴马耳他、埃及尼罗河流域和南非进行考察,曾只身进入巴勒斯坦腹地,这使他成为一位大无畏的知名探险家,在科考中搜集了许多珍贵资料。他和达尔文一样,由于远出患上了一种"神秘的疾病"(神经不稳)。据皮尔逊不完全统计,高尔顿平生著书15种,撰写各种学术论文220篇,是一位百科全书式的学者。1909年,他被英国王室授予勋爵称号。他创造了"优生学"(Eugenics)这个新词,用以表述一个以人类自觉选择来代替自然选择的社会计划。主要著作有《遗传的天才》(1869)、《英国的科学家们:他们的禀赋与教养》(1874)、《人类才能及其发展的研究》(1883)、《自然的遗传》(1889)。

② 卡尔·皮尔逊(Karl Pearson),1879年毕业于剑桥大学数学系,1884年进入伦敦大学,教授数学与力学,被公认为"统计学之父",许多熟悉的统计学名词如标准差、成分分析、卡方检定都是由他提出的。

③ 托马斯·亨特·摩尔根(Thomas Hunt Morgan),美国进化生物学家、遗传学家和胚胎学家,发现了染色体遗传机制,创立了染色体遗传理论,是现代实验生物学奠基人。他用果蝇做实验于1933年发现染色体在遗传中的作用,为此获得诺贝尔生理学或医学奖。主要著作有《进化与适应》《实验胚胎学》《胚胎学与遗传学》和《基因论》等。

④ 莱斯特·弗兰克·沃德(Lester Frank Ward),美国社会学家,美国社会学的开创者之一,也是植物学家和古生物学家。曾参加过美国内战,1871年毕业于哥伦比亚大学(现为华盛顿大学),1906—1913年为布朗大学社会学教授,1906年当选为美国社会学会第一任主席。主要著作有《动态社会学》(1883)、《纯理社会学》(1903)、《应用社会学》(1906)。

⑤ 哈维洛克·艾利斯(Havelock Ellis),英国性心理学家、作家,是指出性别与染色体相关的第一人,代表作有《男人与女人》(1894)、《天才与遗传》(1904)。

⑥ 威廉·格雷厄姆·萨姆纳(William Graham Sumner),社会达尔文主义的主要代表人物之一。曾在牛津大学、日内瓦大学和哥廷根大学攻读神学、社会科学和语言学,1863年毕业于耶鲁大学,1872年回到耶鲁大学任政治学和社会学教授,是美国大学中最早教授社会学的学者之一。1909年继沃德之后担任美国社会学会会长。主要著作有《社会阶级间的负债》(1883年)、《民俗论》(1906年)、《事实的挑战及其他》(1916年)。

⑦ 埃米尔·迪尔凯姆(Émile Durkheim),又译为杜尔凯姆、涂尔干、杜尔干等,法国犹太裔社会学家、人类学家,法国首位社会学教授,《社会学年鉴》创刊人,与卡尔·马克思及马克斯·韦伯并列为社会学的三大奠基人,主要著作有《自杀论》《社会分工论》等。

第五，心理学观点。代表人物有主张理性派的洛克（Locke）①、霍布斯（Hobbes）②、卢梭（Rousseau）③，他们都是以思想促发革命帮助西方迈入现代门槛的有名思想家，洛克影响到美国革命和美国独立，卢梭激发了法国大革命，法国大革命再促发俄国革命，俄国革命为中国革命送来了十月炮响，世界发展息息相关。主张本能说的麦独孤（Mcdougall）④、克鲁泡特金（Kropotkin）⑤，前者是心理学家、社会心理学先驱，后者反对沙皇到处流亡，并在这个过程中创立无政府主义。主张模仿说的有罗斯（Ross）、勒庞（Le Bon，又译为李朋）⑥、塔尔德（Tarde）⑦，罗斯是前面说着力社会控制研究的学者，勒庞以探讨群众集会盲动闻名。主张兴趣说的有拉岑霍费尔（Ratzenhofer，又译为拉陈侯福你）、斯莫尔（Small）⑧，他们的学说各具特色，斯莫尔在芝加哥大学创办世界第一个社会学

---

① 洛克（John Locke），英国经验学派的哲学家，有人认为他是17世纪自由理论的鼻祖，主要著作为《政府论》，主张天赋人权和社会契约论。洛克的理论是法国大革命和美国革命理论的来源，美国的《独立宣言》几乎是《政府论》的翻版。

② 托马斯·霍布斯（Thomas Hobbes），英国第一位哲学家，1651年完成名著《利维坦》（*Leviathan*，在《圣经》中意思为大海兽，比拟国家和社会制度）。

③ 让-雅克·卢梭（Jean-Jacques Rousseau），法国启蒙思想家、哲学家，出身贫寒，四十岁后因写作一篇征文而闻名，出版《社会契约论》《爱弥儿》《论人类不平等的起源和基础》，《忏悔录》记录了卢梭的一生，是他的自传文。

④ 威廉·麦独孤（William McDougall），美国心理学家，策动心理学的创建人，社会心理学先驱，代表作有1908年出版的《社会心理学绪论》和1920年出版的《团体心理》。

⑤ 彼得·阿历克塞维奇·克鲁泡特金，俄国无政府主义运动的最高精神领袖和理论家，其父为世袭亲王。在西伯利亚任军官时，他业余从事地理考察和动物研究，因主张废除一切形式的政府和从事反沙皇活动而被捕，在越狱逃逸后长期旅居瑞士、法国、英国。主要著作有《一个革命者的回忆录》《互助论：进化的一种因素》。他的思想在19世纪后期至20世纪初对中国产生过较大影响，刘师培、章太炎及巴金等都曾受其影响。

⑥ 古斯塔夫·勒庞（Gustave Le Bon），法国社会心理学家、社会学家，群体心理学的创始人，有“群体社会的马基雅维里”之称。最著名的著作有出版于1895年的《乌合之众：大众心理研究》，该书认为当许多个人构成一个群体时，就会产生独特的集体心理，这种集体心理通过彼此情绪上的相互感染，使得个人不由自主地丧失理性思考的能力，其行为方式会与和平时独处的时候大相径庭，集体行为被描述为一种根本上基于情绪的、非理性的甚至是疯狂的行为，人们会非常容易地、不加怀疑地接受群体提供的意见、想法和信念，并盲目模仿群体中其他人的行为和态度。

⑦ 加布里尔·塔尔德（Jean Gabriel Tarde），法国社会学家、心理学家、统计学家和犯罪学家，1900年担任兰西学院教授，主要著作有《比较犯罪学》《模拟的定律》《社会规律》。塔尔德社会理论的核心是“社会模拟论”，认为每一种人的行动都在重复某种东西，是一种模拟。模拟是最基本的社会关系，社会就是由互相模拟的个人组成的群体，社会事实是由模拟而传播、交流的个人情感与观念。

⑧ 阿尔宾·穆德伯里·斯莫尔（Albion Woodbury Small），美国社会学家，1876—1879年在牛津神学院进修，1892年转到芝加哥大学，建立起世界上第一个社会学系，芝加哥学派就是在此基础上形成的，他是芝加哥学派的代表人物。他与文森特合著的《社会研究导论》是世界上第一部社会学教科书，1895年他创办了美国第一个社会学刊物《美国社会学杂志》并一直任该刊主编。他是美国社会学会的主要创立者之一，著有《社会学导论》《亚当·斯密和现代社会学》《美国社会学五十年（1865—1915）》。

系，创办主编《美国社会学杂志》。

第六，历史社会学，代表人物有梅因(Maine)[①]、黑格尔(Hegel)，都是有名的西方学者。余天休撰专文介绍了美国人类学家博厄斯(Boas，又译为波亚斯)[②]关于原始人的心理学说(1911年出版)，此文阐释了余天休对于世界上不同人种差异的看法。博厄斯的研究表明，原始人心理差别不大，此证地球上人的心理大致相同，所不同的环境耳，所以人种优劣论调没有根据。[③] 余天休坚持世界人种"齐一论"(详见本书最末一章关于"国际关系"的相关解释)，应该说受其影响。此外，对于英国社会学创建人之一维克多·布兰福德，余天休也做过介绍。[④]

当时流行的是吉丁斯的社会学，余天休重点叙述了吉丁斯的社会学原理，吉丁斯的学说对余天休影响较大。吉丁斯在当时美国社会学界占据重要地位，吉丁斯受演化论推动认为社会学是一门独立学科，社会学研究社会的起源、发展、构造和活动，主要是社会活动。社会学不是抽象科学，抽象科学只致力于一种原理的探究，社会学是具体科学，具体科学不但包括抽象科学的一切工作，而且还要研究各种特殊动力如何发生，然后集合各种特殊动力发生现象而产生实际效益。这就是社会学的工作和目的，社会的形成需经过推断才能达到完美的结果。吉丁斯关于社会学的认识，推动了社会学学科的发展。

第二节　从社会学角度解释中国、西方思想文化

社会思想是社会学学科诞生之前各国家、各民族从古代延伸下来的思想，从时间纵轴看，时间范围应该从有文字记载以来一直延续到近代，在我国应该指民国以前的时期，不包括民国时期，因为经过白话文的洗礼，民国文化的符号表述已经和明清以前截然不同，这是另外一种话语体系，与我们当前的主流白话近似。影响我国最大的当为春秋战国时期的诸子百家的思想，此外，民间的

---

① 亨利·詹姆斯·萨姆那·梅因(Henry James Sumner Maine)，19世纪英国著名的法律史学家，历史法学派在英国的代表人物，因著作《古代法》而被西方学者公认为英国历史法学的创始人、近代法律史学科和比较法学科的开路先锋。

② 弗朗兹·博厄斯(Franze Boas)，或译为法兰兹·鲍亚士，德国裔美国人类学家，享有"美国人类学之父"名号，在哥伦比亚大学任教50多年。

③ 余天休. 原人心理：波亚斯学说[J]. 社会学杂志，1922，1(1).

④ 余天休. 布兰佛德[J]. 社会学杂志，1931，4(4).

一些思想如农民起义的主张也不容忽视，前者构成思想的大传统，后者为小传统。社会思想从社会角度、社会背景方面分析思想产生的原因和思想的内涵。社会思想与一般的思想不同，其特点是不能专看思想符号外在的意义表现，而要深入到背景及思想内涵本身来探讨思想总体呈现出来的本质，特别看重思想的社会效用。“思想者，时代与环境之产物也，社会思想者，即为应时代与环境之需要，谋同侪之幸福，促社会之变迁或进步，而提出之批判或主张者也。”①思想一般不以有用为能，但社会思想解决社会问题，谋求社会幸福。“社会思想，一时代与背景之产物也，科学之思想鼎盛以来，人类专注重个人之胜利、财富之发达，社会痛苦置之度外，以致发生种种病态，社会思想应时而起，急谋解决社会问题，社会思想注重多数人之福利，以大众之安全为目的。”②社会思想和社会现实密不可分，阐发国家社会的现实形态，解释其中原因，社会思想以这种形式区别于纯粹的思想哲学研究。

一、中国社会思想

余天休论述了中国社会思想的背景来由。自私有制产生以来，阶级不断分化，到春秋战国时期，战乱不断，呈现出的背景是有权者为所欲为，不容持不同政见者，民众生命财产无所保障，知识分子对此委曲求全，敢怒而不敢言，稍有不慎即惹祸害，只能采取明哲保身、指桑骂槐，或消极不合作、退而求其次的态度。各种社会思想都是在这个背景下产生的。墨家提倡兼爱，实希望统治者不仅爱其嫡系，还要兼爱万民；儒家劝告王者施行仁德，不必再行武力，下者则尊敬礼仪崇尚权威，遇事和为贵，大事化小，小事化无，如儒家的孟子论说民为贵，民实为士民，而非万民，无非让民中的“士”的地位提升，参与治理天下；法家要求王者公布法令，为政者以身作则，王子大夫犯法与民同罪，但在上者不会与下者在法律面前同一，且刑律对民过于苛刻，法者皆流于空谈；道家教人装糊涂，听天由命，以退为进，以亏为赢，以失为得。知识分子宜与市井走卒和声，制造舆论，才能推动变革。江湖派别以“敢”字为先，抱打不平、劫富济贫，对内讲义气，对外打倒贪官污吏，为民间影响较大的思想。③ 这些阐述无疑都具有鲜明的

---

① 陈汉钦. 韩非的社会思想[J]. 新社会科学，1934，1(2)：117.

② 程伯群. 中国社会思想史[M]. 上海：世界书局，1937：2.

③ 见余天休 1947 年的演讲《中国文化》。

社会思想性质，社会思想是社会的思想，是各阶层为适应社会背景和环境在理智上的最佳权宜之计。当然，传统思想据此也有弊端，这些类型的思想演化下去，所产生的不良后果有很多，如凡事敷衍凑合，不求有功，不求彻底，只求无过，从而使团体涣散，人人自私，社会缺乏团结，集体一盘散沙，凡事不合作，诸事由恶人把持，他们利用蒙骗、恫吓、要挟、利诱等手段，欺压民众，分门别户，排除异己，贪赃枉法。所以此种思想已跟不上时代，不能顺应瞬息万变之今日。① 余天休将思想和社会背景联系起来，剖析思想本质、思想产生的后果及对传统思想的改造之法。虽有一定批评，切中要害，但整体来看，他不反对传统文化，从社会背景出发为传统思想进行辩护，颂扬传统思想蕴含的积极作用，与另外一些研究者特别是经过五四洗礼的部分学者将传统符号一味看作是为当局制度起粉饰的护身符而无视其优点不同。我国社会思想的优点在于面对社会现实时细致分析，力求发挥出有限和所可能达到的正向极限作用，注重现实性，根本是为谋士服务的，适合于芸芸大众，以区别于其他文明体系思想的理想性。

余天休还论述了儒家作为社会思想的性质。他认为儒学从本质上说是一种伦理宗教，儒学的创立者孔子不认为自己是宗教的创立者，但他的后来追随者试图让孔子成为宗教主。儒学从根本上说是世俗的，是一种关于世界的社会学。孔子生活在战国年代，战乱纷争不断，因此，他的理想是全人类和平，由此他忧心如焚地创立了这种务实的人生哲学，人们应该关注当下的生活而不是来生，在生活中保持个体优良的美德。儒学中，家庭对于个人生活来说很重要，家庭是生活的基础，家庭也是国家的基础，家国共构，家族中人与人之间的关系，正如孟子所说的五伦，父子有亲，君臣有义，夫妇有别，长幼有序，朋友有信，是全社会关系的基础，是国家政治伦理的建构原则。儒学在汉武帝以后取得独尊的地位，形塑了中国人特有的思想。② 儒学为生活哲学，讲求道德伦理而不是宗教，家庭关系优先，从家庭格局推至国家结构；儒学还是世俗之学，对鬼神世界存而不论，敬而远之，不像其他宗教崇尚来世彼岸。

余天休还论述了道家思想。道家是我国本土唯一固有宗教，道家对中国社会影响至为深远。“其他宗教皆为出世之宗教，道教则出世入世治世皆有之。

---

① 汪公亮，朱照箕，陈文震. 余天休先生之学术思想与政治理论[M]//谢立中. 民族复兴与世界联邦：余天休社会科学论集. 北京：北京大学出版社，2008：355-356.

② HUGH Y T. The evolution of the Chinese political system in comparison with that of Europe[J]. The Chinese journal of sociology，1922，1(2)：14.

其出世者为修道、炼丹、退隐，其入世者为自治、自肃，其治世者，为图操天下之大权。”历史上握天下大权的政治家，多数为道家中人，中国得天下者，最初都有道家为其运筹帷幄，每于功成身退，或以退为进，此为道家一贯作风。道家势力之雄厚，乃因其自称能预知人类祸福吉凶存亡之道，以其医卜星相之术，天干地支之数，阴阳五行风水之理，辟邪治鬼之方，以应付人事。其能握权，是其能以退为进，以静观动，以虚为实，以逸待劳，以无为而治，避重就轻，不动声色，不露锋芒。道家此种作风，外表看似迷信，其实收治人之效，朝野上下，上至君主，下至百姓，遇有事莫不求教于道家。[①] 道家不单求退隐全身保全自己，而且为求长生不老之术，道家可以用来治世，以无为无事虚极静笃而治天下烦心之事，干预人的心理，攻心为上，善于抓住时机突飞猛进，进而左右他者行为以不费多大气力握权收治。

移居美国后，余天休将《道德经》译成英文，这是继林语堂之后华人翻译的在英语世界影响最大的《道德经》版本。《道德经》本身在西方知名度很高，据传出版数量继《圣经》之后排在第二位，已译成英文、法文、德文、意大利文、俄文等。不过，多数是外国人自己翻译的，华人译本不多，余天休的版本便是其中翻译得较成功的一个版本。余氏《道德经》附有他对老子和《道德经》的看法。老子姓李，美洲李姓人以老子为智者祖先，建立了李氏敦宗公所，供奉老子。在余天休所译的《道德经》的前言中提及，老子的哲学教人无争，要像赤子一样回归到简单纯真的状态，不以征服其他人为强，认为征服自己者更强。传说孔子像老子问礼，老子说，人所说的话连同他的躯体终将消失腐朽，唯有他写下来的文字能得以保存。一个智慧的人保持愚蠢天真的美德，是因为他了解无为的价值，在这个世界上没有人能真正有为。林语堂谓《道德经》是一部伪装的哲学，或者说是怎么回避困难的艺术，迟缓当下危机的冲击。余天休评论林语堂这段话道：问题是否通过回避迟缓危机就解除了，如果危机需要解除，那么当然应该采取最小阻力的方法，而且不违背自己的意志。无论如何，要回避对方的锋芒，让对方自身的力缠住对方，被自己的重量压倒，丧失动力。当做这些的时候，时间和耐心是基本的要素，对方变得不耐烦，自己耗费自己，我们能做的唯有等待。我们战术上的惰性使对方摧毁了自己。关键时刻需保持行动的平衡，一面避开不利动能，另一面朝着正确的方向奋斗。随着时间的流逝，问题自动转向另一种形势，更好或更坏。那些占有显赫地位的人逐渐丧失其地位，通过内部

---

① 见胡余锦明女士提供的资料：《余天休先生生平事略》。

对立力量而在政治上变得虚弱无力，当问题抵达这个阶段时，症结自然得解。这是老子思想的关键，对待一切不利局势只管笑谈而过，不必耿耿于怀，闲云野鹤，云淡风轻，等待赢得最后的胜利。林语堂说在老子的著作中能找到治疗信仰现代权力欲的顽症，希特勒及所有世界梦想专权者的那些技巧在它面前都显得荒唐可笑。因此，老子的思想虽然在 2 400 年前，但能解决当下问题。只要对当前世界问题感兴趣者，就有必要去阅读这个只有五千言的小册子。[①] 老子的精神流传到现代仍不过时，现代人同样需要道家的智慧。

许多人认为道家靠消极等待解决问题，这是对道家思想的误解，等待固然是其基本特征，但这种等待是为了避免失误，将错误降到最低，多思考少行动，在机会到来的时刻迅速行动，不让机会错过。道家所说的行动是看不见的，在行动之前观望、注视、理解、观察、探究、检查、回顾，直到觉得有必要才行动。道家最有效率，类似于经济学说的以最小的时间、成本、最少的努力完成最大的事情。故意向人示柔弱讲礼仁让，处于虚空安静平和的状态，一是为了减少不必要的阻力，二是方便观看思考。静比动更难做到，道家将那些能够安静思考、细致计划而不是莽撞行动的人视为圣人，他们以退为进，保存实力，崇尚简单朴素的生活，虚怀若谷，节约精力、财富和时间，为了等到机会到来能够储蓄激发出击的力量。盲目的行动是人为的妄想，结果往往招致失败，人要顺其自然，水到渠成。[②] 因此，学习道，首先要学会耐心，闭上嘴巴保持谨慎，克制冲动不轻易行动，所谈的都是公共问题，不带私人感情面对争议。而这一切来自吸收自然要素，保持内在的纯真元气。

余天休在《道德经》译本最末附上了自己对道学的解释，将“道”解读为崇尚自然。《道德经》说人的天性不能被塑造，人的行为不能被轻易控制，一切应顺其自然，人通过灵巧地适应自然来改善条件，其他人为的试图控制和改变都是致命的。最好的策略是让它单独存在，发展其自然的天赋，那些人为的规则控制不会成功。宇宙中的万事万物没有绝对的，都是有条件的，或好或坏，唯有变化、变通是绝对的，所以人应该机智地顺应这种变化，不应该固守和承诺，要以开放、宽容的姿态前行，不计前嫌，不论对方是什么身份品级，都和谐共处，达到百流汇海。

---

① 见余天休所译的《道德经》序言（中译英）。余天休所译的《道德经》书名为《道家的哲学》，由香港全球出版社 1970 年出版第 1 版，1989 年出版第 2 版。

② 余天休. 道家的哲学[M]. 香港：香港全球出版社，1970：55-58.

由此，余氏认为，《道德经》可运用于一切政治、经济、宗教、文化活动中，从个人生活到国家事务，解决各类问题。道教导我们要自信、放松地享受生活的艺术，调和关系、平衡极端而不是激化矛盾，适应环境，多方面思考，多途径实践获得合理结果。贸然行动，一味地单向思考，为了所谓的名声和一些虚无观念不顾实际情况，硬碰硬地面对困难，以最大代价获得最小收益，造成冲突对立，这都不是道的精神。道告诉我们不争论，不断言，不固执，凡事不要造成紧张的气氛，笑谈面对。在政治上，不要通过战争反叛取得胜利，而应将政治作为一种游戏，以瓦解、分裂、迟缓、观望、干扰等逐步渗透的方式达到目的，将对立各方综合在一个系统内共生共存。根据现实的发展，通过理性思考，不断调整路线，不固守旧有的人与事，要点在于顺势而为，道家中人都是典型的现实主义者。道家有一对概念：有和无，无胜于有，因为一切能被看见的东西都是虚弱的，处于被攻击的开放状态，看不见的东西能够得到保护，这就是所谓的“伪装”胜过真实存在的道理，所以要谨慎秘密。很弱的时候装作强，很强的时候装作弱，永远不要让对方知道你的真实意图，没有多余的话，没有知识的固定假定，没有炫耀的愿望，没有不需要的声明，如果说不清楚那就含糊一些，功成身退。学道者的人生没有遗憾，对他人无抱怨无恶意，保持自由宽宏大量。道是一种个人主义和独立思考的哲学，类似于西方的自由主义。我国的法家、兵家、儒家、纵横家都从道家吸收养分，道家是真正支配中国思想塑造中国人心灵和历史的哲学。①

二、西方社会思想

除了论述中国的社会思想，余天休还追述了西方社会学发生之前的西方社会思想史，描述了从柏拉图、亚里士多德、基督教到卢梭、欧文整个西方早期社会思想发展的历程。② 众所周知，古希腊是现代欧洲和西方思想的发源地，早期古希腊精神是积极进取的，到古希腊晚期因环境变化国家衰落，古希腊精神显

---

① 余天休. 道家的哲学[M]. 香港：香港全球出版社，1970：45-53.
② 余天休. 社会学之历史的背景[J]. 社会学杂志，1931，3(10).

得消极避世，古罗马基本延续了古希腊文化而无多大创新。[①] 西方在中世纪盛行基督教，基督教来自东方的犹太教，宣传上帝来世，宗教成为这一时期的精神支柱，教权一度压倒俗权。在一些教父的努力下，基督教教义逐渐系统和理论化。[②] 到了十五六世纪，西方人对基督教进行了反思，他们将目光由上帝转向人，开始讴歌人的尊严和权利，发现和挖掘人的理性能力、人的意志力和人性的自由，提倡世俗的幸福和享乐。[③] 此外，现代有葛德文（Godwin，又译为戈德温）[④]、圣

---

① 一定意义上，西方社会思想从柏拉图开始，柏拉图是古希腊哲学家，代表作有《理想国》和《法律篇》，他主张社会正义、社会分工互助、财产公有、人人各得其所。柏拉图的弟子亚里士多德著有《政治学》，注重社会事实、实际应用而非其师的城邦理想，他认为人是天生的政治动物，好的政府教导人们服从法律，法律是良善的，有恒产者斯有恒心，中产阶级促进社会稳定。古希腊晚期，伊壁鸠连（即伊壁鸠鲁，Epicureans）提倡快乐幸福的哲学，认为人生最大的目的为求快乐，简单和自然的享乐让人生安详而宁静，社会最大的目的是使人人享受快乐，这一学说成为后来西方边沁功利主义的滥觞。斯多葛（走廊）学派由芝诺（Zeno）所创，该派主张发展人的理性，认为人是自然界的一部分，人的发展应顺应自然法则，刻苦自修，讲善讲德，克制情绪私欲，过简单生活，且人的理性相同，故全世界的人们都可团结起来完成一大社会。卢克莱修（Lucretius，又译为鲁克黎提亚斯），著有传世之作《物性论》，发明原子论、物质种子论。古罗马的西塞罗（Cicero），提出理想的国家构建是共和政治，共和意为人民全体组织。

② 耶稣传道以平等博爱构建社会秩序，告诉人们要爱上帝，也要彼此相爱，爱是人们信仰的基础，也是人类生存的力量。“爱上帝也爱兄弟，这是我们从上帝所受的命令；应当爱你的邻居，也要爱你的仇敌，有人打你的右脸，连左脸也转过来由他打，有人要拿你的里衣，连外衣也由他拿去。”奥古斯丁（Augustine）整理归纳了基督教义，其代表作《上帝之城》描写了两个都城：一是上帝之城，一是尘世之城，前者是未来的社会，是神的世界，是神圣的、全善的、永久的和爱上帝的；后者是现实的、物质的、罪恶的、暂时的、爱自己而蔑视上帝的。尘世之城受到惩罚，上帝之城要得到胜利，达到美满的境界。教会是上帝之城在尘世的代表，能为上帝所接受的只是上帝之城的少数人，他们能够获得永生，这是人类生存的意义所在。托马斯·阿奎那（Thomas Aquinas）是经院学派（Scholasticism）的代表人物，著名作品有《神学大全》，他将基督教义系统化、理论化。阿奎那复活了亚里士多德的理论，他的理论将圣俗分开，人们内心服从神的法律，肉体服从惩治罪恶的法律。宗教权力可以干预世俗事务，犹如肉体服从灵魂，但基督徒也要自发爽快地服从人间的判决。阿奎那处于从古代到现代的十字街口。

③ 马基雅维里（Niccolo Machiavelli）所著的《君主论》论说人性是恶的，自私自利是人类一切行为的动机和出发点。君主为求国家安定可以不择手段，当国家发生安全问题时，一切都可以弃之不顾，以设法保护国家的生命和自由为第一要务。君王应以武力让人民恐惧和爱戴，恐惧重于爱戴。还有莫尔（Thomas More）的乌托邦思想和康帕内拉的《太阳城》以及培根的《新大西洋岛》，这一时期涌现出了洛克、卢梭、康德、黑格尔、维科、休谟等现代思想巨匠。

④ 威廉·葛德文（William Godwin），法国大革命后的英国激进知识分子，靠写作和借贷谋生。他的《政治正义论》反对财产制度和婚姻制度，反对男女结婚和同居，主张男人和女人可以像男人和男人、女人和女人一样相处，男女分开住，各干各的工作，互不干扰。但他本人不但结了婚而且当了父亲，他是著名诗人雪莱的岳父，雪莱抛弃了自己的妻子海丽特和葛德文的小女儿玛丽私奔。《政治正义论》宣传唯理主义和个人权利神圣不可侵犯的个人主义，可以看作第一本无政府主义的系统著作，论说实现政治正义的前提是人人生而平等。但在葛德文个人的生活体验中，他是功利主义者，故而得出法律和国家保护有财产者和权势者，与无政府主义相反的结论。

西门(Saint-Simon)、欧文(Owen)、傅立叶(Fourier)等组织新村实践的空想社会主义实践者。晚近西方社会思想的变化有马尔萨斯(Malthus)的人口论，金斯利(Kingsley)与莫瑞斯(Maurice，又译为贸利斯)①、卡莱尔(Carlyle)②、罗斯金(Ruskin)③等理论家所论。余天休还提到了麦肯兹(Mackenzie，又译为马干斯)的社会哲学引论、基德(Kidd，又译为其的氏)的社会演化、洛策(Lotze，又译为罗德斯)的小宇宙、克罗泽(Grozier，又译为葛罗斯尔)的文明与进步以及纳什(Nash，又译为那斯)的社会良心创造等理论。

余天休提及欧洲近代社会变迁与社会思想发达的关系，他认为，西方社会之所以成为现在这样的社会，其中一个原因是没有从根本上抛弃传统。④ 余氏研习西方社会思想，重在阐释古代、近代和现代的关系，使我们容易得出结论：西方的现在是它过去的某种延续。现代西方为资本主义制度，资本主义实质是将工厂、资本、人力集中的制度，也就是将大量的人群集中起来，集合在一个叫作工厂的地方，生产大量产品。这不是小资本能做到的，于是出现了银行交易所等机构，制造、调剂和衍生信用。这一切都由少数资本家操纵，资本家同时也是管理家，由此资本家日益富裕，贫者无地告借，阶级分化日益严重。不仅如此，资本主义还引起社会的各种变化，如乡村荒废、城市扩张、乡村人口减少、劳工问题、人口问题、婚姻家庭、生产过剩、经济危机等，诸多问题都因此而产生。为解决这些问题，资本主义社会建立社会保障制度，施行保险、慈善，发展教育培训等。国内市场饱和，为推销大量出现的产品，资本主义国家展开殖民竞争，武力扩张，获取原材料，终演变成两次世界大战。西方资本主义制度的诞生得益于工业革命以及机器和科学技术的发展，这一切使大规模生产成为可能。工业革命的发生源于蒸汽机的发明和英国商业经济的发展，民众自由、平等、博爱思想和精神的产生促进了法国大革命的爆发，受法国革命影响，其他国家相继

---

① 莫瑞斯(F. D. Maurice)，英国作家，牧师，帮助创立了基督教社会主义，发动将基督教教义和社会主义原理相结合的改良运动。

② 托马斯·卡莱尔(Thomas Carlyle)，苏格兰评论家、讽刺作家、历史学家，代表作有《法国革命》《论英雄、英雄崇拜和历史上的英雄业绩》。

③ 约翰·罗斯金(John Ruskin)，19世纪英国杰出作家、批评家、社会活动家，英国维多利亚时代的作家和美术评论家。他对社会的评论使他被视为道德的领路人或预言家，他担任过牛津大学的美术教授，60年代后思想发生了很大的转变，致力于社会改良运动。1871年，他组织圣乔治会，力图实现改良主义的社会理想，建立一个乌托邦。他认为机械技艺的发展扼杀了工人的主动性，应把中世纪手工业劳动理想化，多次试办手工业，重建亚麻布手工作坊。

④ 详见余天休的《欧洲近代社会之变迁与社会思想之发达》，载于《法政学报》1923年第3卷4期，第1-32页；以及《欧洲近代社会之变迁与社会学之起源》，载于《社会学杂志》1923年第1卷6期，第1-33页。

爆发革命，推翻了封建制度，由此改变了世界政治格局。而法国革命兴起的原因在于新大陆的发现，贸易推广到国外，民众见闻日广。新大陆的发现是因为欧洲人与回教人之间发生战争，历时两百余年，欧洲人的贸易受到回教所在的亚洲西南方向的阻碍，欧洲人转而探寻去小亚细亚的另外道路，沿着欧洲西行，哥伦布意外发现了美洲新大陆，开辟了新的市场贸易。此外，欧洲与东方民族的接触使欧洲找回了失传的古代文化，主要是古希腊文化，如亚里士多德的学术，引发了文艺复兴运动及其相应的宗教改革，思想文化为之一变。正是因为西方人接受了基督教，民众信仰耶稣，而基督教何以在西方出现，原因在于罗马帝国晚期实行了封建制度，强人自行分割地盘，封侯封爵，可对自己领地的平民任意使役，作威作福，民不聊生，生活困苦，从而接受了原从东方传过来的基督教。此外，罗马灭亡，各地独立小邦出现，今日欧洲各国林立与此有关。所以作者提出，今日之论西学，不可不自罗马灭亡说起，今日欧洲的科学和文明，实始于此。欧洲今日之文明，实起于罗马帝国的灭亡。① 余氏按照从古代至现在的时间顺时针叙述，我们将其内容倒叙，这样更方便发现余氏写作本文的意图，以当下为基点进行回溯，重在当下，慎重追远。西方社会思想派别有多种，但实际彼此关联度高，如将古今社会思想联系起来，我们将借此明白西方的现在和过去有着不可分割的联系，现在西方所发生的一切都可以追溯到几千年前。此论言之成理，可信度高，是余氏社会思想研究方面的创新之处。西方现今的制度和古代并无太多脱节，正如他们古旧的建筑和文物都保留至今，未有突兀之处，自然过渡而来，西方在现代中保留了大量的传统。

第三节　社会科学方法

社会学是社会科学，那么科学是什么？余天休曾著《科学导言》，该书介绍了科学步骤方法，科学与哲学、宗教、美学的关系以及科学分类。科学是将知识整理使其系统化再分类叙述程式，从中提出一些规则或定理将其应用于实践中的一类活动。科学包括技术，科学是技术基础，技术无外乎科学原理的应用。科学的态度包含征求事情真相的欲望、清楚的眼光、怀疑的心理、谨慎的习惯与

---

① 余天休. 社会学大纲[M]//谢立中. 民族复兴与世界联邦：余天休社会科学论集. 北京：北京大学出版社，2008：6-11.

明了事物关系的能力。① 自然科学常采用实验、比较、大量观察、分析等方法，从分析到演绎，重在描述事实，追求因果关系。社会研究也是如此，包括观察、溯源、演绎、归纳、推断等，其中溯源为历史的方法，通过明晰过去的经验，以对现在的事实有正确的观念。溯源包括以下三步：第一，对于历史上的证物做精密的观察；第二，比较古今相似事物的关系；第三，有效详细推论过去事物产生的影响，以得其原因，而确定古今异同点。分类是科学的一种方法，分类主要是防止肤浅和过于概括。演绎法包括比较的演绎法和历史的演绎法，比较的演绎法确定两地或两地以上有关联的社会现象，历史的演绎法确定古今时代不同的有关联的社会现象。此外，还有统计法，用统计法则结果必定精确，统计法并非另外一种方法，是比较法和历史法的一部分。②这里详细阐述了科学方法和社会研究方法的类别及其运用。

在当时的时代，社会调查方法已经得到一定的运用，虽然总体来说还比较粗疏，没有计划和标准，不过已初具规模，政府、经济机构和学校成立了相关调查组织并展开了一些调查项目。如迪特默(C. G. Dittmer)教授和陈达博士在清华大学附近的山村调查家庭收入支出，巴克(J. L. Buck)在武汉附近开展了关于102位农场工人的调查，并与上海大学学生在扬子江附近的一个山村开展了一项调查。Y. M. C. A(Young Men's Christian Association 基督教青年会，1844年创立于英国伦敦)组织了关于北京地毯工厂的调查。梅特兰(C. G. Maitland)调查工厂的磷中毒事件，西德尼·甘博(Sidney Gamble)的北京调查涉及教育、健康、工业、生活水平等，内容面极为广泛。随着近现代社会问题的增加，为更好地发现、解决问题，《社会学杂志》的一篇报告呼吁全国成立一个调查委员会，组织人员在北京、上海长期做调查，收集资料信息。③ 这段资料说明了20世纪前半期的社会调查情况。

在各种类的调查方法中，余天休提倡个案的精密研究。精密的社会研究指把社会中极小的现象作为研究单位，如一个人、一个小村庄、一个小组织，从简单的问题入手，能得到和自然科学类似的结果，相比那些大规模、难取得明显成

---

① 余天休. 社会学大纲[M]//谢立中. 民族复兴与世界联邦：余天休社会科学论集. 北京：北京大学出版社，2008：4.

② 余天休. 社会学大纲[M]//谢立中. 民族复兴与世界联邦：余天休社会科学论集. 北京：北京大学出版社，2008：188-189.

③ Suggestions for the organization of an institute for social and economic research: prepared by the commission of social research in China[J]. The Chinese journal of sociology, 1925, 2(5/6).

效的调查，个案研究的结果可能要明晰得多。教学中也应该采用个案，类似于理科生做实验，如此来取得规律性的东西，才能够用于治理社会，由此社会学被称为实习的材料。① 个案研究中，余天休特别提倡个人自传式研究。自传式研究指考究个人的历史以发现个人成功失败的原理，详细分析他的人生资料，得出声望的原理、威信的原理、领袖的原理、知识和个人奋斗的关系、毅力和集中精神的关系、普通人所谓命运和际遇的关系等，从他每天用于经营事业和无谓消耗的光阴各是多少进行统计，从而分析他的人生际遇。② 一般来说，社会学调查从一个村庄、一个组织以及少数个体等相对微观可操作的范围入手，进行深描评论，借此推广到群体心理和社会现象，但教学中采用个案教学的并不多。此外，现在写自传者多，将自传作为社会科学探讨从中抽象出规律者少，这都是现在研究者以后可以努力的方向。

一、余天休对名流人物的分析

根据这种研究方法，余天休统计了近三十年中国的名流人物。他以 1920 年在北平出版的《最近官绅履历汇录》为文本，汇集了 1920 年以前在社会中有地位和影响的 4 600 余人，③也就是对从 1890 年清末至 1920 年间社会公认的有名望的人物进行统计分析，内容包括名人与地理环境及教育背景、所任职务、年龄、姓氏等的关系，得出一些结论。④ 研究发现，社会声望大、被社会认可的名士在以上条件中都居于优势，尽管这些条件项并非名流本人能力直接的体现，是属于与他有间接关系、通常不被人特别关注的外在前提，但对于他们的成名发挥了巨大的潜在作用。我们且看余天休的人物分析。

---

① 余天休．实习的社会学[J]．社会学杂志，1931，3(7)．

② 余天休．传学[J]．社会学杂志，1930，3(5)．

③ 余天休．中国近三十年人物的分析[J]．社会学刊，1932，3(2)：1-29．

④ 关于名人和地理的关系，丁文江做过类似的研究，他标记的历史人物从前秦至明清，史书中记载的名人都被他标记出来，然后分析这些优秀人物的地理省份分布。如河南名人在后汉占 37%，明代不过 7%，江西名人在前后汉占的比例不到 5‰，明代占 11%以上，江苏、浙江两省南宋以后成为文化中心。实际上，各省的名人数量基本随着该省在全国政治经济文化地位的升降而增减。丁文江关注人的名望和地理的关系，余天休的分析比丁文江涉及内容更广。参见丁文江的《历史人物与地理的关系》，载于《史地学报》1923 年第 2 卷 4 期。丁文江，江苏泰兴县人，1911 年英国葛莱斯哥大学地质系毕业，早期地质学家，注重地质调查与地质教育，任过地质调查所所长、北京大学和中央研究院教授，发起创立地质学会，是第一任会长。

（一）学历

类别	教育资格	人数	教育资格	人数	教育资格	人数
旧学资格	状元	4	监生	88	副榜	2
	解元	1	附生	129	附监生	8
	榜眼	2	荫生	18	附贡生	93
	翰林	19	优廪	10	员外郎	22
	探花	1	优贡	37	侍郎	2
	进士	304	廪贡	28	国子监	11
	举人	547	增生	4	试用通知	3
	拔贡	78	增附生	1	翰林院编修	2
	秀才	4	恩贡	1	邑庠生	5
	廪生	43	增贡	4		
	贡生	69	副贡	5		
	合计：1545					
留学人员	比国留学	9	意国留学	1	美国留学	317
	德国留学	19	法国留学	30	东洋留学	902
	俄国留学	7	英国留学	56		
	合计：1341					
本国学校	大学校	207	巡警学校	73	交通学校	1
	医学校	23	武备学校	85	铁路学校	4
	讲武堂	19	水师学校	46	农林学校	2
	中学校	27	船政学校	23	高等师范	69
	高等学校	5	蚕桑学校	2	将弁学校	4
	陆军学校	48	工业学校	13	商业学校	1
	海军学校	35	俄语学校	3	职业学校	1
	军官学校	17	东文学校	1	私塾通学	2
	法政学校	186	电报学校	7	藏文学校	1
	自治研究所	2	商业传习所	1	矿业学校	1
	合计：909					
其他	商人	67	资格未详者	527	其他杂项	375
	合计：969					

名人统计人数共 4 764 人，从教育背景可见，名人中出身旧学资格者最多，其次是留学人员，留学生中留学日本的最多，美国次之，再次本国学校。本国学校名人出身以大学生最多，法政学校其次，再次武备学校，继之师范学校和巡警学校，其余为各种武备和军官学校。之所以名人旧学资格出身的最多，是因为科举废除不过十年，通过科举考试的为旧学精英，到民国时期仍有影响力。留学日本的居多是因为中国与日本比邻，且甲午战后日本对中国刺激最大，所以清末民初留日学生占据主流，其次美国留学生多是因为美国华侨多。后来，随着美国崛起，留美中国学生逐渐取代留日学生，转为各行业精英，美国制度对中国更具吸引力此处已现端倪。本国学校兴办不过十余年，所以出于本国学校的名士不多，随着国内学校教育质量的提升，这种情况得到改善，国内学校毕业的名人数随后逐步增多，同样是国内最好的学校如大学校容易产生名人，名士在教育背景上获取了好的资源。

此处涉及旧式学历和民国学校名称，当代人已不太熟悉，特作兹下解释。

附：晚清民国教育体制

旧时国子监是掌管全国学校的最高行政机关，又是直接办理大学的教育机关，是国立中央大学兼教育部，教学管理合一，明清两代大致相同。学生由地方考选进来，考选分贡生和监生两类，贡生分拔、副、优、岁、恩五贡。拔贡每十二年考选一次，岁科考试两次优等有被选的资格；岁贡每年选送一次，一般以入学廪食年限的长短送补；遇到国家庆典吉事特发恩旨作为恩贡生得入太学。优贡生考选或三十年选举一次，或五年一次，廪增二等生员在岁科考试得了最优等的送入太学为优贡生。以上四贡限于州府县学生员，初选由各直省学政举办，取中后造册到中央礼部，经过复试送到国子监。副贡生每三年举选一次，不用经学政的手续，乡试取得副榜的人员贡送到国子监，到中央后再经礼部复试一次，优者派官，次优者送学。监生又名优监生，与优贡生手续完全相同，不过在原学资格为廪增上等者准作贡生，称为优贡生，在原学资格系附学及附生二等者，准作监生，称为优监生。太学生的资格除五贡一监外，另有功贡生、荫监生及准贡生、准监生四种。凡地方民众从军取过功绩，他们的子弟不论学业即可升入太学，谓之功贡生。家庭先辈有功勋于国家的，子孙不必有生员的资格，按特例准作监生，谓之荫监生。准贡和准监生谓之纳粟贡、监，也无生员资格，直接买来的，取得太学生资格参加乡试，不必到太学读书。[①]

总理太学事务的为祭酒司业，监丞辅助管理，博士、助教、学正、学录教诲课程。祭酒司业每月朔望两日举行释奠以后升堂讲经一次。地方学校总称“儒学”，学生资格分为三等，初次考进去的曰附学生员，进学以后根据岁考成绩依次由附生补为增广生员，再由增生补为廪膳生员，再升入太学如拔贡、优贡之类。考试成绩劣等的依次递降，士子未曾入学以前统称为童生。儒学出身可以住书院，可以贡成均（升太学），可以升乡试。书院不算一级学校，属于补习性质，没有学位，其升太学或应乡试。由乡试到会试再殿试，乡试中为举人，会试殿试中为进士，进士参加朝考为庶吉士。殿试结果填榜后，皇帝于太和殿举行传胪大典，宣布殿试结果。进士分三甲，一甲三人，称状元、榜眼和探花，赐进士及第；二甲若干名，赐进士出身；三甲若干名，赐同进士出身。二、三甲第一名皆称传胪，大典后新进士在保和殿参加朝考，朝考试卷分为三等，一等第一名称朝元。进士中一甲三人，殿试后立即授职，状元授翰林院修撰，榜眼、探花授翰林院编修；其他进士按殿试、朝考名次，分别授以庶吉士、主事、中书、行人、评事、博上、推官、知州、知县等职。

为应对近代千年未有之变局，应对侵略之敌，翻译学校、军事院校、法政学校等应时而生。翻译学校有京师同文馆、上海广方言馆、广州同文馆、湖北自强学堂等。军备学堂有福建船政学堂、天津水师学堂、天津武备学堂、山西武备学堂、湖北武备学堂、广东水陆师学堂等，又有留学教育。民国学堂都改称学校，民国元年至民国十年（1912 年至 1921 年）实行壬子癸丑学制，教育期共分三段四级。一为初等教育，分初等小学校、高等小学校二级，共计七年；二为中等教育，名中学校，修业年限四至五年；三为高等教育段，分大学预科、本科，计六年或七年。另有专门学校、师范教育、实业学校。下有蒙养园，上有大学院，设讲座和导师，修业年限不计。小学校四年毕业，为义务教育，高小学三年期限，小学校和高小学校设补习科，两年毕业。袁世凯时期小学校又称国民学校。中学校一般为省立，也有县立的，毕业得入大学或专门学校或高等师范学校。大学本科三年或四年毕业，预科三年，预科毕业后入本科，民国六年（1917 年）改本科四年，预科两年。

师范教育分师范学校和高等师范学校两类，师范学校以造就小学校教员为目标，分本科、预科，本科第一部四年毕业，本科第二部一年毕业，预科一年；高

① 陈青之. 中国教育史：下[M]. 北京：东方出版社，2012：459-460.

等师范学校以造就中学校师范学校教员为目的，本科三年毕业，预科一年，研究科一年或两年，研究科由本科升入，另设专修科，二至三年毕业。实业学校分甲乙两种，各三年毕业，甲种实业等于普通中学程度，乙种实业等于高小程度，分农业、工业、商业、商船四种，附设实业补习学校和实业教员养成所。专门学校三年或四年毕业，预科一年，大学分文、理、法、商、医、农、工，两科以上者为大学，仅一科者为专门学校，修业年限比大学少两年。

民国十一年(1922年)学制改制，小学教育改为六年，缩短一年，国民及高等等名目一律取消，只称高级小学、初级小学，合办者称完全小学校。中学加长了修业年限，四年改为六年，分两级，分别是初级中学与高级中学，高中分普通、农工商、师范、家事等科，采用选科制。师范教育五年改为六年，或单办后期三年的师范，或在高级中学设师范科，师范教育程度提高，改称师范大学。实业学校一律取消，以职业学校取代，分高级、初级。大学校修业还是以四年或六年为限，取消预科。蒙养园改名为幼稚园。职业教育分小学职业预科、初级高级中学职业科、职业学科、大学职业专修科五种，补习教育分小学补习学校、中学补习学校或补习科。

民国二十年(1931年)小学分三种：一为完全小学，一为简易小学，一为短期小学，完全小学分初级、高级两种，简易小学为推行义务教育的一种变通办法，学龄儿童可半日制或补习，短期小学为年满十岁至十六足岁年长失学的儿童而设。中学校取消了四二制，一律改为三三制，取消了选科，所有课程均为必修课。师范学校分为师范学校、幼稚师范科、特别师范科、简易师范学校、女子师范学校、乡村师范学校等。职业学校分初级、高级两种。受职业教育、平民教育风潮的影响，民国时期还出现了民众教育，平民学校改为民众学校，另有劳工学校、补习学校，职业教育、平民教育、乡村教育、国家主义教育运动于焉迭次兴起。

(二)职业

职务	人数	职务	人数	职务	人数
曾任厅长者	169	曾任部长者	15	曾为署长者	17
曾任科长者	150	曾为参政者	26	曾为议长者	7
曾任司长者	104	曾为院长者	13	曾为知府长者	8
曾任处长者	43	曾为总统者	2	曾为公使者	16
曾任次长者	40	曾为民政长者	2	曾为总裁者	17

续表

职务	人数	职务	人数	职务	人数
曾任总长者	38	曾为财政长者	1	曾为内阁总理者	13
曾任省长者	28	曾为课长者	16	曾任总督者	3
曾任议员者	470	曾为股长者	1	曾任巡抚者	4
曾任盐运使者	11	曾任布政使者	11	曾任交涉委员者	46
曾任委员者	104	曾任科员者	69	曾任县知事者	327
曾任签事者	143	曾任主事者	79	曾任主任者	59
曾为领事者	52	曾为顾问者	30	曾为参议者	16
曾为咨议者	33	曾为秘书者	128	曾为道尹者	143
曾为总办者	45	曾为大臣者	15	曾任所长者	31
曾为监督者	66	曾任巡按使者	13	曾任肃政使者	8
曾任党首领者	2	曾任其他政界职务者	173	政界人物共计	3076
曾任司令者	47	曾任参谋长者	40	曾任营长者	5
曾任队长者	5	曾任军需长者	1	曾任副官长者	3
曾任副官者	18	曾任镇守使者	56	曾任经略使者	1
曾任筹边使者	1	曾任巡阅使者	3	曾任参军者	9
曾任管带者	21	曾任帮带者	5	曾任总带者	2
曾任督军者	19	曾任将军者	55	曾任军长者	3
曾任师长者	45	曾任旅长者	93	曾任团长者	43
曾任都护使者	3	曾任统领者	10	曾任都统者	19
曾任标统者	3	曾任总兵者	2	曾任舰长者	10
军界共计	560	曾任校长者	49	曾任班长者	12
曾任馆长者	4	曾任教员者	112	曾任教官者	3
曾任视学者	12	教育界共计	192	曾任法庭厅长者	10
曾任检察长者	35	曾任推事者	63	曾任律师者	4
曾任检察官者	30	曾任书记官者	31	曾任书记者	17
曾任执法官者	1	曾任狱官者	3	曾任提法使者	6
曾任评议者	10	曾任评事者	7	曾任区长者	2
曾任协审官者	19	曾任警官者	43	法界共计	281
曾任厂长者	13	曾任场长者	6	曾任观象台长者	1
曾任管理者	8	曾任技正者	20	曾任技术员者	2

续表

职务	人数	职务	人数	职务	人数
曾任技师者	4	曾任化验师者	2	曾任机器师者	1
曾任矿师者	4	曾任工程师者	43	曾任医士者	14
曾任兵机大副者	5	曾任会计师者	1	技术界共计	125
曾为行长者	7	曾为董事者	11	曾为经理者	52
曾为总理者	57	曾为买办者	5	曾为督办者	8
曾为实业家者	1	曾为资产家者	1	曾为协理者	19
曾为司库者	1	曾为总管者	3	曾任富绅者	2
其他经商者	9	商界共计	176	曾任主笔者	30
曾任记者	6	曾任访员者	1	曾为编辑者	24
曾为社长者	7	其他文字工作者	15	报界共计	83
曾任会长者	7	曾任站长者	7	曾任会员者	46
曾任翻译员者	21	曾任司员者	1	曾任干事者	6
曾任办事员者	2	曾为管输者	1	曾任事务长者	1
曾任协修者	12	其他职业者总计（包括职业不详者）	250	职务共计	4764

名人一般身居社会要职，多为组织的主管统领。普通职务成为名流者少，或者有些人曾经从事一些普通职业，后来经过升迁成为主管；政军两届出名人最多，反映出官本位社会思想；其他行业各有千秋，职业与名望相辅相成，职业与名望关系最大。同样，一些职务名称现在较为罕见，由于涉及公务职务名称较多，分散解读零散，此处加以整体解释。

附：民国政制

余天休对近三十年人物的分析涉及若干官职，对于现代人来说，有的官职名称已经比较陌生，有必要在此介绍这些职务名称背后的含义。其实，职务本身没有变动，变化的只是官务名称，但其中的升迁变化反映了这些职务在社会中重要程度的增减，以及这背后的各项政治势力角逐的对照，梳理起来饶有趣味。[①]

民国时期行政官员依次分为特任、简任、荐任、委任几等，又有政务官和事务官之分，政务官变易频频，事务官铁打不动。公务员通过铨叙和考试登进。政制指政治制度、组织和人员职务及其相互关系的制度，一般为适应政治环境和土壤的产物，常随政治环境的变化而改变。政制体现的是人的主体选择，反映了个体在政治权力分配中的相互妥协和力量对比。

临时约法时期：1912年3月至1913年11月为临时约法时期，政制上主要是学习西方民主，推行党派竞选、议会选举及地方试行自治分权。南京临时政府成立后设临时大总统、临时参议院和司法机关等。临时大总统的权力受参议院限制，国务院行使实际权力，国务员包括国务总理及各部部长，采用内阁制原则，国务员辅佐大总统，大总统发布法律命令，国务员须副署之才能生效。国务总理为国务员之一，权力地位与一般国务员同，没有领导其他国务员的权力。各部总长均为国务员，下设次长以辅助。1912年4月8日，国会正式开院，设参议院、众议院两院，国会享有实际的立法权。大理院为最高审判机关，其下设初级审判厅和地方审判厅、高等审判厅，另设总检察厅，下设地方审检厅、高等审检厅，各县设专审员、帮审员、承审员。其立法司法行政分立的架构同于西方，各省自治类似于美国联邦。

护国运动时期：1913年11月至1916年6月，袁世凯不仅破坏第一届国会，另行约法，还不断采取措施加强中央集权和个人独裁。新约法规定大总统集权，大总统为国之元首，总揽统治权。大总统候选人为现任大总统推荐3人，藏于金匮石室中，现任大总统也为候选人，且无须全体国会选举，先行参众院选出五十人为选举会会员，大总统任期十年，得连选连任。总统颁布法律公布命令无须国务员副署。大总统经参政院同意，可解散立法院，参政院为大总统所任命，后立法院始终未成立，参政院代替立法院立法职权。废止国务院，改为政事

---

① 本部分主要参考了钱端升和陈之迈等的著作。钱端升：《民国政制史》（上下册），上海人民出版社2008年版。钱端升，生于上海，从清华大学赴美，24岁获美国哈佛大学博士学位。回国后，在清华大学、北京大学、中央大学、西南联合大学等校任教，代表作品有《中国政府与政治》《民国政治史》《法国的政府》《德国的政府》。另陈之迈：《中国政府》，上海人民出版社2012年版。陈之迈，广东番禺人，1928年从清华留美预备部毕业，赴美留学，获俄亥俄大学文学学士学位、哥伦比亚大学哲学博士学位，1934年回国任教于清华大学、北京大学等高校，加入过胡适的“独立评论社”，参与创办《独立评论》和《新经济》，1938年从政，任国民政府行政院参事、中政会法制专门委员等职，参与政府典章制度的拟定执行。

堂，国务卿代替以前的国务总理，设各部总长次长，为大总统服务，以前一切呈报国务总理的事件，现在一律改呈大总统。成立审判官吏的平政院，平政院负责行政诉讼，置院长和评事职务，肃政厅为平政院一机关，负责纠弹官员，具检察官性质，设都肃政史管理，定额肃政史十六人。1916 年 6 月 29 日，裁撤参政院及平政院所属的肃政厅。

护法运动时期：1917 年，孙中山号召开展护法运动，南北分立有两政府存在，北有段祺瑞的北京政府，南有南政府。由于宪法迟迟不能出台，北京政府时期大总统、国会、国务院之间发生权力纠葛，摄政内阁政府成员走马灯般地变换。北京政府组织新国会，即安福系贿赂操纵的国会选举，把选票卖给候选人，填捏造的选民姓名，雇佣无赖恶棍抢选票。宪政理想议会民主试验终于宣告失败，此后进入军阀混战时期。军阀得到诸如镇守使、巡阅使、护军使、经略使或总督的头衔，权力往往大于省城的督军或督办，而督办督军的权力又大于省长，地方性政权军事化，军队的长官掌理地方政权，可以说这是个武力至上的时期。1924 年 11 月至 1928 年 5 月，段祺瑞再度出山，组织临时执政政府，设立军事、财政善后会议，但到 1926—1927 年时段政府已经没有权力，军阀控制一切，1927 年张作霖自行宣布成立安国军政府，自任大元帅。

南政府组织国会及军政府，实行大元帅制，孙中山任大元帅，设置参谋、秘书、参军处、政务院、参事会等。1924 年 1 月 20 日，国民党第一次全国大会召开，将大元帅制改为国民政府，此是国民政府的来源。

国民党组织：国民党掌握政权，最高权力者通过党的途径上升。国民党组织分中央、省、县、区及区分部五级，保留孙中山总理名号，设总裁，代理总理职权。军事委员会是一个重要机构，下设政治训练部和部队党代表，党代表与指挥官共同指挥，不隶属于军事指挥官，在军队中建立政治系统。1928 年北伐成功，军政结束，训政开始，国民党施行党治，最高权力机关为全国党代会，中央执行委员会为党代会闭会期间的集会，行使选举、罢免、创制、复决四种政权，组织国民党中央和地方党部，主持党务工作。中央执行委员会互选 9 至 15 人组成常务委员会，中常会主要处理党务，所议事项偏于党务。中政会（原称政治会议）为训政发动与指导机关，决定政治方针，总揽国家政策的创制，决议交国民政府执行，中政会指导、监督国民政府、立法院、军事等事项施行，特任特派官员，是最重要的政治机构。中政会具有人事上的控制权，国民政府政务官都由中政会任命，由党产生，地方干部虽然不能直接任命，但通过党训班的形式贯彻党义。1935 年，该机构改名为政治委员会，内设主席和常务委员。1937 年 11

月抗战后设立国防最高会议，国防最高会议取代了原来中政会的职权，中政会停止开会，1939 年 1 月，国防最高会议改组为国防最高委员会，隶属于中执会，党政军都受它指挥，每两星期开一次常务会议，总裁兼任国防最高委员会委员长。

国民政府：国民政府指 1925 年后，尤其 1928 年北京政府倒台后的国民党政府，由大元帅府改组而来。国民政府设主席和委员，直辖秘书处、九个部和各类委员会。国民政府设主席，初期主席不负实际政治责任，国民政府主席常兼任行政院院长，1943 年改制后主席权力越来越大，五院都向主席负责，发布命令要主席署名，关系院长副署。国民政府直辖文官处、参军处、主计处。文官处掌理法令文告宣达，勋章奖章铸发及会议纪要；参军处掌理典礼总务，承转军事报告事宜；主计处掌管岁计、会计、统计事务。另有审计院、军事参议院、训练总监部、参谋本部，都直接隶属于国民政府。国民政府还设有一些临时委员会，如黄河水利管理委员会、总理陵园管理委员会、首都建设委员会、广东治河委员会等。除临时委员会外，国民政府还设有专门委员会，如司法行政委员会、教育行政委员会、建设委员会、侨务委员会、蒙藏委员会、禁烟委员会、军事委员会、财政委员会、外交委员会等。国民政府主要由五院组成，但除五院外还包括其他直属机构、临时机构，五院不是国民政府的全部，但构成国民政府的主体。五院制按照孙中山先生的设计理念，考试、监察与行政、立法、司法并列，五院对中政会或国防最高委员会负责，1943 年改制后直接对国民政府主席负责，国民政府主席决定五院的院长人选和改组，国民政府主席同时也是中政会的领袖，因而五院仍对党治负责。

行政院是最高行政机构，设正、副院长各一人，副院长常由重要部长兼任，一般是财政部部长兼理较多。行政院设内政、外交、军事、财务、教育等各部署及其他直属机关。内政部是首席部，居各部之首，下分民政、户政、警政、营建、礼俗五司和禁烟委员会。外交部按地理分亚东、亚西、欧洲、美洲、条约、情报、礼宾、总务八司，外交官分为大使、公使、代办三种身份，此外负责管理商务和当地华侨的领事。军事机构分设军令、军政、军训、政治四部。财政部有国库、直接税、关务、税务、缉私五署，钱币、公债、盐政、专卖事业（盐、糖、烟、酒、茶叶、火柴为试办物品）、地方财政等，附属贸易委员会、田赋管理委员会、花纱布管制局、外汇管理委员会等。粮食部分管制、储备、分配等司，地政署分地籍、地价、地权、总务四处，直隶于行政院。1938 年设经济部，分管制、矿业、工业、电业、商业、企业各司，有资源委员会、工矿调整处等附属机构。交通部分路政、邮电、船政、材料等司。教育部分高等教育、中等教育、国民教育、社会教育、蒙藏教育等司，教育部成立学术审议委员会和各科专门委员会。最高学术机构为国立中央研究院，下设各科研究所。1940 年设社会部，分组织训练司、社会福利司、合作事业管理局，1942 年增设劳动局。卫生署分医政、保健、防疫等处及中医委员会，司法行政部设民事、刑事、监狱等司。宣传归党部，不属于行政院，但图书、杂志、电影的审查权属于行政院的图书杂志审查委员会和电影检查所。每一部有部长一人和次长二人，次长分政务次长和常务次长。

立法院实由立法专家委员组成，既不是人民选举出来的代表，也不由党的权力机关决定。立法院负责编纂法典，立法原则也由中政会决定，立法院贯彻执行。立法院不能限制行政院，立法院有行政监督质询权，但不能强迫被质询者回答，也不能引起政治责任问题，不能引起政府的辞职。行政重要决议须交立法院决议，行政院院长和各部长官列席陈述，不参与表决，无权否决立法院的决议。权力分立，立法院与行政院存在冲突倾向，立法院实不能制约行政院。行政院各部部长为立法院各分组委员会当然委员，行政院发布的命令决议不得与现有法律相抵触。立法院不能行决议预算案的权，主计处负责预算，根据超然主计制度，计政不受其他机关干涉，也不受所在机关的领导，主计自成独立系统，在行政系统之外，不受行政院管理，直接受辖于国民政府，主计处分岁计、会计、统计三局。

考试院设铨叙部，考试沿用古代的科举，孙中山先生评价我国考试制度是世界上最古老最好的制度，19 世纪中叶为欧美国家引用，因为通过考试能选拔真才，无论考者出于寒门还是贵户。考试通过在我国具有神圣的合法性，甚至不低于选举任命者，故民国规定凡官员必考，选举的官员也在列。管理官员的部门明清时为吏部，宣统三年吏部裁撤，在内阁下设叙官局，民国在国务院下设铨叙局，考试时设立典试委员会主持仪式，相当隆重。1930 年考试院成立，分考选委员会和铨叙部两个机关。铨叙部掌理官员和公务员任用资格甄别、登记、考绩、教育、奖惩等事项。地方设学政，主持地方考试之职，并设铨叙处、人事处等，人事由考试院监督，实质秉承所在机关长官意志。

1931 年 2 月，监察院正式成立，行使对公务员的弹劾与惩戒权，类似于清朝的都察院及御史，内设审计部，审计设在所在地和所在机关，即“就地审计”，便于事前审计防止事件发生，施行财务监督。

民国司法院实行四级三审制，审判机构有初级审判厅、地方审判厅、高等审判厅、大理院，1914 年，初级审判厅被裁撤，在地方审判厅添设简易庭，大理院内设民事科与刑事科，各科有推丞，1927 年大理院改为最高法院，分民事庭和刑事庭，每庭设推事五人，其中一人为庭长，审判时采用合议制。检察系统也分初级、地方、高等检察厅、总检察厅。1927 年 8 月 16 日以后，大理院改称最高法院，高等审检厅改为控诉法院，地方审检厅改为市法院，县分庭改为县法院，设分庭庭长、推检员、书记官、执达员等职务，中央设司法部部长，省设司法厅长，采用陪审、参审制。司法院享有惩戒公务员的权力。1940 年，司法行政部因有行政两字，归属行政院，死刑核定由司法行政院而非最高法院核定。各院级别和地位与省政府同，与省政府是平行机关而非上下级关系，不能直接命令指挥省政府，但可以直接命令省政府内部的同类下设机构。

1938 年 3 月成立国民参政会，收罗合乎人望但不在政的其他党派和社会名流，职能介于议会和咨询机关之间。

省行政机关：1912 年 1 月 8 日至 1914 年 5 月 23 日期间，省行政长官称为民政长，省行政机关称为行政公署，民政长多由督军兼任，有的沿袭旧制设立布政使、提法使，或民政使、度支使、提学使等。行政公署设总务一处，内务、财政、教育、实业四司，其下分科，有科长、科员、秘书、技正、技士等。1914 年 5 月 23 日至 1917 年 9 月 6 日袁世凯当政期间，民政长改为巡按使，行政公署改为巡按使公署，内设政务厅，辅佐巡按使。巡按使主管省内事务，都督不再参与民政，袁氏此举意在削弱武官地位。政务厅下分设总务、内务、教育、实业四科，各科主管人员奉天称主任，江苏称科长，云南称佥事，科下分股或分课。财政司改为财政厅，财政厅厅长由财政部报大总统简任，厅内设总务、征榷、制用三科。1916 年 7 月 6 日黎元洪就任总统后，省行政长官改称为省长，省行政机关称为省长公署，1917 年 6 月教育科升格，设立教育厅，教育厅厅长总理教育事务，教育厅厅长由中央任命，各省军政长官无权决定人选，厅下分科，另有省视学、检定教员委员会。1917 年 6 月实业独立，设实业厅，实业厅长由省行政长官预保人选，咨由农商部复核，合格者呈请大总统简任。升格为厅后理论上均为中央直辖官员，但也受地方制约。1918 年 1 月，设警务处，总理全省警务，1921 年设省参事会，由会长及省参事员 12 人组成。

国民政府成立后，省政府采用和议制，省政府委员召开省政务会议，省政府由主席召集，省政府主席也是省委员之一，初无特权，省政府主席由政治地位高的人担任，有的兼任司令长官。1925 年 7 月 1 日，省政府组织法颁布，省政府由民政、财政、教育、建设、商务、农工及军事七个厅组成，厅随时势需要变化增减。厅外设若干处，如保安处、警务处、卫生处、统计处、社会处、合作事业管理处、地政局、会计处等，紧急情况常合署办公以及军政联合设立动员委员会。

地方军政机关：1914年6月30日以前，各省军政长官称为都督，机关为都督府；1914年6月30日后裁并都督府，在中央政府设立将军府；1916年7月6日都督改称为某省督军，军政机关称为军政公署；1924年后军政公署的职能改为“督办军务善后事宜”等。辅助军政长官的有会办及帮办、参谋、副官、书记官及各课。中央特派军官担任跨省巡阅使并设置巡阅使署，最早的有长江巡阅使，还有海疆巡阅使、东三省巡阅使，中设参谋长及秘书、参谋、副官、政务、军务、军需、军医、军法各处，巡阅使常管数省军务。各省民政长官几为督军附属，军阀甚至与中央政府分庭抗礼，督军拥兵自重，不受中央政府的指挥。护军使系临时组织，也由中央简任，辅助管理省军务，重要地方再设镇守使，仅限于陆军。

省的其他机构还有省议会、省临时参议会、省司法机关。1938年，各省市成立临时参议会，各省名额最多50人，最少20人，并无选举，多由政府、党部、地方团体推举产生，名单由省政府转呈行政院，再转国防最高委员会会议决定。参议院任期一年，每半年开会一次，会期两星期，主要职责为决议施政方针、提出建议案、听取施政报告、提出疑问。现任官员不得任参议员，但办理地方自治人员和学校人员不在此限。参议会起辅助作用，行政院解释为主要责任由省政府负责，参议会处于赞襄地位。

省司法机关均冠以高等二字，如高等审判厅、高等检察厅、高等法院，省民政长官监督司法行政。与省地位相似的有特别区域行政区，京兆古称顺天府，1914年10月京兆特别行政区成立，设京兆尹，其职权一改往昔，不再受直隶(河北)长官的控制。又有热察绥特别区，设都统制，还有东省特别区、西康特别区等。联络各省联系中央的有1931年设立的西南政务委员会、1935年设置的行政院驻平政务整理委员会、1936年成立的冀察政务委员会。

1912年起，沿用自唐宋明以来的旧制，在省和县之间设道(宋称为路)，1912年其长官称为观察使，1913年称道尹，各省设道数一般在三四道之间。1930年道废除，改设行政督察专员，类似于道尹，作为省的派出辅助机构官员，行视察出巡权，监督考核区内县市或兼任模范县县长。行政督察专员制未全面推行，实为虚职，主要还是省管县。

地方事务发端于州县，县为基层行政单位，中央发动政策宣传于省，省命令县，由县落实，县贯彻与否直接决定了政策取得实效的情况。如果说政治权力结构呈金字塔状，则县位于金字塔结构的底层。晚清知县为县最高长官，设县丞辅助，为副知县，1912 年 11 月知县改为县知事，其下设科。袁世凯时期县下分区，设区董，1917 年至 1921 年提倡县区自治，未果。国民政府时期县采用委员会制，省政府指定一人为委员长。1927 年 9 月以来各县一律用县长制，县长为县最高长官，其下设科局，还有县政议会和县参议会，县的下级机关为区公所、乡镇公所及闾长邻长。1933 年，江苏江宁、浙江兰溪、河北定县、山东邹平菏泽等地发起实现县运动，管理人员为大学教授和大学学生，经费全部用于本县，法令上自由，制度上裁撤区公所，废除闾邻，分为乡镇与村里两级。边远地区未设置县治的地方暂置设治局，制定单行条例，并有条件地向县治过渡。

局与科：晚清知县以下主要聘刑名、钱谷二席，称为西席，县官分属宾东，不以属员对待，可见这二席的地位。刑名主诉讼事项，钱谷主田粮杂税，聘请的基本是绍兴人。绍兴师爷多，尊称老夫子，熟知上下关系和运作规则，以师徒传授组织和口秘相传法，形成一个系统，遍布各层衙门。县官委任权在藩台，县官需要藩台身边的师爷介绍其徒弟任用，否则公事上常受挑剔，位置不见得有保障。

科的前身为房，在清末县衙门，知县以下设吏、户、礼、兵、刑、工六房，仿制“六部”，各置典吏或书吏一人，俗称“大老先”，下有“经承”和“清书”人等，另有“稿案门子”，经手公事，重要性仅次于县官，古时称县官为“太爷”，稿案门子为“二爷”。六房以外有专管人员：教论管教育，训导作教育助理，僧会管释教之事，道会管道教之事，训术管阴阳事，训科管医学事，巡检缉捕盗贼，驿丞管邮政，税课大使管商税。

1912 年后，房改组为科，分第一科、第二科等，科的数目每县不同，有二科至四科不等。裁局改科之后，科员下增设事务员或征经员。北京政府时代县以下多设某某所，如掌教育者为劝学所，县视学为总董，掌建设者为实业所，公安者为警察所。1921 年以后设局，1928 年后局科分设，科外另设各局，局为省政府各厅直辖机关。1933 年后地方经费支绌，为提高县长支配局的职权，统一事权，裁局并入科或改为科，如将教育、建设并入第三科，公安局裁撤并入第一科等，合署办公。此举也曾遭反对，尤将教育、建设并入一科反对声为烈。科长局长科员北京政府时代统称掾属，各局所长，多以地方绅董充任，并非正式官吏，国民政府以后，归为县行政人员。另有县佐，清代称县丞，县佐驻扎于县域内另外的重要城市，辅佐县长。田赋事项由财政局管理，财政局经征科下设田赋主任，1924 年后统一为县经征机关，另设县金库为出纳机关，经征、保管分立，北京政府时代田赋委于柜书粮役之手。推收所办理全县不动产过割，契税征收处办理契税。税务部门人员由局长、总稽查、收支、卡长、签子手、催征吏、包揽零星牙杂税的“牙纪”等构成。

县议会和县参议会为县自治机关，民意代表由各乡董乡佐负责。县司法机关分为普通法院及兼理司法法院，普通法院设厅长及推事等职务，兼理司法法院由县行政长官负责，设审检所、县司法总署，县司法总署另设审判官，审判事务不受县知事干涉，1926年改为县司法处，审判官独立审判，县长兼理刑事检察监督事项。

(三)地理分布

省籍	人数	比例	具体分布
江苏	610	13%	上海最多，其次为吴县，再次为武进、无锡、江宁、江北、徐州。
浙江	500	10.5%	杭县最多，其次为绍兴、吴兴，其余为嘉兴、海宁。
广东	381	8%	中山最多，南海次之，番禺又次之，后为新会、顺德。
河北	365	7.7%	天津最多，占一半，其他清苑、丰润次之。
福建	310	6.5%	闽侯最多，占一大半，其次为厦门。
安徽	310	6.5%	合肥最多，其余依次为桐城、怀宁、寿县。
湖南	268	6%	长沙最多，其余依次为湘潭、宁乡、湘阴、湘乡。
湖北	268	6%	武昌最多，后依次为黄陂、黄冈、江陵、汉阳、安陆。
奉天	210	4.1%	辽阳、铁岭、海城、新民、沈阳为多。
四川	204	4.1%	
山东	173	4%	历城最多，其次为日照、福山、蓬莱、济宁。
河南	129	3%	开封最多，其次为固始、项城、光山。
京兆(北平)	127	3%	大兴、宛平占大半。
云南	119	2.9%	昆明最多，大理次之。
江西	118	2.9%	南昌最多，其次为九江、吉安、萍乡、南丰。
贵州	80	1.7%	贵阳最多，其次为遵义、安顺、修文。
满洲旗人	77	1.6%	满洲。
山西	75	1.6%	太原最多，其次为五台、文水。
陕西	71	1.5%	长安最多，其次为米脂、浦城、渭南。
广西	68	1.4%	桂林最多，其次为桂平。
吉林	61	1.3%	吉林和长春最多。
甘肃	34	0.7%	导河最多，其次为皋兰。

续表

省籍	人数	比例	具体分布
蒙古	28	0.6%	
黑龙江	22	0.4%	绥化、海伦、龙江。
京畿	21	0.4%	
汉军旗	19	0.4%	
热河	6	0.4%	
其他	101		

每个地方都有自己独特的文化风俗，并影响到该地的人员，个人的成就与其出生地环境有关系。尤其在古代，人们安土重迁，活动范围多在本地周边，每日耳濡目染当地风俗。现代人虽迁移频繁，四处流走，很难说专属于某地，但也会受所在地，特别是出生地和经常居住工作地风土人情的熏陶。如果要在短期内了解一个不熟悉的人的品格，我们一般会询问他的籍贯，前后居住过哪些地方，了解其所在地区能为推测这个人的性格大致提供一些线索，虽然这类信息不一定完全准确，但地理构成了知人善任的“速成法”“知识库”和“袖里乾坤”。一般而言，地理位置优越、经济文化发达之地易出名人。

(四)其他因素

其他因素包括：就年龄而言，名人年龄在25—29岁的有60人，30—34岁的有364人，35—39岁的有757人，40—44岁的有769人，45—49岁的有603人，50—54岁的有362人，55—59岁的有241人，60—64岁的有137人，65—69岁的有65人，70—74岁的有21人，75—80岁的有13人。名人以35岁至50岁最多，因40岁前打好基础，50岁以后意志和精神渐次衰弱，35—50岁间年富力强。就姓氏而言，名人以张、李、陈、王、刘、杨姓氏居多，这些姓氏为中国大姓，本身成员众多，且同姓之间有接近相互帮助的心理，故大姓中出名人的概率增加。

二、社会理论本土化和社会建设

余天休分析社会现象和社会问题时有一个特点，即注重一国的特殊性，因中国与西方风俗各异，所以不能对西方的理论和社会建设方式照搬照用，为此他提出中国社会学家的目的和责任是了解中国人民之识力。这些话颇有见地，也是理论科学化的一个层面。他指出一种学术上的不良现象："现在有许多人运输外国传播品，囫囵吞枣，不加以研究，此是中国最不幸之大事，而对于本国事情反不加注意，不进行分析。"①这种现象在近代较为严重，近代以西化为主，各行各业都西洋化，导致水土不服，实际这是不可行的。学习西方先进的经验固然重要，但不能盲目，要注意是否适合国情，盲目西化不是真正科学的精神。中西之间的差异使得西方学术不能完全适合于中国，借用移植西方学术如果不加以消化吸收，如此急促施用于实践，终不能从根本上改造中国。在近代，中国文化相对于西方处于劣势，社会普遍信奉西化，在这样的大环境背景下，余天休的"了解中国民众之识力"的认识，对于一位自幼接受西洋文化教育多年的学者来说难能可贵，不盲从不偏激不醉心西化，不鄙视自己的固有文化，保持独立识见，表现出一位实事求是而不好高骛远的学者的风范。② 将西方学术运用于中国实践，需要以本国理论为主体，借鉴吸收他国的经验，从本国实际出发，创立属于本土的学术。

与此同时，提倡本国国情不是一概地排斥西方，西方的科学原理还是要学习转化的，有些原理可以选择地借鉴吸收。社会学是西方的舶来品，中国社会学的发展期待社会学从中国本土创生，"社会学本土化"这个命题得到民国众多学有所成的学者认可，本土化本身包含学习西方的意义。如吴文藻提出"根植于中国土壤"："理论和事实糅合在一起，获得一种新综合，而后现实的社会学才能根植于中国土壤之上；又必须有了本土眼光训练出来的独立的科学人才，来进行独立的科学研究，社会学才算彻底中国化。"③孙本文认为，本土化实际是中西合璧。"社会学中国化是一个采用欧美社会学之方法，根据欧美社会学家精密有效的学理，整理中国固有的社会思想和社会制度，并依据全国社会实际状况，综合而成有系统有组织的中国化的社会学的过程。"④本土化以本土国情为依据，对中西学术进行某种最佳状态的融合，本身就是一个再创造的过程，本土化呼声至今不断。

另外，为求得社会稳定平衡，余天休提出改变社会生活状况，加强社会建

---

① 参见余天休的演讲《中国社会学家的目的与责任》，由陈汝裳做笔记，载于《社会学杂志》1922 年第 1 卷 1 期，又载于《北京大学日刊》1921 年第 802 期。此为余天休在中国社会学会成立会上的演讲内容。

② 关于余天休提倡学术本土化特点的评价，可参见《余天休先生生平事略》。

③ 孙本文．当代中国社会学[M]．南京：胜利出版公司，1948：284-286.

④ 郑杭生．社会学中国化的几个问题[J]．学海，2000(6).

设。社会建设是从实践层面实地发展社会，从本国社会的特点出发，余天休认为中国社会建设必须要去除从士大夫流传下来的奢侈、排场、浪费、好面子、不从事实际生产的旧的生活方式，这种生活方式如果不得到克服，贪污腐败也根除不了。而欲改变中国人的这种生活和思想，必须推行社会建设。社会建设包括如下方面：第一，推行运动，如政治、工农、妇女、新文艺新生活和全民识字运动；第二，调整社会行政机构，将原属内政部的户籍、礼俗、民政、社会保险、社会统计事项改由社会部统一管理；第三，组织民众，政府不与民争利，不贪图民众之利，而是为人民谋取利益，解决民生问题，如此才能把握民众，得到民心；第四，解决各种社会问题，如民族问题，农村经济问题，妇女、农民、劳工问题等。民族问题指各民族在法律面前一律平等，无弱小民族观念，只有大中华民族观念。训练干部，从本阶层中选择精干分子充任，通过组训发现干部。社会建设总体来说重在建设，对社会发展薄弱面予以关注补进，是一种专门致力于发展的眼光和实践。

社会建设1940年得到国民政府的推动扶持，又在21世纪受到学者重视，政府大力组织人员实施社会建设，虽然前后历时多年，想来并非偶然。社会建设重在发现、实践，而不汲汲于原理理论，在实践中增长经验，或许这是符合我国本土特色的一大题目，其中的道理值得总结提升。

第六章　交汇融合：文化宗教研究

在社会中，文化占据重要位置，人们的生活中文化不可或缺，文化规定了社会成员以文明的方式生活且代代相传，社会由此以一种社会成员简单适应环境变迁的样态继替延续下去。文化不是抽象的，“文化是人类调适社会环境所创造的用来满足生活需要的工具，是具有约束人们行为的社会中的一种无上的势力，个人的行为有意无意中遵从文化所规定而供给的条件，自饮食起居待人接物以至婚丧嫁娶等种种行为无不受文化的束缚”①。由此可见，文化是满足人们生活需要的调适环境的工具，文化是社会成员共有的“交流体系”，社会成员在语言、风格、习惯、社会规范、行为方式和价值观念上的相似，能够促进人群之间的理解沟通，属于同一文化体系的人们在参与社会实践时，更容易相互联络解释，完成目标。

在文化研究方面，余天休跨越了若干阶段，他先是关注地方文化，阐释区域文化研究法，描述民族文化特色，后来指出文化的对外传播，描绘我国文化对国外传播路线，进而提出“文化同一论”，即世界各地文化通过介质传播相互学习逐渐会同，文化统领世界达至大同境界，而中国文化最具有统领世界的潜质。余天休很早就提出了文化冲突论，他认为文化冲突为一切政治经济冲突之源，但文化之间的融合交汇是文化发展的主要特征，中国文化具有统一同化其他民族的经验。作为文化的一种，宗教具有重要的价值，余天休分析了宗教的本质，描述了民国民间信奉宗教的情状与意义，本章就主要分析他的文化宗教观念。

第一节　区域文化

我国幅员辽阔、地域广袤，从整个地域覆盖范围看，文化的特点是各地区文

---

① 孙本文. 中国文化研究刍议：在中国社会学社成立会宣读[J]. 社会学刊，1930，1(4).

化有所不同，文化具有一定的地方性。我国文化是一个同心圆，发端于中原的文化流衍于东南西北四方，文化同化现象显著，但在文化本质特征相同的前提下保留着各地方独有的文化特色。余天休十分关注区域文化，他曾提出一种研究文化的方法，对中国社会进行横或纬的研究。他的方法是先将中国文化现象分地区化制，以文物异同为出发点进行叙述调查，采用诸如收集文物标本、绘画图形的方式，将其分区后进行比较分析和断定证明，以确定各地区文化的关系，主要是区分它们间是相同的关系还是不同的关系，以此来研究地方文化。他自述这种方法仿照了地质学及生物学（余天休在美国读书时选修过地质学、生物学），现在用于社会文化调查。根据这种方法可以推论，假如某两地相隔几千里，但是出土的文物相同，两地关系必定非同一般，我们能够假定它们的文化接近；如果两地相隔很近，但文物差距甚大，则两地文化关系必浅。例如山西南部至关中长安地带，居民将书读作 fu，将水读作 fui，sh 音都读作 f 音，但与长安过去的咸阳相距不过四十里，只隔一渭水，而渭水居民将书读作 shlz，水读作 suei 音，因此渭水一带为另一语言文化区。[①] 再如山东兖州藤县一带，距离长安不少于两千五百里，这两地的居民对于书和水的发音与晋南同，所以这两地文化上必有渊源。为何这两处相隔遥远不相邻的地区文化反而类似？查找文献后我们得知，原来是明初之际这一带人口由于战乱绵延被减灭不少，皇帝下令从山西平阳洪洞县迁移民至此。[②] 这一带的移民还保留着原有祖籍的文化，所以山东兖州藤县和山西平阳两地居民的语言语音相同。

据上所述，我们不妨这样认为，文化的交流主要在于人员的流动。只要不同地区有较多人员流动，两地文化就会发生交流而相互影响，但若是隔了高山长水，交流必不易，文化和社会组织形式可能仅因隔一水或一山，便显著不同。如渭水南北文化不同，秦岭南北文化不同等，山水成了文化社会的分界线。反之，若无地理上的隔绝，即便相距甚远，也可以因为人员的快速流动而在文化上具有相似性。人员迁徙带来相似的语言发音，例如江苏有江南江北之分，江北

---

① 余天休．社会文化研究法[J]．北京大学法学院社会科学季刊，1942：18.

② 明朝洪武永乐年间，很多人从山西迁徙到冀、鲁、豫、陕等地，甚至广西、广东、海南都有山西的移民。据说当时移居的民众聚集在山西平阳洪洞县广济寺的一棵槐树下，官府在此设处，发凭证饷银给移民充作迁居费用。有“要问我祖何处来，山西洪洞大槐树，祖先故居叫什么，大槐树下老鸹窝”的说法，移民从大槐树下走出，大槐树就成了他们的祖籍所在地，众多家谱地方志都记载了这一传说。多数移民不愿意离开，为辨识出这些人，官兵在移民脚趾上砍上一刀使脚趾复形以作为标志，或者反绑手连成一串押送各地，因此这些移民有背手的习惯，如果喜欢背手走路，可能是山西移民的后裔。现洪洞县广济寺大槐树下树碑建坊，供作眷怀乡井种族之念。

为下江官话区，民俗习惯接近北方，江南从武进、宜兴以东，属于吴语文化区，与以苏州杭州为中心的江浙语同一系统。这种现象与古代交通不便有关。当今社会交通通信日益发达，全世界随时沟通信息，人员跨国流动，文化的趋同和相互作用将会更加明显，不同地区的文化差异日益缩小。

地区文化的划分重点在于分割线的确定，余天休论述了如何确定文化区域分隔线的问题。通过文物的地理分布，可以确定文化区域的界限，文物实际是日常所需物，或交通工具，或普通常用的吃住用品。例如骆驼生活在北方，活动范围东到北京，西南除青藏高原外只到渭水，秦岭以南再无骆驼的踪影，这么多地区使用骆驼必有其相似之处，它们可以自成一个骆驼文化区。而驴骡的使用也有区域，东南不过淮河，西南不过汉水，驴骡构成一个文化领域。住的也是如此，西北穴居名为土窑的，东不过平汉线，西南不过秦岭。北方的土炕，东南不过徐州，西南不过秦岭。吃的方面，淮河汉水以南，民众习惯与北方大异，民众食稻米，淮河以北，大小麦高粱为主要食粮。由此我国南北分野，不在黄河长江，而在淮河秦岭之间，从此以北的为北方，以南的为南方。据此规则，北方可分为炕文化区或通古斯文化区①、东蒙文化区、布利亚德文化区②、准部蒙古文化区③、天山北路文化区④、东突厥文化区⑤，骆驼文化区或草原地文化区或包之文化区、华北穴居文化区、骡车文化区或华北平原文化区等。⑥ 将这些文物作为文化分区标尺也是有道理的，人们常用的吃穿住行的工具虽不昂贵但每日不可或缺，代表当地人的最大需求，若无这些物品则不能生存，它们是人类最亲密的朋友，所以有理由以日常物为代表来划分文化区。

---

① 指使用阿尔泰语系中满—通古斯语族的民族，包括赫哲人在内。20 世纪初由西方学者命名为通古斯语族，后来与满洲语族合并，并称为满语—通古斯语族。通古斯一词是雅库特人对埃文基族（即鄂温克族）的称呼，通古斯读作 tong gu si，东胡读作 dong hu，在阿尔泰语系中 t 和 d 不分，语末尾音“斯”。故中国古代少数民族族群东胡是通古斯最早的由来，东胡民族起自北殷，即东夷部落，渡过渤海来到关外，逐渐繁衍而成。

② 现在翻译为布里亚特。布里亚特人是蒙古人的一支，属蒙古人种西伯利亚类型，又称“布里亚特蒙古人”，也叫布拉特人，主要分布在俄罗斯、蒙古国和中国的一些地方，使用布里亚特语，分东西两大方言，属阿尔泰语系蒙古语族。

③ 科布多南北及额尔齐斯河上游到准噶尔盆地一带的蒙古族人，为西蒙古的一支，元代称“斡亦剌”，明代称“瓦剌”。

④ 天山以南的喀什、和田一带和阿克苏、库尔勒地区，以及天山以北的乌鲁木齐、伊犁等地，即新疆地区居住着维吾尔民族。

⑤ 生活在阿尔泰山一带的族群，因阿尔泰山形似钢盔，当地人称其为突厥，以突厥为族号，传说突厥是狼的传人，以狼为图腾，突厥有强壮、肥沃之意。突厥属于中亚民族，其语言阿尔泰语系突厥语族，文字为古突厥文字母拼写。

⑥ 余天休. 社会文化研究法[J]. 北京大学法学院社会科学季刊，1942：18.

此外，语言也可以是地区文化分界线，语言的发明表明人的抽象思维以符号指示事物的能力增强，语言直接表达文化，可谓文化中最重要的组成部分。说同一种语言，或多数发音相近的地域，其文化应该不会有太大差别，据此原理，可以依据语言给文化区分类。北方除塞北和天山南北等地以外，语言比较统一，所以整个北方在语言上同一，南方各地语言复杂，语音多样，适合根据语言划分文化区。如下江官话区①、上江官话区②、皖方言区、吴语方言区、闽方言区、潮汕方言区、客家方言区、粤方言区、黎语区、苗瑶语区、猓猡语区③、川滇黔方言区、西番文化区④、金川文化区⑤、西藏文化区⑥、僰人文化区⑦、撒拉尔文化区⑧等。根据各地语言的差异，对不同地区的文化进行叙事调查，然后予以比较，确定文化的源流及分布，能够了解我国文化和社会的原理。⑨ 北方话比较统一，北方地区基本说相似的语言，南方方言形式各样，十里不同音，百里不同俗，

---

① 江淮官话，旧称南方官话、下江官话，又称淮语、江淮话、下江话。作为中国标准语的官话，自东晋南北朝以来分为南北两支，北方以中原官话的洛阳音为代表，南方以江淮官话的南京音为代表，而以北方方言为基础的北方官话直到清代中叶以后才逐渐取代江淮官话系的南京官话成为官方的标准语。现在一般把扬州话当作江淮官话的代表音，江淮官话分布于江苏和安徽两省中部、湖北东部、河南南部、江西北部部分地区。

② 西南官话，又称为上江官话，是流行于中国西南部四川、重庆、贵州、云南、湖北、广西等地以及邻近的湖南省西部、陕西省南部、缅甸果敢的主要语言，在老挝、越南等地也有部分华人使用，可能与江淮官话同源。

③ 猓猡，旧时西南滇川黔桂对彝族的称呼，清代顾炎武在《天下郡国利病书·云贵交趾》一书中云："爨蛮之名，相沿最久，其初种类甚多。有号卢鹿蛮者，今讹为猓猡。"由于读音差异又作"卢鹿""猡落""落落"等。彝族自称"猓猡"，女称为"猓猡摩"，男称为"猓猡颇"，而"猓"意为虎，即彝族自称虎族，"摩"为女，"颇"为男，彝族是一个崇虎的民族。

④ 西番，即西羌，自称尔玛，自陕西历四川、云南西徼外皆是，其散处河、湟、洮、岷间者。《说文·羊部》："羌，西戎牧羊人也，从人从羊，羊亦声。"西番本为逐草而居的游牧民族。《诗地理考》："羌本姜姓，三苗之后，居三危。"

⑤ 位于川西北高原，地处青藏高原东部边缘，大渡河上游，隶属四川省阿坝州。

⑥ 藏族发源于西藏境内的雅鲁藏布江流域中部地区，属于两汉时西羌人的一支。藏族自称"蕃巴"（bod-pa），汉语的名称"藏"来自藏语 gtsang，gtsang 的原来意义可能是"雅鲁藏布江流经之地"。西藏在藏语中称为"蕃"（音 bo），生活在这里的藏族自称"蕃巴"，"蕃巴"按不同地域又分为"堆巴"（阿里地区）、"藏巴"（日喀则地区）、"卫巴"（拉萨地区）、"康巴"（四川西部地区）、"安多洼"（青海、云南、川西北等地区）。7 世纪初期吐蕃建政之后，吐蕃与唐朝的接触日益频繁，藏族流传藏传佛教。

⑦ 僰人，自先秦以来处于我国西南的少数民族，西周时封僰侯，秦时僰人居住地封僰国。僰人悬棺为历史之谜，僰人在高千仞的岩石壁上凿石栎钉，置棺其上，棺重百斤乃至千斤，旁边伴以岩画，俗称"挂岩子"，这么重的石棺是如何挂上高悬的峭壁，至今众说纷纭。

⑧ 撒拉族是中国信仰伊斯兰教的少数民族之一，主要聚居在青海、甘肃一带，因自称"撒拉尔"，简称"撒拉"而得名，撒拉族使用撒拉语，属阿尔泰语系突厥语族西匈奴语支。

⑨ 余天休. 社会文化研究法[J]. 北京大学法学院社会科学季刊，1942：20.

南北差异较大。[①]南方话的差异使语言更可以作为南方不同地区文化特征划分的标准，从中区分出不同文化区。

余天休重点探讨了粤语和客家话。广东话分粤语和客家话，说粤语的为本地人，与客家话区别开来，本地人是先从北方迁入者，先到为主后到客。客家人也来自中原，因其后入岭南，乃称为客家。客家话是处在粤语和南方官话中间的一种方言，说客家话的人居住之地为高原山地，因平原被先到的本地人占领，所以客家人和本地人常为争夺资源而械斗，有不解之仇。客家人也有居住在平原及沿江海的，如东江惠州，珠江口的赤溪、新安等地，但为数较少。[②] 这是客家人和本地人的分野。

余天休又探析疍(蛋)族及潮汕方言。广东沿海有一种族群名为疍家，地理分布南自广东，北至浙江温州，语言风俗均与当地人相同。他们的生活地域有限制，只生活在名为“艇”的小船上，以打鱼为生，偶有海上行劫行为，不准在陆上居住，不能购置房产地皮，只能在江河湖海上活动。疍族以船为家，船艇中间为居室，内部构造如日式小房子，地下铺草席。由于无恒产，所以不读书，前清时代朝廷不许其参与科考，何以如此，原因不明，有说其来自南洋外族，后与沿海居民斗争，但屡战屡败，终致其永不许登上陆地。温州以北有畲人家，来源也不甚明朗，抑或与疍民族同族。潮汕方言分布：自福建漳州、厦门沿海经广东潮州、汕头等地，再沿广东海岸至海南岛，长约 2 000 里，所经之处，居民都用此方言，只限于沿海岛屿。一经大陆又是其他方言区，珠江口中山县一些小区域也用此方言。这是一个怪现象，据说浙江温州一些地方方言和潮汕方言同。[③] 疍族畲族是否同源有待考察，但畲族疍族生活方式的

图 6－1 余天休在西北

① 北方方言(官话)以北京语音为基础，包括北方官话、秦晋方言、兰银官话、中原官话(中部官话)、西南官话、江淮官话。北方官话内部又分为胶辽官话、冀鲁官话、北京官话、东北官话，关中方言与河南方言同属中原官话。南方方言包括粤方言、闽方言、湘方言、吴方言、徽方言、赣客方言、客家话等。

② 余天休．社会文化研究法[J]．北京大学法学院社会科学季刊，1942：22.

③ 余天休．社会文化研究法[J]．北京大学法学院社会科学季刊，1942：21.

与众不同引起了学者的关注。

在对少数民族文化的分析中，余天休考察了苗瑶黎语言分布的社会背景。苗瑶黎族是从高原向深山处分布的古代遗留下来的土著居民，为中国最古老的民族，古代散居于中原，因不肯接受外来文化发生内在变革而被驱逐于深山之内，与自然为伍，居住在岭南诸地、湘桂滇黔各省。这是苗族的上古时期经历。余天休主编的《社会学杂志》一篇论文中具体描述了苗族的历史风俗，其内容如下：苗族相传有三，一为古三苗之后，一为盘瓠之子孙，一为黄帝曾孙卞结之后，无列传可考。苗族2 000年前住在黄河流域，后南迁至山岳重叠中，现多分布在贵州、云南，在四川南部、湖南西南部、广东、福建、江西、浙江亦有一部分存在。苗族居山，山间有无数部落，纯粹苗族有纯苗宋家、蔡家、龙家、棘人、洞人、蛮人、杨保、土人、狪獞等，又依据衣服颜色分为红苗、青苗、黑苗、白苗、花苗等类。苗人分生苗和熟苗，生苗居于丛山深处，熟苗与汉人交通，从事耕作。苗人尚武，善于制作武器，手持长枪投掷猎物，能发小弩，技术熟练，中者百发百中，箭头偶喂毒药。遇疾病请巫女祈祷，称巫女为大溪婆，碰到不明疑惑之事，也请巫女开导，巫女因而受到敬重。苗族依山建筑，聚族而居，屋内房间少有隔断，内部功能不分，牛马可与人同居一室。苗人好饮酒，自制苗酒，客至不醉不归，狗肉为上品食物，祭祀祖宗山村鬼神皆用之。苗人勇敢善群，若遇兵匪水火灾，一人持大牛角登高力吹，四邻皆至，土匪畏惧其强不敢侵扰。

苗族有语言无文字，称父为阿林，母为阿麻，男孩为冬打，女孩为冬采，喝酒称固唛，早饭叫唠差，午饭为唠莽，晚饭为唠棱。苗民男子衣裤与汉族同，唯头上不分寒暑扎一块青布大包巾。妇女不着裤，裹青带，外罩素青布或红白花青布百褶裙一条，花苗妇女裙上青带系悬铃。妇女之别，看梳头型，苗妇将发合挽一高髻，盘于额上，苗女将前面发剪短披额，后面发挽一小髻，立于头顶，内衬一青色三角形缎包，围插首饰。苗族女人颈戴项圈，或金或银，其轻重显示富贵程度。苗人对男女之事较为开放。每逢二月花会或三月清明，苗族男女衣着鲜明，喝酒奏乐，吹六笙或木叶，相亲聚会。所奏歌曲为摇马郎之类的思念之歌，若男女心有所属，则交换手镯、手帕等信物，此后交往，直至婚嫁。“苗族喜音乐，每年暮春之际，天气清明之夕，择平旷之地为娱乐场，男弦女歌，相聚戏谑，父母在旁观之不禁，名曰跳月。随意者合，随而奔之，有子后方过聘礼。”①三日归宁，新郎回自家，新娘留母家，直到生子，才回夫家，若不生子，则不能回去。

---

① 陈青之. 婚姻情事的一束[J]. 社会学杂志，1925，2(5/6).

元明清对苗族皆设土官治理，清朝酋长称为改流，意为改土入流，雍正后设汉官管理，苗民入版籍，称为苗户，民国时期土司权被夺，但尚有土州土县之名，松桃、威宁等地仍有土守备把总等官，出门威风凛凛。苗民不事工商业，清季用钱，以轻重视钱多少。此外，苗人还有放蛊一说。[①] 这篇文章生动地说明了苗族生活风俗的详细情形，对于现在来说也有价值。

第二节　文化的传播与融合

中国文化不止以同心圆方式传至国内四方，还传播到国外。“古代中国文化传播是以中原汉族文化为起点，向四方传播，东到日本，南至南洋，西到葱岭以西，北至西伯利亚。由此，余天休提出一种文化现象；以后中原为用武之地，许多文化不在本土，而存在于边疆及东南各部因山川阻隔未受军事影响的地带，如日本音、粤语、朝鲜语有相似之处，入声加重，舌音转为喉音，保留古音，特别是唐音。”[②]日本、朝鲜、东南亚各国深受中国文化的影响，属于大中华文化圈，语言发音风俗习惯多相近之处。由于地处文化传播边地，有些原味的文化要素本土经日月变迁不易寻见，在边陲地区反能找到起初的型范踪迹，这种文化“倒挂”现象值得关注。日本原为儒家文化圈诸国之一，余天休所著的《日本国概观》介绍了日本的自然风貌、风土人情、历史政治等，方便时人了解这一邻国。

近代我国受西风东渐影响，全盘西化观蔚为流行，或有理性思考如何借鉴吸收西方文化者。[③] 在此情境下，一种出于保护本土文化本能的国粹派、东方派随之而起，三派观点相互争鸣，各有关组织、人员在这些观点的引导下开展文化论战和竞争。与之都不同的是，余天休提出一种“文化输出国门观”，即让西方人了解我国文化，使世界更多国家地区的人们认识我国文化的优势和特点。他

---

① 巫女苗婆总管宗教事务，苗婆善于放蛊。放蛊之法有二：一是五月端午节入深山取最毒虫蛇入于瓦罐中，阴炼百日，若被阴投，服者肚胀如鼓，需待苗婆解药；二是端阳日采取毒蛇、蝎、蟆、虾之类，罐窖于床底下，饲以鸡蛋，苗婆每日黄昏挟香一双，出住宅四五里地往西方向念咒，放出蛊神，夜晚五更仍旧持香念咒，将蛊神收回，四十九日火候功成。据说如果蛊神放不出或者中途被劫，苗婆生命不能自保，所以苗婆做法时严守秘密，即便家人也不告诉。清季官禁甚严，后此法渐渐稀少，中蛊者不多。详见陈邵南的《叙述的社会学》，载于《社会学杂志》1922 年第 1 卷第 2 期，第 1-16 页。

② 余天休. 社会文化研究法[J]. 北京大学法学院社会科学季刊，1942：24.

③ 吴景超. 答陈序经先生的全盘西化论[J]. 独立评论，1935(147)；陈序经. 关于“全盘西化”答吴景超先生[J]. 独立评论，1935(142)；费孝通. 对文化的历史性和社会性的思考[J]. 思想战线，2004(2).

在《社会文化研究法》一书中详细列举了我国文化应该如何传播的路线，共有若干条，包括文化经国内哪些省、城市的路径和走出国门后在外国港口要塞的发展路线，将文化和地理结合起来，由北至南，自东而西进行规划设计，可谓绘制了一张文化传播地理图。这是余天休 20 世纪二三十年代的观点，但至今仍有很好的借鉴意义。1950 年后，余氏移居美国后租借神庙向西方人士宣讲道家等思想，创办中美学院，身体力行传播我国文化，以此实践他的文化对外传授观，可见他笃行这一观点。即言，与其被动地接收西方文化的挑战，不如主动走出国门，宣讲我国文化的价值，在这个过程中自然同样发生文化间的融合。

进而言之，无论是地方文化还是国家民族文化，都是文化不同体系的关系。文化的关系或冲突或融合，文化是不同民族国家的生活方式，余天休提出一切冲突和战争均为文化战争。[①] 其含义是，冲突从表象看源于政治经济等利益的因素，而本质上始于不同观念和行为习惯的差异。人的观念和行为习惯一旦确定就难以改变，各自推崇自豪于自己的文化，而对其他不同的思想习惯加以歧视贬低，这种固有的偏见常常发生，此为文化争斗之源。文化上的冲突和对立将导致社会动荡。但这不是唯一的，余氏提出冲突不是文化系统的唯一性，不同文化之间应更多地相互吸收融合，不同地区的文化既有区别也有同一性，世界各国家民族的人们在基本衣食住行需求、理智情绪、思想逻辑方面基本是同一的，这就为文化间的相互交流提供了前提条件。中国文化发展的特点是历经不同民族文化的冲突交流而融为一体，从对各少数民族文化的吸收到对外来佛教的融合，各个阶段的过程都演化成中国文化综合体的一部分，不同文化因子在一个体系中相互调和、和谐共处。

我国文化具有民族统一的特点，欧洲、印度并未像我国一样，形成统一文化。从世界范围看，中国和欧洲各国、印度具有文化上的联系，因我国客族向外扩张往西向，所以中国和印度、欧洲各国遥遥相对。但历史上中国和西方的直接联系总体较少，这容易造成人民之间的隔阂，因此需要现在多进行文化交流，通过文化沟通培植友谊和信任。近代中国的落后是因为闭关锁国，交流不通畅，所以中国的发展要重视海洋交通和东西文化交流。西方现代化实从海洋拓

---

① 参见余天休《文化概论》《文化之真义》等文。当代比较有名的是由美国学者塞缪尔·亨廷顿（Samuel P. Huntington）提出一切冲突均为文化、文明间冲突的观点，他所著的《文明的冲突与世界秩序的重建》详述了冷战后国际间的冲突将主要在各大文明之间展开，这种异质文明的集团之间的社会暴力冲突（称之为“断层线战争”）不但持久而且难以调和。亨廷顿的著作在世界范围内激起涟漪，它清晰地揭示了文化和战争之间的“亲和”联系，而这点往往被大家忽视。

展开始，进而促进工业革命，增加与国外的交流。以上都是余天休的观点。我们可以这样理解：中国文化要想有所发展，应在主动适应环境后，本着以我为主、为我所用的宗旨，“和其他文化一起，取长补短，共同建立各种文化和平共处、各抒所长、联手发展的共处原则”①，通过这种世界范围的文化交流，我国文化才能取得大的发展。

余天休阐述了中国文化与世界文化的关系，从世界范围看待中国文化以及中国文化在世界上的位置，这包括两个方面：一方面维新中国固有文化，使其适应现当今国际情势；另一方面沟通国际文化，将外来文化介绍于中国，同时使中国文化表白于世界。即使在近代落后的情境下，我们对于本国文化也不应妄自菲薄，中国文化在近代经历西方的激荡后必将再度发扬，如同历史上同化佛教和耶教一样，中国文化的发展需要适应外在环境和转化外来文明。中国文化反对西方的自由主义，强调责任纪律，宣传文治武功并蓄，自具特点，世界欢迎并需要这些独有要素。余天休对中国文化充满自豪，说中国是东方的伟大民族，拥有五千年的辉煌历史和世界上四分之一的人口，产生了众多的著名学者、作家，影响着世界和平，为人类社会做出了杰出的贡献。

余天休对于文化的探讨从地区到国家民族乃至世界，不但分析了国内文化的特点、文化的地区特色分类，还探究了中国对外国的文化交流，推动中国文化在世界范围的拓展等。他认为，文化从本质上并无区域之分，仅有时代或采借先后的分野，从外界而来的区域文化终将被其他民族采用，而成为全人类的产业。在国际关系分析中（本书最末一章），他论述了我国文化的世界主义倾向有助于在政治社会上统一未来的世界，达致大同，可见他对中国文化的热爱，他以现代的方式表达了传统儒家知识分子的天下理想。

第三节 现代宗教的世俗和人文主义倾向

宗教是一种根深蒂固的现象，在人类诞生的早期就存在，宗教在人类历史中发挥长期影响，一度统领世界，宗教通过主宰人的灵魂、信仰和精神追求而约制人的现实行为。法国社会学家埃米尔·杜尔凯姆说宗教区分出一个神圣世界和一个世俗世界，宗教构建了一个与神圣事物相关的信仰与仪式的聚合体

---

① 费孝通. 从实求知录[M]. 北京：北京大学出版社，1998：340.

系，这些信仰与仪式将所有奉行的人聚集在一个确定的教会社群中。在这位社会学家看来，宗教是一种社会事实，通过社会中人的活动了解宗教的起源发展，宗教等同于社会，上帝不过是社会的变形和象征性表达。[①] 德国学者马克斯·韦伯认为，宗教不论内容真伪，实质上是一种终极的阐释体系和价值根源，包含了仪式、团体、信仰、教义、禁忌等要素，而所有这些都与某种救赎有关。救赎是宗教的本质，救赎的根本要义是让人们过一种有意义的生活，进入一个所谓真正的生活世界，宗教先知们以他们所认为的方式解释人与人、人与自然、人与超自然之间的关系，使之变成一个系统的阐释体系，指出一种特殊的生活方式，让人们将之作为神圣的价值去追求。人们借助宗教使自己在内心深处确信自己在尘世的每个行为都有意义，从而达到对个体行为合理控制的目的。韦伯从文化角度理解宗教，使宗教触及人的根本意义，他比较了世界各大宗教的特点，指出新教主要是加尔文教和资本主义精神的亲和关系，尘世中的人们勤奋劳动，在职业中尽心竭力、珍惜时间是获得救赎的方式。[②] 现在，世界上仍有许多宗教组织建立起庄严的宗教建筑，聚拢了大量信徒，宗教在社会中依旧发挥着重要作用。

一、余天休对宗教本质的阐释

民国时期的人们比较迷信，各地庙宇林立。人们会定期拜访关岳庙、文庙、马神庙、火神庙及其他庙宇，每逢大旱，人们去龙王庙求雨，期间唱戏，谓之“谢虹”，还有的到城隍庙报庙吵庙，到子孙庵求解决繁殖问题，去胡三太爷庙（即狐仙）烧香请愿。除了拜访庙宇外，人们还崇拜灵物，如把奇异树种、矿物圣水、石狮大蟾、山石当作神物，随身携带符箓以驱邪去病，另有其他琳琅满目的迷信之物，如八卦图、太公在此碑、泰山石敢当、端午节桃木剑、小孩长寿牌、麒麟锁，或做布人形紫姑、佩带开鬼门关救母的目连九连环，在门上挂纸葫芦等。崇拜祖先的活动最为盛行，包括祭祀家祠、扫墓、焚烧寒衣、念经、扎彩、入贞洁祠或官宦祠等。[③] 宗教迷信渗透进民国人们的生活，迷信简直是生活的代名词，宗教和迷信较不可分，形式简单直观，其种类繁多，令人眼花缭乱。

---

① DURKHEIM E. The elementary forms of religious life[M]. New York：Free Press，1912/1965.

② MAX W. The protestant ethic and the spirit of capitalism[M]. New York：Scribner's. 1904-1905/1958：172，117.

③ 张国增. 河北抚宁县的宗教迷信[J]. 社会学杂志，1931，3(11/12)：281-285.

从理论上讲，迷信和宗教不同，宗教是正式组织，传承高深教义的信仰，迷信难登大雅之堂。为什么人们会信奉宗教？因宗教用于解释宇宙社会间不可思议而莫知所以然的奇妙疑惑现象，对此尊而敬之，崇而拜之，以求保佑。① 余天休认为，人们遵从宗教是因为人感到自身懦弱，希望借助神的力量来弥补缺陷。人们做事常欠缺考虑，容易冲动，从而招致错误失败或受到打击，由此感觉痛苦失望，故而以神灵为精神寄托，尊崇神灵，以神灵为良师益友及庇护者。在宗教国度，神对社会具有制裁力，信仰者相信恶有恶报，善有善报，其丝毫不爽，坏人必须痛改前非，改邪归正才能得到神的原谅。有福的人始可以成仁，宗教成仁与儒家成仁不同，急公好义、乐善好施、舍身救人者为宗教成仁。具体而言，在宗教里，谦虚的人有福，哀恸他人者有福，怜恤他人者有福，为义受压迫的人有福，行道的人有福，乐善好施的人有福，克己的人有福，正心的人有福，诚实的人有福，改悔的人有福，努力的人有福，助人者有福，爱人者有福，忍耐的人有福，能牺牲的人有福，恕的人有福。② 信仰宗教者本身具备生活道德的优良品质，在道德方面，宗教和世俗几乎一致，宗教劝导人们努力修炼，实践道德行为。由于相信来世回报和畏惧神的威严，信徒愿意忍受成仁付出的代价，在修行中锤炼意志，行圆满功德，从某种意义上说，宗教有维护社会秩序的正向功能。

关于宗教的起源，余天休引用都罕姆（民国时期的翻译，即杜尔凯姆）之说：古时原始人围着火堆跳舞，跳得过久，生疲倦，但不知疲倦来由，以为暗中有神人指使，日后传习下来形成宗教。他又引用斯宾塞尔之说：原始人以打猎为生，每次捕获食物无法保存，辄一次食完，疲倦而睡，梦见许多事物，无法自解，以为人有两体，一为肉体，一为灵魂，平日灵魂和肉体合二为一，人死后灵魂离开肉体不再返回。原始人害怕灵魂离开，故常设食物以饲之安慰，这种举动演成风俗，遂成祭拜鬼神之事，宗教起源或由于此。还有原始人对于自然现象风雨雷电不能解释，将这类神奇事物作为支配者尊崇，其后成为宗教。③ 自然界的反射、阴影、反响都被认为是灵魂的另一表现，魂魄可为鬼神，也可投入他人或物体，若人生病异样遂感觉是鬼神附体作怪。宗教散发神秘色彩，对于宇宙现象

---

① 余天休．科学导言[J]．北京大学法学院社会科学季刊，1942，1(2)，7.

② 汪公亮，朱照箕，陈文震．余天休先生之学术思想与政治理论[M]//谢立中．民族复兴与世界联邦：余天休社会科学论集．北京：北京大学出版社，2008：344.

③ 余天休．社会学大纲[M]//谢立中．民族复兴与世界联邦：余天休社会科学论集．北京：北京大学出版社，2008：56.

每加以最后审判，在事物经验之外解释人生意义。关于宗教如何起源分析不一，都比较生动有趣，其证据虽不可考，但在逻辑上其具有合理之处。

二、我国民众信奉宗教的特点及原因

我国的宗教习惯与西方不同，西方人只尊奉上帝一神论，我国对于宗教持方便和放任主义的态度，人们可以敬信各类神祇，敬神的目的是希望神帮助解决世俗中纷繁的事情，不同的神完全可以和谐相处，不会发生西方那样的宗教战争。敬神重在实践，我国民众很相信符咒、风水、富贵、命运等方术。中国民众信奉的神种类繁多，每位神只解决一类问题，余天休列举了一位传教士考察四川叙州府一个地方的庙宇的情形。那个地方有庙宇 83 座，其中佛教寺 49 座，道教观 25 座，孔教 2 座，儒坛 2 个，多为私人设立。名称各有不同，10 个以设立者的原籍地为名，34 个以主神为名，6 个以菩萨为名，4 个以文昌为名，2 个以王爷为名。在这些庙宇中，菩萨佛合计有 1 808 位，为神看管门户的战将 339 个，观音 113 个，武财神 45 个，文昌 42 个，王爷 40 个，土地神 39 个，关帝 36 个，雷神 30 个，送子娘娘 30 个，痘麻娘娘 29 个，地藏王 26 个，灶王和释迦牟尼各 25 个，催生娘娘 24 个，药王 23 个，川主①和燃灯佛各 21 个，韦陀灵宫和老子各 20 个，玉皇上帝 19 个，火神② 17 个，就地的烈士 15 个，山门土地和送子观音各 12 个，普贤和文财神各 11 个，日宫、周仓、天官、地官、水官各 10 个，麒麟送子、文殊和阿弥陀佛各 9 个，马夫、轩辕黄帝、孔子各 9 个，月亮菩萨、接引佛、弥勒

---

① 川主又称川祖，灌口神，流行于巴蜀地区及云贵一带的民间信仰，起源于对秦蜀郡太守李冰的崇拜，是一种以治水文化为核心内容的信仰，信仰者祈求川主保佑巴蜀免于水旱灾害。另一说是关于隋朝嘉州刺史赵昱，赵昱斩蛟治水有功，宋追封其为“清源妙道真君”，民间也尊其为川主。

② 一般以祝融为火神，据说祝融是颛顼氏的后代，本名重黎，也叫吴回，帝喾（即高辛氏）当政时，官居火正，甚有功，能光融天下，帝喾乃命曰“祝融”，死后为火官之神。民间风俗亦有以炎帝或燧人氏为火神，谓远古时燧人氏钻木取火，使人类进入熟食阶段，后人尊为火神，又名火德真君。也有一些地区将火神称为南方火帝君，或称种火老母，民间有组织“火神会”的风俗，火神相貌凶狠，三头六臂，配备风火轮、火葫芦、火印、火剑、火弓等火器，酷似“哪吒”变形。

佛、披发祖师、斗母娘娘、吕祖[①]、灶姆、谷王和伽蓝土地[②]各 7 个，葛翁[③]、眼光菩萨、鲁班、神农和伏羲各 6 个，龙蛇、城隍、仓撷、十八罗汉[④]、达摩祖师和魁星各 5 个，地公、地母、天公、天母、无量寿佛、吾二爷、城隍的马和千手观音各 4 个，张飞、萧公、吾常二娘、淮南、鸡脚神娘娘、蔡侯、邱祖[⑤]、马王[⑥]、炎帝菩萨、水母[⑦]、山神土地和鸡脚神[⑧]各 3 个。罗祖[⑨]、嫘祖[⑩]、华佗、地主、福禄财神、孟夫子、鸡脚神的儿子、吾常的儿子、城隍的儿子、城隍娘娘、牛王[⑪]、十二元甲[⑫]、地狱十王、白衣观音、太子菩萨和蒙恬各 2 个，还有普化天神、圣母、许天君、寒林[⑬]、七

---

① 吕洞宾，全真道祖师，原名吕喦，字洞宾，道号纯阳子，唐朝河中府永乐县人，八仙之一。

② 伽蓝来自于梵语的 samghārama ，也音译作“僧伽蓝摩”“僧伽蓝”。僧伽（samgha）指僧团，阿蓝摩（ārama）义为“园”，原意是指僧众共住的园林，即寺院。据《三国志》记载，中国最早的伽蓝是东汉末年豪强笮融在徐州下邳建设的“浮屠祠”。北魏杨炫之《洛阳伽蓝记·法云寺》云：“伽蓝之内，花果蔚茂，芳草蔓合，嘉木被庭。”依《七佛八菩萨大陀罗尼神咒经》卷四所述，护僧伽蓝神有十八人，一名美音、二名梵音、三名天鼓、四名巧妙、五名叹妙、六名广妙、七名雷音、八名师子音、九名妙美、十名梵响、十一名人音、十二名佛奴、十三名叹德、十四名广目、十五名妙眼、十六名彻听、十七名彻视、十八名遍观，此谓之“十八伽蓝神”。

③ 葛翁即葛洪，东晋道教学者，著名炼丹家、医药学家，字稚川，自号抱朴子，晋丹阳郡句容（今江苏句容县）人，世称小仙翁。曾受封为关内侯，后隐居罗浮山炼丹，著有《抱朴子》《肘后方》等。

④ 十八罗汉包括坐鹿罗汉、举钵罗汉、托塔罗汉、骑象罗汉、笑狮罗汉 、开心罗汉、探手罗汉、沉思罗汉、挖耳罗汉、布袋罗汉、长眉罗汉、看门罗汉、静坐罗汉、过江罗汉、降龙罗汉、伏虎罗汉、欢喜罗汉、芭蕉罗汉，各具神态。

⑤ 邱祖即邱处机，字通密，号长春子，世称长春真人，为“北七真”之一，金朝登州栖霞人，全真龙门派创始人，以 74 岁高龄而远赴西域劝说成吉思汗止杀爱民而闻名。

⑥ 马王为民间马神，即马王爷，别名水草马明王，或水草大王，《燕京岁时记·祭马王》云：“马王者，房星也。凡营伍中及蓄养车马人家，均于六月二十三日祭之。”

⑦ 水母俗称水父水母生，是潮汕沿海居民崇祀的潮水神诞辰，农历九月初三和十月初四，潮汕沿海江河潮水涨得最高，潮俗以此为水父水母诞辰，居民常备三牲粿品到江河岸边祭拜。

⑧ 鸡脚神即煞神，头七回煞返魂。

⑨ 罗祖指罗教，由山东崂山下的即墨县人罗清创立。罗教是中国明朝时期形成和流传的一种宗教，也称为无为教和罗祖教，罗教不立文字，否定佛教，以绝对永恒的“真空”为宇宙的根本，创“真空家乡，无生父母”八字真诀，经卷有罗祖所著的五部六册。

⑩ 嫘祖，一作累祖，中国远古时期人物，为西陵氏之女，轩辕黄帝的元妃，她发明了养蚕，史称“嫘祖始蚕”。《史记·五帝本纪》载：“黄帝居轩辕之丘，而娶于西陵之女，是为嫘祖。嫘祖为黄帝正妃，生两子，其后皆有天下。其一曰玄嚣，是为青阳，青阳降居江水。其二曰昌意，降居若水。”

⑪ 牛王即牛神，乃农家敬奉的保护耕牛神，是佛的异名，喻佛有运载众生的大力。《入楞伽经》卷五云：“大慧，我于娑婆世界，有三阿僧祇百千名号，诸凡愚人虽闻虽说，而不知是如来异名。其中或有知如来者……知牛王者。”

⑫ 十二元甲是掌管天干地支的神，传为天皇的十二位兄弟和地皇的十位兄弟，负责每时每日每月的神。

⑬ 寒林双尊（尸陀林主），源于胜乐金刚法统，是与金刚瑜伽母密续有关的主要护法神。

仙娘娘、监斋菩萨[①]、玉皇圣母、三罗汉、南极仙翁[②]、北极仙翁[③]、临济禅师[④]、江主、天始天尊、大禹王、孙祖、萧何、曹参、长生佛、马房、三青娘娘、灵官西大帅、水府三官、三尊大佛、四大尊人、真母祖师、西天佛祖、四大天王、和合二仙[⑤]、农神土地、马帅、瘟帅、右府星官、左府星官、山王、北斗星祖、救苦天尊[⑥]、燧人[⑦]、叫花子、玉女、土地送子、老母、明照和尚、青衣大王、书吏、长生土地[⑧]、伏魔大王、大势至菩萨、消灾佛、日光、渔翁、刘备、千手佛、毗庐佛、睡佛、苦佛、望水观音、崇善司、宏钧菩萨等。作者评论这种现象说：这些神都是在一个不大的城市里找出来的，是些很方便的东西，与日常生活有密切的关系，无外乎是关于饮食的、性的、求子的、寿命的、治病的、保佑的、求财的、求学的、求幸福的、来世的，

---

① 监斋菩萨，指监护僧众斋食的神祇，在我国称为监斋菩萨。农历十二月二十三日为监斋菩萨圣诞纪念日。《教苑清规·监斋回向式》云："奥者，宰一寺之封疆；灶者，典众人之喉舌。威灵有正，正直无私云云。法轮当运，食轮为先，欲令香积之充余，须借神祇之匡护云云。伏愿晨炊夕爨，无徙薪曲突之忧；斋鼓粥鱼，有法喜禅悦之味。"

② 南极仙翁又称南极真君，是民间神话传说中的老寿星或"老人星"，也是元始天尊的长子，为"四谛之一"。《史记·封禅书》云："寿星，盖南极老人星也，见则天下现安，故祠之以祈福寿。"寿星形象为一白发老翁，鹤发童颜，面目慈祥，所拄弯曲拐杖，必高过头顶，常被用作年画图案，是吉祥长寿的象征。

③ 北极仙翁是长寿神仙，又称北极星君、玄武大帝，全称是北方北极中天紫微大帝，是元始天尊第九子，名太一，又名玉清真王，城市的守护神。南极仙翁和北极仙翁分别掌管人间的生和死。南极掌管生，是寿星，所以人们尊崇南极；北极掌管死，是战争之神，人们避之唯恐不及。长相上，南极面善，北极面恶；南极红脸，北极黑脸，二翁经常对弈。

④ 临济禅师，又名慧照，呵祖骂佛，以棒喝方式唤醒灵明，《临济录》记载了他的言行。其中心要旨为禅无有许多般，只是平常，穿衣吃饭，无有其他。禅指示人处，不受人惑，要用便用，不用便罢，摆脱妄想贪嗔。

⑤ 明田汝成《西湖游览志馀》卷二三云："宋时，杭城以腊月祀万回哥哥，其像蓬头笑面，身着绿衣，左手擎鼓，右手执棒，云是和合之神，祀之可使人万里外亦能回来，故曰万回。今其祀绝矣。"旧时其中像常绘作蓬头笑面之二人，一持荷花，一捧圆盒，取和（荷）谐合（盒）好之意，于婚礼时陈列悬挂。或常年悬挂于中堂，取谐好吉利之意。《周礼·地官·媒氏》疏云："使媒求妇，和合二姓。"和合二仙，主婚姻之神。"和合文化"的精华实在寒山诗，诗曰：昔日寒山问拾得曰：世间谤我、欺我、辱我、笑我、轻我、贱我、恶我、骗我、如何处治乎？拾得云：只是忍他、让他、由他、避他、耐他、敬他、不要理他，再待几年你且看他。

⑥ 太乙救苦天尊，简称太乙天尊或救苦天尊，是道教尊神，又称青玄大帝、青华大帝、寻声救苦天尊等，尊居"东方青华长乐世界"妙严宫，据《青玄济炼铁罐施食全集》的描述，他身骑九头狮子，手持杨柳洒琼浆以救苦度亡。神通无量，功行无穷，寻声救苦，应物随机。

⑦ 燧人氏，三皇之首，风姓，简称燧人，尊称燧皇，出生于商丘，为华胥氏之夫、伏羲与女娲的父亲。燧人氏在今河南商丘一带钻木取火，成为华夏人工取火的发明者，教人熟食，结束了远古人类茹毛饮血的历史，开创了华夏文明，被奉为"火祖"。华夏文明有文字记载的历史始于燧人氏，是中华民族可以考证的第一位祖先。《三坟》云："燧人氏教人炮食，钻木取火，有传教之台，有结绳之政。"

⑧ 土地神，源自社神，《孝经援神契》云："社者，五土之总神。土地广博不可遍敬，故封土为社而祀之，以报功也。"土地神名目不一，有花园土地、青苗土地、长生土地（家堂所祀）、拦凹土地、庙神土地等。

为一般民众解决问题的信物。[①] 这么多被民众崇拜的菩萨、佛、真人、贤人，集儒道释于一体，可谓民间宗教大全。我国宗教对于各派别向来不排斥突兀，皆和谐共处，每位仙贤道人迎合了民众的某种需要，众多的神仙聚集在一起，构成了民众精神和物质需求的整体图状。近现代另一位精心研究宗教信仰的学者说："信仰多神的中国人很少讨论宗教的统一性问题，他们甚至不需要强调宽容，偏狭与他们的宗教思想是相违背的，这与西方人尤其是美国人信教不一样。"[②]我国民间信仰以自然崇拜、图腾崇拜、祖先崇拜及地方神灵崇拜为核心，形式上多种多样，整体缺乏统一的信仰体系和宗教经典，具有地域性、分散性、自发性、非制度化的特点。

以下是对余天休提到的主要佛仙的整体释义。

附：众佛仙意释

先说佛教。佛是佛陀的简称，又称浮屠、浮图，音译为"觉者""知者"，佛祖如来又号称如来（乘如实道来成正觉，故曰如来）、正遍知、世间解、世尊、无上士。菩萨是梵文 Bodhisattva 的音译略称，意为"觉有情""道众生""大士"等，地位仅次于佛。罗汉，全称"阿罗汉"（Arhats），意为完美的圣者，掌握了精妙的无等正上正觉理论、积累了杰出善功的苦修者，为小乘佛教修行的最高果位，罗汉受佛祖嘱托不入涅槃，常住凡间，渡人自渡，守护佛法，最初为四大罗汉，后有十六罗汉、十八罗汉、五百罗汉之说。

阿弥陀佛，接引众生往西方净土的"接引佛"，统治着极乐世界和西天，阿弥陀佛梵文音译为"无量"，又称"无量佛"。佛教徒相信反复念道阿弥陀佛的名字会得到大功德。阿弥陀佛左胁侍观世音菩萨，右胁侍大势至菩萨，号称"西方三圣"，又称"阿弥陀三尊"。观世音菩萨在民间颇有影响，以大慈大悲普度众生而闻名，遇到苦难的众生只要诵其名号或念大悲咒，观世音菩萨就会前去解救，大火不被烧，落水不被淹，乞求生男就会生男，乞求生女则生女。观世音菩萨被塑造成各种形象，有千手千眼观音、紫竹观音、鱼蓝观音、过海观音、狮吼观音、送子观音、盂兰观音、白衣观音。《图画普门品》中描绘的观世音菩萨"三十三身"，身穿白衣，在白莲之中，显示圣洁、纯净的菩提之心。《大日经疏》说："半拏啰嚩

① 余天休. 中国人的宗教[J]. 社会学杂志，1931，3(6).

② FRANCIS L. Americans and Chinese: reflections on two cultures and their people[M]. New York: Doubleday，1953：245，224. 该书作者许烺光指出，美国人信教是排他的，只相信我的神是唯一的真神，其他的神都是虚假的，而且我的神要清除其他的神，才能安心。许烺光在伦敦经济学院学习人类学，师从马林诺夫斯基（Bronislaw Malinowski），1941 年回到中国，二战后移居美国，曾任西北大学教授。

悉宁，译云白处，以此尊常在白莲华中，故以为名。白者，即是菩提之心。住此菩提之心，即是白住处也。”大势至菩萨意为有大力气。

燃灯佛，又叫定光如来、普光如来，是过去庄佛。燃灯，生时，一切身边光明如灯，明亮之光永不熄灭，故名燃灯。如来佛主修今生，是现在佛，燃灯佛则修过去，为过去佛，弥勒主修未来，为未来佛，此为佛教三大教主。弥勒佛意译“慈氏”，是五千年后被选定的佛，上生于兜率天内院，在中国庙宇被塑造成笑口常开的胖大和尚的模样，原型为唐末五代的契此和尚，又称“布袋和尚”。

文殊菩萨，全称“曼殊室利”，意为妙德或妙吉祥，为中国佛教四大菩萨之一。四大菩萨象征地、水、火、风，也就是地藏菩萨、文殊菩萨、普贤菩萨、观音菩萨。文殊菩萨主智，道场在山西五台山，坐骑为一青狮，手持宝剑，象征智慧威猛锐利。普贤菩萨又译“遍吉”，音译为“三曼多跋陀罗”，专司“德”，传说四川峨眉山是普贤菩萨说法的道场，坐骑为六牙白象，六牙表示六度（布施、持戒、忍辱、精进、禅定、智慧六种达到彼岸的方法）。地藏菩萨音译为“气叉底蘖娑”，静虑深密，曾被佛陀封为“幽明教主”，为有罪六道众生广设方便尽令解脱，在佛陀宝座前立下誓言：“众生度尽，方证菩提；地狱未空，誓不成佛”，又称“大愿地藏”。无佛世界教化六道众生之大悲菩萨也。安忍不动如大地，静虑深密如秘藏，故名地藏。在密教，其密号为悲愿金刚或称与愿金刚，坐骑是一头类似狮子的怪兽，名为“谛听”，又名“善听”，在九华山显化说法。

药师佛全称“药师琉璃光如来”，又称“大医王佛”“医王善逝”（善逝意为能得善终，得入涅槃）。药师佛左胁侍日光遍照菩萨（简称日光菩萨），右胁侍月光遍照菩萨（简称月光菩萨），合称“东方三圣”或“药师三尊”。卧佛指侧躺或侧卧的佛像。《大唐西域记》中说：释迦牟尼在拘尸那揭罗国收了最后一个弟子善贤之后，便“入寂灭乐，于双树间北首而卧”。人参悲戚，感叹大觉世尊将寂灭，众生福尽。释迦牟尼便“右胁卧狮子床”安慰大家，就是后来的卧佛形象。毗卢佛，是“毗卢遮那佛”的略称，“毗卢遮那佛”是释迦牟尼的法身佛，指进入涅槃状态不朽的佛。佛教中经常提到“三身佛”，即法身毗卢遮那佛、应身释迦牟尼佛、报身卢舍那佛，佛经历无数变化，被认为活在肉身中，可以被人看到，这叫“人佛”或“化身”，有时毗卢佛作为原始佛的禅像。

韦陀菩萨是佛的护法神，据说，在释迦佛入涅时，邪魔把佛的遗骨抢走，韦陀及时追赶，奋力夺回，因此佛教便把他当作驱除邪魔、保护佛法的天神。四大天王又称护世四天王，是佛教著名的护法神，此四尊与佛教四大金刚是不同的神，很多人常将此四尊与四大金刚混淆。四大天王为二十诸天中的四位天神，位于第一重天，第一重天又叫四天王天，根据佛教经典，须弥山腹有一山，名犍陀罗山，山有四山头，天王各住一山各护一天下，故又称护世四天王，是六欲天之第一。他们的神像通常分列在净土宗禅宗佛寺的第一重殿两侧，因此又称天王殿。分别为东方持国天王，持琵琶，护持东胜神洲；南方增长天王，持剑，护持南赡部洲；西方广目天王，持蛇或赤龙，护持西牛贺洲；北方多闻天王，持伞，护持北俱芦洲。

再说道教。道教最高神、三清之首，又名“玉清紫虚高妙太上元皇大道君”“玉清元始天尊”。《历代神仙通鉴》称元始天尊为“主宰天界之祖”。在太元（即是宇宙）诞生之前便已存在，所以尊为元始。在无量劫数来临之时，其用玄妙的大道来教化众生，故而尊为元始天尊。“三清”的名称始见于南梁陶弘景所撰的《真灵位业图》。该书排列神仙序位，分为七个层次，每一层设一个中位。第一中位，上合虚皇道君，应号元始天尊。第二中位，上清高圣太上玉晨元皇大道君（为万道之主）。第三中位，太极金阙帝君，姓李，（壬辰下教太平主）。第四中位，太清太上老君（为太清道主，下临万民），上皇太上无上大道君。其中较为明显地提出了上清太清的名称，但“三清”之名位次序尚未确定，并且第三位为“金阙帝君”，太上老君却居于第四中位。道经记载中玉清元始天尊、上清灵宝天尊、太清道德天尊即太上老君，三号虽殊，本同为一。玉皇大帝全称昊天金阙无上至尊自然妙有弥罗至真玉皇上帝，太上开天执符御历含真体道玉皇大天帝，是道教神话传说中的天地主宰。玉皇大帝居于弥罗宫通明大殿之中，统领三界十方诸神与四生五道芸芸众生，并权衡世间一切兴隆衰败、吉凶祸福，是三清之下，四御之上的大神。玉皇大帝神诞之日为阴历正月初九，道教宫观要举行金箓醮仪，称“玉皇会”。

西王母。“西王母”的称谓始见于《山海经》，因所居昆仑山在西方，又叫西昆仑，故称“西王母”，又称金母或金母元君，或称“瑶池金母”“金母元君”“西灵王母”，尊称王母娘娘。《元始上真众仙记》记载：“复经二劫，忽生太元玉女在石涧积血之中，出而能言，人形具足，天资绝妙，常游厚地之间，仰吸天元，号曰太元圣母……太元圣母生天皇十三头，号曰太真王母”。元始天尊与太元圣母神交留下的后代，一位是东王公扶桑大帝，另一位就是九光玄女，太真王母（西王母）。在道教神仙体系中，西王母是所有女仙及天地间一切阴气的首领。原是掌管不死药、罚恶的上古女神，现多传为护佑婚姻和生儿育女之事的女神，西王母信仰中包含的长生不老理念也投合了道教对长生的追求。近代由于罗教系民间秘密宗教的盛行，许多人把无生老母与西王母视为同一神，号称“母娘”。相关传说有蟠桃会和牛郎织女之说。瑶池有桃树，“三千年一生实”，说的是神奇的蟠桃。

碧霞元君，道经称为“天仙玉女碧霞护世弘济真人”“天仙玉女保生真人宏德碧霞元君”，因坐镇泰山，尊称泰山圣母碧霞元君，俗称泰山娘娘、泰山老奶奶、泰山老母。北方很多地方都建有“娘娘庙”，除供奉碧霞元君外，还供奉碧霞元君座边弟子的送子娘娘、眼光娘娘、催生娘娘、天花娘娘。眼光娘娘，华北地区的道教女仙，被称为眼光圣母惠照明目元君，又称眼光明目元君、眼王奶奶、眼光圣母，其道场在东岳泰山，形象是一位专职负责医治眼疾的女仙，手托着一只大眼，象征明目、去眼疾。

古代神话中的五位天帝，即五方上帝，分别是中央上帝黄帝、东方上帝青帝（伏羲）、南方上帝赤帝（炎帝）、西方上帝白帝（少昊）、北方上帝黑帝（世称玄帝，即颛顼）。五显大帝，又叫五圣大帝、五通大帝、华光菩萨、马天君，为道家巫觋所祀之神，佛书则谓“华光如来”，俗称“五公菩萨”。三官大帝，指的是掌管天地水三界的“三官”之神：“天官”“地官”和“水官”，三官与三元相结合而为三位天帝。据《元始天尊说三官宝号经》，此三位天帝之名及其职掌为：上元一品赐福天官，紫微大帝；中元二品赦罪天官，清虚大帝；下元三品解厄水官，洞阴大帝。并称得道神仙，皆从三官保举；下方生人，但持三官宝号，能除厄难。真武大帝又称玄天上帝，佑圣真君玄天上帝，为道教玉京尊神，武当山主神就是真武大帝，道经中称他为“镇天真武灵应佑圣帝君”，简称“真武帝君”，民间称其为荡魔天尊、报恩祖师、披发祖师，为北方最高神，常御剑天遁，主人之生命寿夭。

斗姆娘娘，斗指北斗众星，斗姆原为周御王爱妃“紫光夫人”，生有九子，长子勾陈上宫南极天皇大帝，次子紫薇大帝，其余七子为贪狼、巨门、禄存、文曲、廉贞、武曲、破军，即北斗七星。北斗由天枢、天璇、天玑、天权、玉衡、开阳、瑶光七星组成，天枢、天璇、天玑、天权组成斗身，古曰魁；玉衡、开阳、瑶光组成斗柄，古曰杓。道教称北斗七星为七元解厄星君，居北斗七宫，《上清经》云：北斗七星，第一天枢宫，为司命星君；第二天璇宫，为司禄星君；第三天玑宫，为禄存星君；第四天权宫，为延寿星君；第五玉衡宫，为益算星君；第六开阳宫，为度厄星君；第七瑶光宫，为慈母星君，总称七司星君。专门奉祀北斗星君的庙宇称北斗星君庙。因北斗专掌生存，故民间又称为“延寿司”。

财神有文财神和武财神之分，文财神为比干、范蠡，武财神为关羽和赵公明，招财进宝为赵公元帅左右二将。文昌帝君为掌管士人功名禄位之神。文昌星，或文星，原是天上六星之总称，即文昌宫。一说在北斗魁前，一说在北斗之左。六星各有星名，称上将、次将、贵相、司命、司中、司禄等。古时认为是主持文运功名的星宿，文昌帝君与梓潼神张亚子有关。张亚子即蜀人张育，东晋宁康二年自称蜀王，起义抗击前秦苻坚时战死。后人为纪念张育，即于梓潼郡七曲山建祠，尊奉其为雷泽龙王。元仁宗延佑三年(1316年)敕封张亚子为辅元开化文昌司禄宏仁帝君，梓潼神张亚子遂被称为文昌帝君。《文昌帝君阴骘文》称，帝君曰："吾一十七世为士大夫身，未尝虐民酷吏；救人之难，济人之急，悯人之孤，容人之过。广行阴骘，上格苍穹。人能如我存心，天必赐汝以福。"魁星原为古代天文学中二十八宿之一"奎星"的俗称，指北斗七星的前四星，即天枢，"魁"与"奎"同音，并有"首"之意。清代学者顾炎武在《日知录》卷三十二称："今人所奉魁星，不知始自何年，以奎为文之府，故立庙祀之。乃不能像奎，而改奎为魁。又不能像魁，而取之字形，为鬼举足而起其斗。"奎主文章，很多地方都建有"魁星楼"或"魁星阁"，取"魁星点斗，独占鳌头"之意。魁星右手握一杆大毛笔，称为朱笔，意为用笔点定中式人的姓名，左手持一只墨斗，右脚金鸡独立，脚下踩着海中的一条大鳌鱼的头部，意为"独占鳌头"，左脚摆出扬起后踢的样子以求在造型上呼应"魁"字右下的一笔大弯勾，脚上是北斗七星。

灵官是道教最崇奉的护法尊神，相当于佛教中的韦陀。《明史·礼志》称："隆恩真君，则玉枢火府天将王灵官也，又尝从萨真君传符法。"城隍原为守护城池、维护治安之神，后城隍掌死人亡灵，道家举行道场仪式时要发文书照会城隍，才能拘解亡魂到坛。城隍庙里塑牛头马面、黑白无常、十殿阎罗像。明代后，地方官有悬而未决的案件，祭到城隍庙请示。民间认为阴曹地府由十殿阎王所掌控，十殿阎王分别是：秦广王、楚江王、宋帝王、仵官王、阎罗王、平等王、泰山王、都市王、卞城王、转轮王，第五殿阎罗王总领十殿。十殿阎王麾下还有：首席判官崔府君、钟馗、黑白无常、牛头马面、孟婆神等。

九天应元雷声普化天尊是雷部的最高天神。民间关于"五雷"有不同的说法，有说五雷为天雷、水雷、地雷、神雷、社雷，也有说五雷是天雷、地雷、水雷、神雷、妖雷。《历代神仙通鉴》称，雷祖"主天之灾福，持物之权衡，掌物掌人，司生司杀"。《明史·礼志四》称："雷声普化天尊者，道家以为总司五雷，又以六月廿四为天尊现示之日，故岁以是日遣官诣显灵宫致祭。"雷神下辖一个复杂的雷部组织，总部为神雷玉府，下设三十六内院中司、东西华台、玄馆妙阁、四府六院及诸各司，各分曹局。雷祖和雷公不同，雷公其貌寝。《山海经·海内东经》中称，雷泽中有雷神，龙身而人头，鼓其腹则雷。《论衡·雷虚》称："又图一人，若力士之容，谓之雷公，使之左手引连鼓，右手推椎，若击之状。其意以为雷声隆隆者，连鼓相叩击之意也。"《三教搜神大全》称，雷神"妖其头，喙其嘴，翼其两肩，左尖右槌，足踏五鼓而升，天帝封之为雷门苟元帅"，形象地描绘了雷公形象。

佛教和道教是我国最有影响力的宗教，道教、佛教的教义包含很多宗教内容，即使是以现世追求为主的儒家，也包含着大量天命鬼神的思想，如祭天、祭祖、祭孔礼仪。儒家不具备典型的宗教形态，却发挥着准宗教的文化功能，儒家在宗教方面保持不怀疑鬼神、对鬼神存而不论、对鬼神敬重的态度，如孔子说“未知生，焉知死，未能事人，焉能事鬼？不语怪力乱神，敬鬼神而远之”。我国宗教具有强烈的世俗色彩，以至于有被误会能否作为宗教而存在。罗素不无惊讶地说：“中国简直没有宗教，不只是上层阶级如此，而是全民皆然。中国有确定的伦理法则，但它不可怕，在这种伦理中不存在‘原罪’一说。”[①]冯友兰论述我国不将宗教放在显著的位置，“现在许多西方人都知道，与别国人相比，中国人一向是最不关心宗教的”，“实事求是地说，儒家学说并不比柏拉图或亚里士多德的学说更像宗教。‘四书’诚然曾经是中国人的‘圣经’，但是‘四书’里没有创世纪，也没有讲天堂、地狱。”[②]中国文化的精神基础不是宗教，而是现世的关系伦理，是人生理想和思想。梁漱溟断言：中国人是“世界上唯一淡于宗教，远于宗教，可谓‘非宗教的民族’，中国儒家哲学很少讨论彼岸和来世，很少论证上帝的存在”[③]。中国社会是一个以礼乐伦理为主的现实社会，主要体现为“第一，安排伦理名分以组织社会；第二，设为礼乐揖让以涵养理性”[④]。礼乐抒发情志，伦理序列名分，儒学以此代替宗教的功能。其实，宗教分为若干种，无论是入世还是出世宗教，都是宗教的形式，是支撑国家社会发展的文化支柱之一。

随着时代的发展，宗教将继续发挥其功能。社会是个整体系统，现代社会个体性增强，个人价值和社会价值对冲融合，这种社会同时需要宗教的终极关怀。但现代社会一个明显的特征是，宗教的神性价值逐渐淡化，世俗特征更加明显，这是宗教未来改变的主要趋势。现代宗教作为一种新的合理物，必须重新与人的生活和社会发生紧密联系才能被人信服，需要在理论上证明宗教的本质和凡人同一。神圣神灵不住在别的地方，而正是存在于日常生活、劳动和家庭中，西方一些宗教理论家就努力证明宗教的世俗性。例如在费尔巴哈看来，宗教的本质就是人的本质，宗教被还原为人的自身本质的一种反映。不是上帝创造了人，而是人以自己的形象创造了上帝。“属神的本质不是别的，正就是属人的本质，或者，说得更好一些，正就是人的本质，而这个本质，突破了个体的、

① 罗素. 罗素自选文集[M]. 戴玉庆，译. 北京：商务印书馆，2006：174.

② 冯友兰. 三松堂全集：第六卷[M]. 郑州：河南人民出版社，1989：1.

③ 梁漱溟. 东西方文化及其哲学[M]. 北京：商务印书馆，1999：198.

④ 梁漱溟. 梁漱溟全集：第三卷[M]. 济南：山东人民出版社，1990：110.

现实的、属肉体的人的局限，被对象化为一个另外的、不同于它的、独立的本质，并作为这样的本质而受到仰望和敬拜。因而，属神的本质之一切规定，都是属人的本质之规定。"[①]费尔巴哈期待建立一个"爱"的新宗教，将对上帝的爱变为对人的爱，他认为，我们必须拿着对人的爱，将它当作唯一的真正的宗教来代替对神的爱。费尔巴哈关于新宗教的最根本的内容是人对人的关系和关爱，"人与人之间的关系，道德上的各种关系，本来就是的的确确的宗教关系。生活在它的各种重要关系中，乃具有完全属神的性质。"[②]爱的宗教使人们在爱中找到满足自己感情的钥匙，解开生命之谜，达到对生命终极目的的认识，从中获得信仰所寻求的神奇物。

毋庸讳言，宗教的特殊性正在于它的超越性，当下宗教和人文主义一起作为骨肉相连的兄弟，成为影响世界和人类的两股力量。宗教的世俗性正在于发挥一种精神文化的气质，在世俗中没有更好的精神气质出现之前，宗教是其替代品。正如马克斯·韦伯在他的《经济与社会》一文中所说，"任何一项事业的表象之后，都有一种无形的支撑这一事业的时代精神力量，这种表现为社会精神气质的时代精神与特定社会的文化背景有着某种内在的渊源关系，在一定条件下这种精神力量决定着这项事业的成败"[③]。宗教从神坛"下降"为社会精神气质之一的文化要素存在，成为形塑整个时代特点的一个有机组成部分。在这个意义上，我国宗教的现实性、世俗性体现了宗教发展的未来，余天休清晰地探知了宗教的本质。

---

① 费尔巴哈. 基督教的本质[M]. 荣震华，译. 北京：商务印书馆，1984：44.

② 费尔巴哈. 基督教的本质[M]. 荣震华，译. 北京：商务印书馆，1984：350.

③ MAX W. The protestant ethic and the spirit of capitalism[M]. New York：Scribner，1904-1905/1958：52-53.

第七章　教育学术救国与读书法

众所周知,社会的治理、科学知识的获得和文化气质的养成都离不开教育。教育为国家民族振兴的基础路径,对国家发展有深远影响。教育资源投入少的国家发展起来就会缺乏后劲。教育也是开展国际交流、促进世界文化交融的方式,发展教育学术可以救国兴国。余天休在国内主要从事教育学术工作,他担任教授,创办学校,到了国外仍以教育学术为主业,创立中美学院,传播中国文化,故对教育颇有经验和体会。

人之受教,在于增长见闻、陶冶情操,受益于每位教育者总披其言传身教的综合,苟日新月异,不断受教,使自己成长,从而传承文化,发扬前人经验,而不必事事躬亲逐件一一去体会。教育主要对儿童、青少年阶段而言,现代社会要求人才能综合多元,样样融会贯通,故多访明师接受各层次教育显得很有必要。教育具有社会性,从社会角度看,与纯粹教育相比较而言,教育目标、方法及对教师的要求都有不同。教育机构除了教学,还有推动学术发展的任务,学术并非高深莫测,也不是少数人的专利,实际上人人可做学术,通过学术思考做好本职工作。活到老学到老,学习越来越成为终身活动,学习有各种途径,读书是其中的主要方面,书的写作者将他的个人阅历、人生思想精华浓缩集中抒写在纸上,供读者阅读思考,与口授面提的师徒模式效果几乎等同,然而方便易行,节约成本时间。本章主要阐述余天休的社会教育观、学术救国及读书法。

第一节　教育的社会性及教育目标、方向

如前章所述,民国时期,从西方传来的进化论风靡一时,进化观念渗透于社

会的各个方面，包括教育。余天休认为，教育总体而言，是让人们适应环境，人类发展有适应环境的必要，社会不断演化，是适应环境从简单组织到复杂组织、国家社会的过程。为适应环境而求知识的过程是为教育。[①] 这个观点无疑是教育社会学的，它揭示出教育不只限于教育活动本身，而且面向学校以外的世界。教育作为社会的一种制度和活动形式而存在，其本质和社会其他组织一样，是为了适应社会环境的发展变化。余天休的社会教育论受其所在环境的影响。民国很多教育家持类似观点，认为教育是社会的有机组成部分，与社会关系密切，社会的需要影响到教育，教育主要倾向和内容随社会的发展而变化。如贵族时代需要雍容揖让的绅士，故需要文雅教育；国家主义时代需要军国士兵，提倡军国民教育；资本主义时代需要商人工人，于是有职业教育的主张。[②] 民国不少学者追随美国杜威“教育即生活”“学校即社会”的信条，杜威在中国演讲，胡适是杜威的学生，杜威的教育主张在民国被大力推崇传播。杜威的思想归结起来即教育的目的是为了发展完全的生活，教育旨在帮助学生获得生活技能和指导生活。杜威思想的实质也是从社会来认识教育的。

教育帮助人们适应环境，而社会条件和因素变化莫测，所以余天休认为教育采用的方法主要是尝试与犯错，模仿及推理，以通过这种方式来产生一切文明和学问。他说学校即是避免犯错的地方，让人通过模仿和推理而学习。[③] 教育固然传承知识，而知识和文明都是累加的，如果每代人都重新创造文明，则文明将静止或发展缓慢，教育即是文明和文化的传递，这是教育模仿的一面。但教育不是完全地灌输知识，而是重在科学研究实验，科学可能会面临挫折，遇到困难，但不能因此而失去探索的勇气，从中获得新知，这更是教育的本质。唯有如此，教育才能适合于社会，补救社会的偏弊，使个人向社会发展，使人对环境的变更反应更为迅速。

个体如不能适应社会，则无益于社会，甚至可能对社会有害。教育和社会问题密切相关，对每一位受教者教育不当，就可能将一个破坏社会秩序的分子抛到社会中。“社会问题和犯罪往往源于教育不当，犯罪者多为不精练之工人和不能读写之人，中学前辍学的儿童去到社会，会于社会发生不良反应。教育乃完全生活之准备，学校的任务是为个人完全生活做准备的，个人有用于社会，

---

① 余天休．教育之社会目的[J]．黄公觉，译，社会学杂志，1922，1(3/4)：1.

② 常乃悳．全民教育论发凡[J]．民铎杂志，1925，5(3)：1-25.

③ 余天休．教育之社会目的[J]．黄公觉，译，社会学杂志，1922，1(3/4)：14-20.

如果学校能尽此义务，则社会问题解决矣。良善习惯的养成和不良习惯的纠正，源于生活的初期，这有赖于教育，教育使人合理地生活，抵御生活的引诱。一旦犯罪，再获改良机会微小，法律对于救济和预防社会缺陷的作用有限。"①教育主要针对青少年，教育他们早年养成良好的习惯，学会抵御不良生活的诱惑，逐渐变得理智成熟，成年后再按照早年所受教育的训练生活，如此就能减少社会问题的发生。如果在早期没有养成良好的行为习惯，自知不觉，待其违犯社会规范，只能进行严厉制裁，此时恐怕亡羊补牢，为之晚矣。接受足够的教育后进入社会的人，能对社会秩序的维护起到正向作用。

余天休进一步推论，教育要根据受教育者不同的个性特点施教，由于每个人对于环境的反应不同，因此教育需依照个别的情况而不是常规的情况进行训练，教育不能是同一的，教育要因材施教。而一般的课程就有这样的缺陷，所有的个体面对同样的教材，不同性格禀赋者学习同样的课程，这样不利于个体的发展。这样传统的因材施教法可以依据教育适应环境的总论推理而来。

教育的目标和方向是什么，应该培养出怎样的受教育者，是教育首要的问题。接受教育既为适应环境，那何者人最能适应社会。适者生存即为教育的目标。此处适应这个词具有特别的含义，适应是指为国家民族出力，教育应当培育踏实做事、为社会作贡献者，而不是教出那些投机取巧专营社会好处的窃途之辈。教育面向各行业，每个行业的人都可能通过教育成为精英人才，若是专营一个职业，例如人人都奔向仕途一路，并不是一件好事。"中国社会投机者多，如政客、兵匪、博徒、商人、假冒伪劣者，根源在于教育，教育多教人为官为君子，摆架子、顾面子，实务不兴。上行下效，使人与人交接，事趋于虚伪与表面，而不用诚实与公开。教育求学全在为官，而不为农、为工、为商、为兵，教育全非平民教育，与平民隔膜，以致民众无领袖，物质不进步，士大夫与民间隔绝，形如水火，对此国家需扫除积弊而革新。"②在此余天休对传统教育提出批评，其依据来自社会既有的陋念：传统教育目标设置上存在问题，社会普遍将工商农兵视为末技，胼手胝足，劳动挥汗不愿为之。而之所以如此，根本上仍在于要提高劳动者的权利，增加劳动者的福利待遇，社会带动教育作为指挥棒，使培养目标发生根本转向，不将资源机会堆积到为数不多的几个职业。从现在看来，教育培养虚文虚饰者，只知谋关系人情，如当下钱理群教授所言"精致的利己主义和投

---

① 余天休. 教育之社会目的[J]. 黄公觉，译，社会学杂志，1922，1(3/4)：30-36.

② 余天休. 中国现代社会的根本问题[J]. 社会学杂志，1930，3(2).

机者”，无半点实在，实际不会谋任何一事。这样培养出来的人可谓失败，这样的教育方式培育的学生在校也不爱学习。

余天休说教育不是教学生致富升官的，做一个平凡人也不是不好，在一定意义上教育需平凡化。“教育的目的亦不是教授学生致富的方法，不是准备他们居高位和做万能的事，不过引导青年向做人的途径上走而已。我们所传授的，不是非常的教育，而是平凡的东西，平凡的工作也可以努力，使其成就。教育应该平凡化，所有工人、农人、商人、军人，都应该接受相当的教育，务使他们自助、自救、自立、自强，才可以富国强种。教育青年用财之道，务使他们用财得当，得到人生真正的快乐，引导青年对于种种自然和社会现象产生兴趣，而有质疑和批评的态度，以享受人生极乐的幸福。”①

教育学生做一个平凡的人，这种观念是对教育的改革，至今仍具有很强的意义。随着当前高等教育的普及，教育培育精英的设想越来越不现实，教育方向由此应该发生转变。实际做一个平凡人也好，做一个平凡人也不容易，同样需要吸引丰富的教育内容和学会许多实际技能，包括做人做事的道理。这里的平凡人指除了官员以外的其他职业者或者非行业领袖。学做平凡人，学生不会对教育寄予太多厚望，不会在接受高等教育后感觉理想和现实相差太大，这样反而能够踏实地走自己的路，快乐地学习，提高真正的生活技能。

教育学生获得实际有用的生活技能，余天休这种培养主张与民国整体教育风气的转向相契合。民国初期，实用主义教育思潮已经散播开来，教育者认为传统的士大夫阶层无济于生活的培育方式已不能被现代社会容纳，以这种方式受教出来的青年虚而不实，误尽苍生，失去在社会中求生的本领。蔡元培阐说“实利主义教育，以人民生计为普遍教育之中坚，其主张最力者，至于普通学术悉寓于树艺、烹饪、裁缝及金、木、土工之中，此其说创于美洲，而进亦盛行于欧洲。我国地宝不发，实业界之组织尚稚，人民失业者至多，而国甚贫，实利主义教育固亦当务之急也”②。黄炎培进一步将这种观念演化为实用主义教育，提出实用主义教育的核心是教人能应对事。“教育者，教之育之使备人生处世不可少之件而已。人不能舍此家庭，绝此社会也，则亦教之育之俾处家庭间社会间，于己具有自立能力，于人能为适宜之应付而已。”③基于实用主义教育原理，黄炎

---

① 余天休．经济学原理[M]//谢立中．民族复兴与世界联邦：余天休社会科学论集．北京：北京大学出版社，2008：196．

② 蔡元培．新教育意见[J]．教育杂志，1914(11)．

③ 黄炎培．学校采用实用主义之商榷[J]．教育杂志，1913，5(5)．

培本人创立了中华职业教育社，培养大批学生，发动职业教育运动，激发了学生对生产和劳作的兴趣。

对教育何种人能适应社会需要，成为多数人中的分子或精英，当时有一项问卷调查，这项调查的对象是中学生、高中生、大学生和社会中的有知识者。从中高学生中共收集问卷121份，从大学生和社会人士中收回问卷504份。问卷设计了4个问题。对于问题“(1)成为好朋友的条件”，中高学生回答“诚实”者最多，有41人次，次为有学问者，有19人次，回答“谋公益”的仅有3人次，“诚实”是青年学生最喜欢的交朋友条件；最不喜欢的坏朋友条件，回答“狡猾”的61人次，其次为“骄傲”，有15人次。回答问题“(2)好首领的条件”第一位是“热心”(21人次)，其次为有经验、公正，也就是说，具有为公众服务的意识；坏首领的条件选择最多的为“敷衍”(30人次)，次之为“营私”(25人次)，愿意服务公众为当首领的秘诀。大学生和社会人士回答好朋友的条件选择频率最高的依次是正直、能互助、有学问；坏朋友条件出现次数多的依次为欺诈、无耻、贪财、嫉妒。最喜欢的首领条件依次为热心、公正、有名望，坏首领的条件出现次数多的依次为昏乱、不负责任、弄手段。这份调查表明，以前所重视的朋友道德品质如有名誉、宽恕、谦虚现在都不甚重视，以前重视的有势力、胆小、严厉、琐屑现在也都不视为坏首领的最重视要件，这是社会的一个新变化。[①] 这份调查主要证明，社会发展到现代，需要能为社会带来实际作用、促进社会发展、有实际技能的个体而不是空有形式和架子的敷衍虚饰乔装者，士农工商业都要发展。教育要适应这种形势而发生转变，这在一定程度上印证了余大休关于教育学生做平凡人的理论判断。

第二节　全民教育和公民教育

教师素质高低直接关系教育质量的高低，好的教师培养出好的学生。教师致力于教书育人，受人尊重，大多品高身正，专致本业，但是其队伍中也存在不良现象，一些教师混迹其中，不是为了传道授业，而是志在发家致富。“教师者志行高洁、品学兼优者不乏其人，但滥竽充数、不学无术、秉性卑劣者亦不可胜数。此辈置身教育，每视教务为盈利，学校如私产，把持操纵，结党营私，无所不

① 黄秉衡．中国社会需要与教育方针[J]．社会学杂志，1925，2(5/6)：1-56．

用其极。或则利用货利，讨好学生，培植势力。除日常授课，尚有其他营业，上课讲授，照读讲义，形同说命，课间闲谈，按时计薪，如收货价。信口讲述，毫无致力教育及培育青年之热忱。”[①]教师中这些现象的产生，固然受到社会风气的影响，这类教师对教授课程没有多大兴趣，上课信口闲谈，教课在于计薪，结党营私。教师作为传承知识者，教学学术是体现其职业精神的基本活动，其余活动都是次要的。

适应环境应该保持积极态度，适应并非顺应，社会染缸使人逐渐熟悉社会运行规则，而社会更多的是充满理想和希望。余天休言社会为达到圆满而积极设置自我运行目标，教育按照社会需要进行，非可按照社会习惯而行。故教育要多从正面引导，给学生理想的训练，促使学生整体积极进步，让学生认识到不必将人生完全埋没于实际利益的争夺和诈谋中。教育的社会目的有五种：其一，教人成为国民；其二，鼓励其对于科学文学及哲学等知识的兴趣；其三，教人自卫之方；其四，教其闲时自娱之法；其五，教以自谋生活。五种目的分别以社会教育、智育、体育、美感教育、实业教育达之。[②] 这五种教育包含具体的内容，如社会教育含社会学、政治、经济、法律、宗教、心理、道德、历史的教育；文学、科学、哲学归于智育内容；体育如防治疾病、保持身体健康、游戏、运动、军事训练；实业教育有家政、木工、铸造、用器、机械、工农牧林商业等；建筑、雕刻、绘画、音乐、诗歌、戏曲属于美育。总而言之，教育分不同类型，涵盖若干方面，凡社会需要的，都可列入教育范畴，教育内容本身不分良莠，每种教育的目的都旨在促使社会及个体生活更加美好，使个体全面发展，健康向上，实现自我价值。教育适应社会不是教育被社会拖着走，教育和社会完全融为一体；也不是与社会隔绝，自成体系，这是不现实也不可能的，而是矗立在社会的潮头，指出社会发展的问题，谋划社会未来，积极影响和改造社会。

民国民众受学校教育者少，民众十之八九不识字。根据李景汉 1930 年的调查，定县识字男女青年人数仅占 26%，青年是接受教育的适龄人群，不包括老年人和幼童，不识字者尚占 74%。所谓识字，基本是入完小学就不再升学了，而且 17%的人入学未满两年，18%的人入学未满三年，只能说认识一些字而已，不能说接受了真正的教育。[③] 余天休调查当地的农村教育情况，他去山东一个距

---

① 余天休. 教师风纪[J]. 正风，1936，3(10).

② 余天休. 教育之社会目的[J]. 黄公觉，译. 社会学杂志，1922，1(3/4)：45-71.

③ 李景汉. 定县社会概况调查[J]. 社会学杂志，1932，4(11).

离火车站点40多里地的居住着百户人家的村庄调查，发现这个村庄只有1所学校，1个教员，学生16人，很多儿童不去上学。原因是这个年龄段的儿童要去山上耕种，还有原因是私塾被取消了，念洋书太费时间，认不了多少字。以前有私塾4处，每处尚有学生20余人。另外一个距离济南城4里的山区的一个村庄有住户二十五六家，竟无一人认识字，孩子也要上山耕种取柴火。[①] 因经济落后导致“文化荒”，余天休由此提出全民教育思想，目的在于让普遍没有接受教育的民众快速提高识字率。他设想推行全民三百字课本，课本分为通俗、农、工、商、兵、儿童、妇女和政治常识八种，各地兴办全民学校。学校须保证每天授课时间不少于一小时，各单位准予这一小时的假，一个月为毕业期限，分级进行，分初级、中级、高级三种，每级授课不少于一个月。每区设立一个民众图书馆，全民教育运动限三年为期，凡不识字者公安机关可着手处分，三年之后，不识字者各机关商店企业不得雇用。经费由地方政府筹集，全民教育到了相当时期后，可以办理全民小日报，编辑全民字典、全民文艺小丛书等。他又根据当时的情况提出大学的部分实用课程下放到中学，中学前七年强迫必须接受教育，只有接受了这七年的教育才能获得国民资格，允许其步入社会经营事业企业。因课程内容丰富实用可使学生得到任事的资格本领，迎合了早期学生不能长时期在校读书而要谋生的实际需求，少部分学生中学后继续升入高等学校学习。

教育在这种特殊环境中凸显了它的价值。全民教育具有多种内涵，在当时主要指扫除文盲、强迫教育，类似于初级的义务教育。民国教育水平整体低下，一些有志者从事帮助农民识字的工作，有名的如晏阳初的平民教育实验，建立平民教育促进会，在河北定县设立实验县，帮助数万人读书阅报识字以及开展生计教育的活动。还有梁漱溟的山东邹平实验以及国民政府的其他实验县，都包含了乡农全民教育一项。在这之前余天休创办的专为边疆输送人才的东方学校以及他对西北教育的关注也都是在实验学校教育之外的教育途径。全民教育的内容随时代的发展而变化，由余天休的全民教育论拓展开去，全民教育就是社会教育。从字面意思和最初含义说，全民教育是将教育对象范围超越出在校学生，扩展到工作中的成人，也可以说是成人教育。成人没有系统的大量时间到学校等专门场所去学习，他们希望社会本身就是可供学习的学校。全民教育开拓出新的教育方式，全民教育使教育的功能和意义延伸出去，教育不但指正规的学校教育，而且包括社会教育和家庭教育，使当事者获得新的知识和

---

① 余天休. 几句民众教育的话[J]. 社会学杂志，1931，3(8).

技能改进，不论何种方式何地何时，也不管何人。教育和社会可以是同一的，教育社会化和社会教育化一体两面，同步进行。社会教育的地位其实不亚于学校教育，只不过没有得到广泛认同而已。社会教育的理想模式是社会到处都充满教育。“我们随时在一里半里地得到一个丰富的校图书馆，十步五步之内找到一块甜美的小公园，每一个村落间都有科学家在小小的实验室工作，每一个街道间都能找到艺术家在窄窄的艺术场内表演。不出门听到大音乐家的奏技、宗教家的说道、大学者的讲学，借用交通通信的力量半分钟内可得到万里之外公立大图书馆珍藏的书籍，儿童随时可以接受新知识，我们每个人都可以进行学术研究。”[①]全民教育是社会教育的一种，社会教育面更为广泛，凡具有教育价值的内容都可以列入教育的体系，整个社会大舞台充当教育阵地，而不单单局限于学校。

社会教育从内容上看，还包括社会交往合作教育，这是人们用来适应环境的一项必备技能。《社会学杂志》一篇文章论述了与他人组成团体教育的必要性。“在我们进化的社会中，一定分量的孤寂是必要的，但是宽大的同情、和蔼的交接、所应服从的社会约束也变得更为重要。而教育大都注重个体，少有社会教育，进行公民训练，教育人正确地与他人合作。”[②]个人在社会生活当然需要强化社会的意识，具备社会合作和互助的精神。关注社会，提升社会的责任感是教育中比较容易忽视的方面，关心个体是一种本能，社会是个体之外不能接触的非具体物，容易被忽视。这篇文章提到开展公民教育。人与人友善的、爱国主义公共精神，开放心态的、国际主义的友好态度，这些品质都来自个人性格以及作为家庭成员、社区成员和团体协会成员资格的训练。其中特别需要加强爱国教育。公民教育的实施地点包括学校、出版社、戏剧社、慈善机构、体育场、学术机关、宗教团体、协会、公务活动场所等。公民教育将社会教育提升到国家、世界的高度，教导人们充分意识到自己是国家和社会的成员，从而自觉地为社会服务。

除教育外，还有学术。东三省事变后，我国民族空前团结，社会各界提倡各种救国方案：商业救国、殖边救国、教育救国、组织义勇军、抵制日货等，余天休创建“九一八”学术救国社，倡导学术救国。其时以学术救国理念出名的还有贺麟、罗家伦等。贺麟认为，在学术文化的一等国，政治军事虽偶遭挫折，终必复

---

① 常乃悳．全民教育论发凡[J]．民铎杂志，1925，5(5)：22．

② 何雨农．个人与社会及教育之关系[J]．社会学杂志，1922，1(3/4)．

兴，因为“学术文化是培植精神自由的基础。一个精神自由的民族，军事政治方面必不会久居人下，而学术文化居二三等国地位，政治军备却为一等强国的国家，有如无源之水，无本之木。若不急从文化学术方面作固本梭源功夫，以期对于人类文化和世界和平有所贡献，终将自取覆亡，此乃势理之必然。历史上以武力横行一时而学术文化缺乏根基的民族，终至一蹶不复振的例证甚多”[①]。学术是强国的基础，未见学术弱而恒强的国家，一个国家如果学术强，国家弱是暂时的；反之，学术弱，国家强也是暂时的。罗家伦[②]为中央大学1932—1941年间的校长，在抗战期间，罗家伦说：“我们抗战，是武力对武力，教育对教育，大学对大学，中央大学所对着的是日本东京帝国大学。”[③]学术就是支持抗战，他认为大学肩负着“创立有机体的民族文化”的使命，大学坚持“学术第一”的宗旨，学术坚持“独立第一”的宗旨。面对日寇进犯，教育各战线的学者、教师都激发出空前的爱国民族热情，上海各大学教授组建联合会，发表救国大计宣言，宣称教育界当秉持学术救国的理念，“此天人迭祸、寇匪交迫之严重国难中，国民之筋偾脉张，须当建设科学教育，改进文化环境，提倡学术研究，中国之病根在文化，而起死之良方在学术。吾人坚决自信，舍文化无从复兴，非学术莫由救国，教育界共同从事于学术救国与文化复兴二大运动”。可见，教育学术救国为较多人所认识和提倡，并非无根据。

余天休倡导学术救国，其理由在于我们的文化比较落后，物质和武器落后，社会科学落后，士大夫教育风气遗留，如果要追赶上去，我们必须要发展学术文化，但他所说的学术不是一般所认为的学术理论，他的提法与前述学术救国观点都不尽相同。他说的学术包括学与术两个方面，学是指学一切知识道理，术指实践，学相当于知，术相当于行，学术和知行是对应的，学术的目的正在于发明或发现新的东西。“术分对人的术和对物的术，对人的术包括权谋、轻重、计谋、策略，还有术数，指预测祸福存亡的方法和数理。对物的术也包括两种，一是建设性的，一是治理性的，目的在于增加效率。学术综合起来就是应对内外环境变迁。提倡学术就是养成这种应变的人才，使之将来能应对所面临的问

---

① 详见贺麟的《文化与人生》，商务印书馆1988年版，第20页。贺麟，四川金堂县人，就学于清华大学、哈佛大学、德国柏林大学，新心学创立者，与冯友兰的新理学相对应，通常被称为现代新儒家，任教于北京大学，翻译介绍德国的黑格尔康德哲学，与程朱陆王学相印证。

② 罗家伦，字志希，浙江绍兴人，先后入北京大学、哥伦比亚大学及游学欧洲各大学，供职于东南大学、清华大学和中央大学，曾任国立清华大学首任校长和中央大学校长，代表作有《新人生观》《新民族论》。

③ 中国国民党党史委员会. 罗家伦先生文存：第12册[M]. 台北：近代中国出版社，1989：820.

题，这里的学术救国不是埋头读书、不问世事，而是更合理地、审慎地应对局势。”[①]“学术”这个词容易被理解联想为迂腐和不切实际，余天休的“学术救国”的学术是经世致用的，非一般而言的纯粹的书本知识；同时，不是指人人做学术，而是指个人在自己的岗位实践中，追求做事的合理化。一般人认为学术高不可攀，平素没有学术的意识，但学术本身不神秘，其实就是思考并改进工作中的不足和问题，这是人人都可以做到的。军事上、政治经济上，教育社会上都努力改进，不断进步，国家就能强盛，何尝会受到侵略。还有一种观念是表面尊崇学术，实际不把它真正当回事，认为学术空洞、对生活无实际作用，学术家不过是给他们俸禄薪金，羁縻一帮闲人不要闹事以粉饰太平罢了。这种观念也是错误的，学术帮助实践者认识、追求原理，达到一劳永逸、举一反三、促进技术革新的效果。这两种观念都是对学术的不当认识。如果学术昌明，各行业努力通过学术改进自己的工作绩效，国家就能够兴盛发达。

学术强国兴国。时下我国正处于经济社会发展转型时期，我们需认识到，学术为政治经济的基础，学术改进了，具有民族特色，找到适合我国的思维路径和文化方向，政治社会问题就能得到根本解决，国家也将更加兴盛发达。让国家社会重视学术，倡导学术精神，建设学术队伍，甚至提倡全民学术也未尝不可，这是确立国家发展根基的长远工作，可使发展不至急功近利，呈泡沫膨发特质。越是转型遇到困难，越不能着急，将主要力量用于学术，推动教育科技的进步，使国家的可持续健康发展在学术教育的基础夯实中得到保证，才是有益的发展之道。

第三节　读书法

读书对于个体步入社会富有意义，读书是用以求生谋世的途径和工具，养成读书习惯，对淑身工作均有长久的益处。古之学者君子疾没世而名不称，心情迫急，读书作文夙兴夜寐，不遑甯息，未敢浪费一寸光阴，“学如不及，犹恐失之”[②]。读书的价值在于可以变化气质，贤与不肖，才分不同，而求无不获者，其唯书乎，故书不可一日不读。只要间隔一段时间不读书，便觉面目可憎，语言乏

---

① 余天休. 学术救国[J]. 劳工周刊,1932,1(17/18/19).

② 语出《论语 · 泰伯》。

味，读书人精神上富有，拥有谦逊有礼的品质。从经济角度来看，买书读书亦不失为聪明的投资，其获利远甚于他业，只要富有楼阁，藏书从某种意义上多者益善。“田谷之利不及什一，商贾之利止于三倍，典籍之利淑身兴宗，化愚为贤，子孙永保，酌之不竭。一卷之书有益天下，此其为利不可胜言，节衣缩食，尤当为之。”[①]读书的作用演化于无形，节衣缩食购书不应当被认作迂腐不堪。经常读书可以使人的思考富有条理逻辑，凡事善于寻求义理，如此积累下来，其人本领增长。读书者可畏，“后生才性过人者不可畏，唯读书寻思推究者为可畏耳”，因为“读书只怕寻思。盖义理精深，唯寻思用意为可以得之，鲁莽厌烦者，绝无有成之理”[②]。思考的力量惊人，思之思之，神鬼通之，读书穷理盖为第一等事。

读书讲究方式方法。余天休著《读书方法》，言读书非为小道，该书序言说，人类社会，物竞天择，适者生存，智力超群者始得优胜，适者合适，环境也或具有抵抗力，一部人类史实为一本智斗史，发明新方式者为后起之秀，为未来胜利者。[③] 可见，智力改进并非小事，可措置到人类历史和发展的高度，这与一般对智力知识的认识不同，发明新技术在国家综合实力上取得不可替代且长久优胜的效益，此为历史所一再证明。而运用智力的根本途径在于读书，读书为智力拓展之源，读书不是简单的个人行为，而是具有历史和社会意义的。朱熹言：“为学之道，莫先乎穷理，穷理之要，必在乎读书。”[④]读书的意义并非只在于读书本身。余天休所著的《读书方法》共十二章，包括读书目的，阅读中的问题，读书的态度、标准、步骤、笔记方法、材料收集等，大力提倡读书和正确读书。在光影声大行其道的今天，真正读经典书者不多，阅读能力历年下降为有识之士所关注，现在有必要重新点燃人们对读书的兴趣，就这个层面来说，掌握读书法意义重大。

余天休首先说读书需潜心致志，孜孜以求，明白读书的道理。读书不是为了做官得富贵，不汲汲于富贵，不戚戚于贫贱，而是为从学术上探真理，求有功于社会，实现自己，为己为人。只有降低功利之心，才能读出成效。读书为何会分心，归根到底在于受到了外界的诱惑。读书用心，为读书基本之道，读书时精神专注，认真思考，随意浏览翻阅、匆忙过目严格说来不能算真正的读书。读书需虚静专致，徜徉沉溺其间，进入书的世界，心无旁骛。如果分心于其他事物，

---

① 张之洞. 輶轩语[M]//赵德鑫，等. 张之洞全集：第 12 册. 武汉：武汉出版社，2008：207.

② 语出吕本中的《童蒙训》。

③ 余天休. 读书方法[J]. 正风，1935，1(13).

④ 朱熹. 晦庵先生朱文公文集：卷 14[M]. 合肥：安徽教育出版社，2002：668.

即便看起来在读书，也不能侵入心髓，使记忆持久深刻。古人把这个道理说得很清楚。孟子言，“学问之道无他，求放心耳”，说出了读书中“心”的作用。朱熹更是入木三分，说读书要收放心，把心放到腔子里，不令走作，收敛精神，湛然凝定，外面任何事都恁地不管，不顾四方，注意力集中。读书专注就是敬，读书主敬，敬不是静，不是万虑休置，只是随事专一，谨畏，不放逸耳。“一边去看文字，一边去思量外事，只是枉费了工夫。”①读书要把心放到腔子里，注意力高度集中，读书就是敬书，读书需守住不怕孤寂、坐数十年冷板凳的精神。“日坐一室，不出门户，当理趣会心，神融意畅，虽户外钟鼓鸣而风雨作，不复觉也。”②读书者类似“隐居”之士，可致数月宅居而不下楼，对于外界的事情静若无闻，泰然处之。

读书有择书的问题。余天休指出选书的两点要求：其一，应选内容善美者，否则对己有害；其二，应选易读易解之书，文义过于深奥则味同嚼蜡。非有益之书不读，恶言乱耳邪书惑人，有益之书清人之心，养人之气，正人之志，立人之愿。多读名著，名著理论超群，读而不厌，心旷神怡，庸俗之书，读之无味，听之聒耳，弃之可惜，留之无益，多读良善教训、叙事有条理的书。也就是说，不是任何一本书都可以拿来精读，读书者选择书的标准是有助于培养自身高尚的情趣、条理逻辑和良善的道德。书籍出版层出不穷，汗牛充栋，书目繁多不可胜数，好书坏书混杂其间，读书有择书的问题。总体来说，读书应守约，泛滥者无功，人生精力有限，以其中一专门学科为主，其余书目辅助之，此为不易之理。章学诚对此说到极处，他说：“书卷浩如烟海，虽圣人犹不能尽。古人所以贵博者，正谓业必能专，而后可与言博耳。盖专则成家，成家则已立矣。宇宙名物，有切己者，虽锱铢不遗。不切己者，虽泰山不顾。如此用心，虽极钝之资，未有不能记也。不知专业名家，而泛然求圣人之所不能尽，此愚公移山之智，而同斗

---

① 参见《朱子语类》第 11 卷《读书法下》，中华书局 1994 年版，第 177-178 页。朱熹又言：“敬是心纯一不乱，神气清明。惺惺，乃心不昏昧，只此便是敬。”朱熹认为学习无外乎格物致知，而致知的目的为穷理，学者的读书功夫只在于唤醒上，辨别是非义利，持养体察，发现良心，使天理纯固。程颐亦言：“大凡学问，闻之知之者皆不为得。得者须默识心通。”他强调：“学贵于自得。得非外也，故曰自得。”知道了还不是学问，用心记住，随时可用，才是真正学到了。在读书过程中，读者和作者应达到心意相通，视域融合，精神共鸣的境界。读书和修心是一体的，一者涵养心性为读书“方有滋味颇有长进”的必要条件，另一者读书有助于培养心性，读书一事向来着急不得，当涵泳体察，尽享其乐。“学者须敬守此心，不可急迫，当栽培深厚，涵泳于其间，然后可以自得。但急迫求之，只是私己，终不可以达道。”参见程颐、程颢的《二程集》，《遗书》第 17 卷《伊川先生语三》，卷 25，上海古籍出版社 2000 年版，第 316 页；卷 2 上，第 14 页。

② 方孝孺．逊志斋集[M]．宁波：宁波出版社，2000：365.

宵之见也。”[①]切己者，虽锱铢不遗。不切己者，虽泰山不顾，因学力有限。阅读范围可以博，学者不可以不多见多闻，以相互博观参证，多闻阙疑，读书论人论世，论时论地，相关方面都集合起来，凡开卷有益。[②] 但多数书涉猎即可，观其大略，得其大概，更主要的是由博返约，挑选其中部分作为精读之书。全部材料不脱离问题本身，以问题为线索，贯彻始终，不应到处掘井，清泉未汲，半途而返。

其次，就读书过程而言，余天休说读书分精读、迅读与选读，其中精读最为重要，多读而不精不如少读为佳，读书不在于量而在于精。读书之理和治学等同，其精髓在于圈定感兴趣或重要的论题后深入思考，不浮于表面。学者之病喜博而病不精。[③] 新鲜材料多能激发读者的兴致，但为读书所忌。余天休指出，“读书一字一句均要留神注意，得其精义，涵泳体察，唯注意字句，才可促文句上下连贯”。古书一字之差，必失其意，读书循序渐进，理会了这句才理会下一句，理会了这章才理会后一章，对各章句应反复玩味。读书不是走马观花，浅尝辄止，东看西看，心中若存若亡，而是步步为营，坚实而行。朱熹曾批评读书人贪多务广：“大抵今人读书务广而不求精，是以刻苦者迫切而无从容之乐，平易者泛滥而无精约之功。”[④]此道理甚简单，能做到者少。好书可以反复阅读，读它几十遍未尝不可，隔几日再复习温故知新。学者不得贪多速成，勿忘勿助长，当治一经或一事，一经治然后治他经，一事治然后治他事，用力寡则易成，用心专则易精，心力有所属，不至流连载籍，比于玩物。[⑤]

余天休还提到，社会进步的基础在于积聚前人的学术智识，否则每一代人又要重新考察，即无暇增进新知识而不能推动进步。除积聚前辈学术成绩之外，还要清查前人知识的遗漏或错误并加以补充，这也是我们求学的目的。读书有校雠诠解的问题，读书者不但受书之益，而且书当受我之益。[⑥] 在当前信息海量、学术良莠不齐的今天，各家提出自己的学说，相互争鸣，选择正确的知识

---

① 章学诚. 文史通义[M]. 沈阳:辽宁教育出版社,1998:174.

② 萧公权认为,读书人开始应该经历一个放眼望书痛快淋漓的阶段,否则将缺乏通识和系统眼光,治学容易偏于专隅,见木不见林,甚者误将天边的浮云看作树林。详见萧公权的《问学谏往录》,学林出版社 1997 年版,第 71 页。

③ 黄庭坚. 黄庭坚全集:第 19 卷[M]. 成都:四川大学出版社,2001:465.

④ 朱熹. 晦庵先生朱文公文集[M]. 合肥:安徽教育出版社:2981,2165.

⑤ 精读也有不足之处,主要是书时过境迁,不为当下时髦,尤其现代社会千变万化,精读跟不上时代。这就要求读者百折不挠,不要疑惑,既定了目标,就要坚持下去,多歧亡羊,多途昏昧。不能看见别人园子里热闹就丢了自己的耕地,风气轮流可转,精读所看文字材料有限,重复生烦,但久之发生兴趣,自得其乐,养成习惯。

⑥ 孙诒让. 札迻[M]. 北京:俞樾序,中华书局,1989.

而不被错误知识所诱导显得尤为重要，应学习真正具有价值的系统学问而不是那些碎片化或者娱乐化的符号。从一定意义上说，精简知识比增加知识更为重要。

再次，余氏提到读书不是完全依照作者的意图，不要对书固执迷信，要多加怀疑批评，发现问题，追求原理，不人云亦云，读书重在怀疑，提出自己的看法。读书贵疑，如张载言观书者释己之疑，不但在有疑处，而且“于不疑处有疑，方是进矣”。又说：“学行之乃见，至其疑处，始是实疑，于是有学在。可疑而不疑者不曾学，学则须疑。”①学即是疑，疑即是学，疑和学相辅相成，是同一的。疑也就是深思的过程，朱熹也说，“读书始读，未知有疑，其次则渐渐有疑，中则节节有疑，过了这一番后，疑渐渐解，以致融会贯通，却无所疑，方始是学”。“读书无疑者，须教有疑；有疑者，却要无疑，到这里方是长进。”②书不可以不信，亦不可必信，遇到不可解问题，多疑或阙，不妄自增删判决，疑就是发生提炼问题，以问题为中心，对问题求解。

余天休进而言之，读书要有一股子精神，对学说的思考不能半途而废，畏难而退，要步步踏实、针针见血，彻底向前，不达目的不停止。学如逆水行舟，不进则退，读书要具有奋斗的精神。读书不要朝三暮四，目标专一，可致奇效。③ 读书要把问题弄清楚透彻，对于书中描述的问题、现象反复思考，不断发问，废寝忘食，不顾其余。“学者读书，须是于无味处当致思焉。至于群疑并兴，寝食俱废，乃能骤进。”④

此外，在读书方法上，余天休赞同读书做笔记，说读书需勤做笔记，笔记以卡片形式分类保存。⑤ 勤做笔记，有助于保持牢固记忆，这是做笔记的优势。余天休又赞成读书负笈访友，以增广见闻，激发志气，耳提面命，亦友亦师，如果独学无友，则孤陋寡闻。现代社会通讯交通发达，千里之遥一朝即至，朋友间随时交流，若是所访者确能够坦诚提出真知灼见，对于学术创新诚为有助。

总而言之，余天休归纳的读书法包括如下方面：其一，读书需得到良好的精

① 张载. 张载集[M]. 北京：中华书局，1978：157，165.

② 朱熹. 朱子语类：卷 11[M]. 北京：中华书局，1986：186.

③ 余天休. 读书方法[J]. 正风，1935，1(13).

④ 朱熹. 朱子语类：卷 11[M]. 北京：中华书局，1986：189.

⑤ 曾国藩推崇笔记，说“读书须勤作札记”，“久久渐成卷帙”，他特意提到高邮王氏父子成为著名学者，文章多由笔记摘录而来。偶有所得，随时记录，如此以我观书，发挥个人主观能动性，书尽为我所用，而不受书牵制。梁启超说抄写书这种方法笨是笨极了，苦是苦极了，但真正做学问总离不开这条路。以前学者读书多做卡片，分类保存，卡片多者可达数箱，垒在房中。

神，观察实验，知行合一，循理审己；其二，读书的精神为客观，观察实验为的也是客观，读书最要紧的是不先见为主，不要将己见硬参入书中，观各家异同，不先于判断，毋必毋我，将自己的意思胡乱穿凿附会古人的意思；其三，不受人惑，就问题反复思考求证，读书久之，形成谨慎细致的习惯，这和做人做事是一致的，都不可莽撞。从余氏对道德修养如沉忍有为等良好性格的论述我们可以看出他对理性谨慎的赞赏，读书就是在养成、修炼这些品格，以达到对事物的完全把握和自觉自适的状态。余天休主张读书和实践相结合，不能成为书呆子，他个人的经历一直在践行知行合一。书中的道理有待于从实践中验证，读书不能完全拘泥于书本，固守陈规，读书就是在体会各种不同的实践特点，寻找其中的规律，和不同类型的知情者交流，进入他人的世界。学者效也，读者在书上看到的道理和观点，应用事实来验证，看是否与实际相符。“学者读书，须要将圣贤言语，体己于身”，“诵诗三百，授之以政，使于四方 ”，通过实践，读书延伸到书以外的世界，发展书中所讲的理。

第八章　发展经济:经济学原理

近代中国受列强侵略,内忧外患不断,爱国之士多次探寻救国强国之路,从根上说,强国离不开发展经济。如果经济发展良好,则国家大为强盛。余天休提倡殖边救国,创办边语学校,输送人才到边疆,将其作为救国良策,还提倡水利救国。殖边救国和水利救国主要依据的是经济学理论,是从经济发展角度出发的,故将这部分置于他的经济思想范畴。此外,余天休曾出任过银行经理与经济顾问,亲身参与过具体经济事务,在经济方面颇有心得,经济思想丰富,他论述经济学原理,将经济一词解释为平衡长久,用平衡一词概括经济的要素特性。他还介绍了投资销售技术、美国经济发展情况,关注房屋地产涨价事宜以及水利经理等金融经济问题,并从整个国家宏观视角出发,思考经济建设和经济体制改革等问题。

第一节　殖边救国和水利救国

有土地人民斯为国家,每个国家都在保卫和力图扩张自己的领土空间,历代那些惨烈的军事战争无一不围绕土地争夺的目标展开,寸土必争,占领土地后再移民驻扎开拓富源。近代西方各国普遍在他国殖民,其势力范围遍布世界各大洲领地,英国因此获得“日不落帝国”称号。日本试图占领我国东北地域,日本通过演讲、电影、座谈、奖励等方式诱使日本本国人移民满洲,专建满洲移住协会、南满铁道会社、日本拓务省机构作为他们的移民事务机关,这些机构分批次组织大规模移民,陆续分布在我国东北部。

余天休重视边境建设,提出殖民边疆。他认为,国家救治之方的根本在于人口的适当分配，而人口的适当分配莫过于殖边移民一途。[①] 1922 年，他发表了《发展中国边境意见书》宣言，宣言称我国治乱病原莫非人口过多、物产不足，唯有移民边境，消散游民，社会才能安定，再谋以海外殖民。边邑移民的理由是中国根本的社会问题是贫穷，95%的家庭是贫穷的。以一家五口每天的最低生活标准算，每年至少需要 250 元，但拥有 250 元的家庭实在很少，北京每月平均工资不过五六元，全国的人平均分配不足 100 元，所以中国现在唯一的问题是生产问题。而生产不足和人口过多有关，人口多使资源竞争激烈，贫富不均，解决这一问题可以依靠殖边，开拓边境，使人口适度分配。内地人口过密而边境地广人稀，满蒙藏疆人口只为内地人口的 4%，而土地逾内地两倍，移民边境，利用厚生。[②] 移民边境能解决国内人口疏密不均的问题，内地人口多，无生产；边境人口少，无人生产。如果移民，既促进了边境经济，也解决了内地失业问题，一举两得，均衡发展整体国家经济。他陈说殖边救国的步骤：第一期，办理殖民学校和边省旅行团；第二期，办理垦殖公司、转运公司；第三期，健全相关移民机构制度。提倡移民边境以及海外移民是对当时人口稠密且生产不足而言的，目的在于使人口与经济取得均衡分布。

殖边在当时为新事物，各界对于殖边持不同看法，同意不同意者皆有之，殖边容易和殖民混为一谈。1924 年，余天休发表《再谈殖边问题》，称殖边不是去侵占边邑土地，殖边不是殖民，殖是开垦、开辟之意，边指边境之地或空荒之地。殖边不单指边境省份，内地 18 省也有三分之一的土地需要开垦，北京也有可开垦之地，如南下洼先农坛天坛等处，殖边是将人口稠密之民移到边荒地，使人口均衡分布，发展国计民生。[③] 余天休找到各省荒地人口统计资料，总汇起来，他尤其重视西北边境，称西北高原为中华民族的发祥地，主张多移民西北。[④] 余天休区分了国内移民和国外移民的不同，殖边实际是国内移民，是在全国范围调节下的有序活动，不同于西方的海外侵略殖民。移民边疆的目的是解决内陆人口膨胀问题，着眼于从全国整体格局，盘活整个国家发展棋局，促进边境开发。边疆尚有许多荒地可供开垦，足以养活剩余人口。

---

① 余天休，余天铣. 中国人口问题解决之必要[J]. 社会学杂志，1923，1(5).
② 余天休. 殖边救国[J]. 社会学杂志，1923，1(5).
③ 余天休. 殖边问题[J]. 社会学杂志，1925，2(4).
④ 余天休. 新西北，1929(1).

表 8—1　荒地面积及增长比例(根据伊藤武雄的调查)

年份	亩数	增长比例
1914	258 235 867	100%
1915	404 369 948	157%
1916	490 363 021	190%
1917	924 583 899	359%
1918	848 935 748	329%

我国自古为人口大国，1930 年代人口就达 4 亿，那时现代化大规模工商业生产还没有完全展开，农业又受到西方产品的冲击，剩余劳动人口一时无法安置。一些社会人口学家如陈达、吴景超等提议通过节育方法缩减人口，但控制人口的后果是劳动力和消费市场均显不足。过渡时期的特殊人口过剩引致人口内部竞争，人们获取资源的途径日益减少，社会为此动荡不安。对此，余天休提出的解决方式是疏散人口，移民边境，这种方法的好处是不必要一味减少人口，而是着眼于如何利用当下市场需要，发挥人口对推动社会经济发展的作用。他创办东方学校，就是为边境提供专向人才，他本人从北京到西北工作，任西北大学校长，从某种意义上就是一种开发西北亲身实践参与的方式。这里需要注意，殖边移民和人口节制并不是两个等同的概念。殖边移民并不是因为人口已经增长到不可解决的地步，余天休认为事实上没有必要为人口膨胀而恐慌，社会自有生存淘汰的方式，例如随着社会的进化，人的生殖力将逐渐减弱。他引英国社会学家斯宾塞所说：工业社会女子进入工厂，与男子同处竞争地位，根据生物学见解，个体越发展，生殖力越减少，用心过度求个体的发展，体格得不到相当的发育，生殖力则顺次递减。[①] 社会越发展，生殖力越下降。实际上，对于人口的增长没有必要过于紧张，人口增长能带来相应的劳动力，只要人口问题和区位一起解决，人口不聚集在相对狭窄的空间里，人和空间的分布相得益彰，人口方面的主要问题就能解决，这也确是需要注意的问题。殖边移民正是为了将人口布局匀称，使每一片土地上都有适当数量辛勤劳作的人们，有利于同时解决人口和生产。余天休在人口问题的认识上不是单一的就人口而论，而是将人口与经济挂钩，人地相连，他的思维区别于一般的人口社会学家，不纯粹地说控制生育。

① 余天休．人口过剩恐慌的神经过敏[J]．社会学杂志，1931，3(10)．

开发边境历来受到重视,早在1909年,清朝理藩部就奏请成立了殖边学堂。[①] 殖边学堂为造就边地应用人才而设,分蒙部科、藏卫科,分授蒙、藏语言文字及历史、地理、法制、理财学科,学生三年毕业,学成调用边疆。因蒙古殖边学堂开办得较为成功,其经验被要求推广到南北洋及闽粤奉鄂鲁皖诸省。到了民国时期,殖边形成一种运动。冯玉祥有专门的开拓西北的计划,其意将西北一带改为七个行省,以实行兵工政策,还打算将准备迁移内地的移民作为他的新行省基础。民间成立有中国殖边社、中华殖边团[②]、新华殖边团等社团,他们发现,我国人口十分之九居于东南三分之一地,而西北、西南沃野万里,矿产丰富,却无人开发,货弃于地,无人收取,人口区位严重失衡。西北人口密度每平方公里尚不足二十人,殖边拓边社基于此组建。中国殖边社是其中一个规模较大的组织,其社刊《殖边月刊》[③]发刊辞阐明了殖边的意义:中国殖边社的任务有二,其一,致力于开发边荒,以致富庶,辅助政府;其二,殖边武装,其防自固。其中也专门解释了殖边的"殖"与殖民的"殖"的不同,殖边不是侵占他国的土地,而是开发本国土地富源。殖边对于边境有影响,民国官方一度讨论并公布因蒙藏等少数民族认为"殖民"一词含有侵略的意思,所以希望各界慎用理藩、殖民、拓边等词,以求各民族之间平等对待。但殖边后来成为民国建设的国策之一,国民会议经常提出相关议案,建议成立殖民试验区和殖民银行。

边疆移民还有另外一种作用:加强国防,这对近现代的中国来说很有必要,对此也有相关讨论,一些论者认为要保护腹地,须先维护边疆,防备外国侵略最重要的地方在于边疆。边疆稳则国家安,国力集中在边疆地带才能保卫好整个国家,而要在边疆树立强大的国防,就需要移民拓边,增强边疆实力。

移民殖边固然存在一定难度和许多不利条件。马相伯著文说明了殖边的困难,他认为殖边政策本身没有问题,但是有谁愿意真正去殖边,边地地皮那么便宜,交通又不便利,从上海经内地到新疆还没有取道西伯利亚到俄国便利,到西康坐法国邮船比出川来得快,在这种情形下,只怕殖边是一种设想而难以变为现实。同时,这篇文章说去殖边的人应当具有勇往直前的勇气,放大眼光到

---

① 殖边学堂地址在北京宣武门内辟才胡同,除了殖边学堂外,清朝还开办了宪政学堂、商务学堂等。

② 发起人罗树昌、叶莲、秦湘溥等人,组建了西南实业公司。根据中国殖边社的一个调查,类似的机构有三十多个,如太原西北实业公司、北平西北研究社、西北屯垦团、中华全国道路建设协会,也有专门研究的学术机构,如清华大学中国边疆问题研究会(发起人郑林宽)。

③ 编辑人高君实,发行人余栗,参加者有胡朴安、邵力子、吴经熊、翁文灏、聂云台诸位。

图 8—1 《殖边月刊》内页

边疆去，努力建设，繁荣地方。① 由此看来，殖边最主要的困难源自边境的交通问题，西北六省包括陕西、绥远、甘肃、宁夏、青海、新疆在内，交通普遍困难，内地去新疆要 3 个月左右。余天休的一个调查反映了边地交通条件恶劣对经济发展的不利影响。他说当时内地边陲交通基本停留在中古，以牛马骆驼为主要交通工具。由绥远至哈密遥有 5 000 多里，骆驼每日行走 70 至 80 里，沿途各站休息停住，费时两三个月，往返半年以上，若是飞机飞行三小时足矣。彼时横跨太平洋至美洲大陆飞行需三昼夜，巨轮八九天到达，从上海到旧金山乘轮船需两周时间。从运输量看，火车运货车一辆可载 1 000 吨，骆驼一头负重 400 余斤，一辆火车运载量抵 5 000 头骆驼。巨轮可载 80 000 吨，等于 80 列火车、40 万头骆驼。交通不便带来很多经济问题，如物价奇贵，北平面粉每包值二三元，到新省每包达三十元以上，运费高昂，再加上沿途路费及盗匪如毛使得物价高涨超过都市。长安距离渭北产煤之地仅 200 余里，渭北煤营山遍野，长安煤价

① 参见马相伯的《谈谈殖边》，载于《殖边月刊》1932 年第 1 期。马相伯，原名马志德，别署求在我者，晚号华封老人，祖籍江苏丹阳，教育家、复旦大学创始人、震旦大学首任校长，后人辑有《马相伯先生文集》。

每百斤高至十余元，相距不远也因运输不至。[①] 交通是经济发展的主动脉，如交通不便利，经济肯定发展不上去，物品种类少缺乏交换空间，生活条件差，移民就存在阻力。

殖边难的另外一个原因是西北一带从地理条件看缺雨少水，不适合种植米稻农耕，而适于游牧。分析者称秦汉以来皆有殖民，但效果都不理想，原因主要在于农耕文化和游牧文化的差距和分野，农耕者不适应游牧环境，农民不愿意移居边陲做不擅长的游牧民。

无论是交通还是自然条件，归结起来，人们更愿意奔向容易获益的地方，如同现在大多数人愿意选择特大城市、一线城市生活而不是去三线城市或农村生活一样。但是这些问题都能解决，民国是现代工业社会，工业社会和农业社会不同，工业化可以突破地理条件的限制，工矿企业能够设置在任何地方，只要交通便利，西北部开发就大有可为，现代化生产力的发展解决了汉唐以来移民的顽疾，突破了农业和畜牧业的界限。农民不愿意去边境，工人可以去。至于交通，只是建设的问题，铁路公路修建随时进行，都不是不能解决的问题。固然有人不愿意去边境，但也有许多人愿意去边境，每个人都有自己的选择。那些内地不易谋生者和逃荒者，可招纳进驻。此外，裁兵垦荒，兵多会增加人民的负担，散兵是社会治安隐患，易形成新军阀，可化兵为工，集体计划，施行军队屯田垦牧、稼穑、畜牧或造林，兴修水利，筑路交通、铺设通信设备，这样既补贴粮饷，又为边防，平时维持社会治安，需要时出征，一举数得。[②] 另移囚边境，赞成此法者称古有舜流共工于幽陵，以变北狄；放驩兜于崇山，以变南蛮；迁三苗于三危，以变西戎；殛鲧于羽山，以变东夷。此法被清朝采纳，清季军流，实放流科刑，移囚流放为传统对待罪犯的方式之一。维新变法后一律改为囚禁，以致监狱人满为患，民国再提流放刑律，移囚即移民，囚犯在边境自由生产，只是不得逃脱。犯罪程度与流放地距离远近成比例："徒刑五年以上十年以下发遣于近边，处十年以上徒刑发遣远边，无期徒刑发遣于极边。"[③]总而言之，移民边境虽然面对种种困难，但还是有致力可为的空间。

在民国提倡殖边的倡议者和实践者中，余天休是较早之人，在 20 世纪 20 年代他就曾提出这一建议，并连续发表若干篇论文，对社会产生了一定的影响。

---

① 余天休. 今日何日[J]. 正风,1936,3(7).

② 友仁. 裁兵殖边议[J]. 国立中央大学农学院旬刊,1928(10).

③ 童枕谷. 移囚殖边[J]. 法学季刊(南京),1930,1(1).

1930年，余天休将他对殖边问题的思考总汇成《殖边问题研究》一书，由西安中山大学出版发行，全书共分五章，包括殖边的意义及工作、中国民族向外移殖略史、殖边的重要、中国人口问题、殖边的计划及整理耕地水利等方针。附录有《边邑社会情状》《孙中山先生开发西北谈》《伍廷芳治边刍议》《各省区荒地与人口分配表》等九篇内容，为研究当时殖边问题提供了不可多得的书籍资料。从这些资料中我们能比较系统地了解余天休对殖边问题的总的看法、解决方案及依据。殖边不单是经济问题，还是社会问题，移民后还有对新环境的适应，余天休在此提到，中国人善于同化，利用文化教化同化异地之民，让其他民族和地区的人接受我国文化。文化同化是缓慢进行的，初始不令人注意，后来则成为习惯，南洋、美洲等都是照着这个趋势进行的。[①] 文化同化起到"润物细无声"的效果，待知髓知味后则难以抗拒，也就是说，随着时间的推移，文化将内地与边境融为一体，各地人地理杂居、文化同一，由此克服了移民的畏难心理与社会障碍。

余天休又论水利救国。余天休在关中工作时目睹了西北大旱，由此兴起谋水利发展的想法，那时他从经济学上研究水利，预备资料，意为他日备开发西北用。后在齐鲁讲学观黄河滔滔水患，更觉治水的必要，于是集中外材料汇聚成《水利救国》一书。该书的起言道：中国为农业国，若水利问题不解决，将无太平之日。历代兴亡盛衰，莫不以水的问题为标准，大乱之起，水旱灾随之在后。秦始皇统一六国成就帝业，因关中为天府之国，其所以致此者，水利为之。工业国也以水利为前提。水与帝王事业有莫大关系，水旱灾为农业国大患，为社会治乱之预兆，小者扰乱社会治安，大者使朝代更替。[②] 余天休将水利治理成败提高到国家兴亡的高度，其所著的《水利救国》，包括水患预治方法、水与富国的关系以及发展水利的意见等种种与水利相关的内容。

对于农业国家而言，水利可谓是农业的命脉，水利建筑不当，农业几无收成，也可能引发巨大灾患，水利上升到国家战略。发展水利要根据水利的特点来经营。一条江河可串联起沿江河的所有居民，所以水利经营者不但要了解物理的水源气候地势、土壤的知识，而且要善于处理与周边农民、投资者的社会关系。保护农民，向用户效劳服务，保障投资者的利益，这样才能更好地发展水

---

① 余天休. 中国民族移殖的趋势和它的得失[J]. 殖边月刊，1932(7).

② 余天休. 水利救国[M]. 北京：京报馆印行，1934.

利。[1] 余天休从更为广阔的社会角度看待水利经济，拓展了水利经营就水和水利工程而论的经济范围，不只将水利看作纯技术问题，而把它当作一个社会经济问题。只有善于处理与水利相关利益者的关系，维护农民的权益，才能解决这类在经济上容易发生纠葛的难题。

第二节　经济学原理

在民众普遍贫穷落后的情境下，余天休重视国家的经济发展和经济问题。他认为西方国家以经济为立国基础，执国政者莫不以社会经济利益为念怀，如若不是，必引起人民的反感而被迫下野，美国全民的口号为"商业为优先"，英国自称为"开商店的民族"。经济事业发达，学术乃得进步，而国力日强矣。当时，我国唯一的问题为"愚"与"贫"二字，整个社会问题之梗概可以数语详之，即民众衣不足，食不饱，居无所，长无教是也。故余天休专著《经济学原理》一书。[2] 经济发展是国家发展的基础和前提，一个国家应该富裕，富源才可能强大，任何时候都不能低估人们内在的强烈渴求物质财富的动机，毋庸置疑，人们大部分时间所想的是有关谋生的事情。贫穷者与富裕者发展机会不一样，西方经济学家马歇尔说，穷人虽然可以很快乐，但其发展机会总是受到限制，"他们很少有机会去寻求友谊，不知道什么叫作文雅或宁静，甚至不太了解家庭生活的和谐"，"在城市和乡村里，有许多人是在缺衣少食、居无定处的情况下长大的，他们长时间做着令人疲倦的工作，没有机会发展更高的智力。"[3] 只有物质上衣食

---

① 余天休. 水利的经理问题[J]. 正风，1935，1(22).

② 余天休. 经济学原理[M]//谢立中. 民族复兴与世界联邦：余天休社会科学论集，北京：北京大学出版社，2008：73.

③ 参见马歇尔的《经济学原理》，华夏出版社 2012 年版，第 3-4 页。阿弗里德·马歇尔（Alfred Marshall），英国 20 世纪初著名经济学家，英国经济学学院派领袖，创建了包括庇古、凯恩斯、罗伯逊在内的剑桥学派，属于经济学的新古典学派。他在其名著《经济学原理》开篇生动地描写了贫困对个体生活的影响，使人对贫困心有余悸，这种描叙或许过度夸大了财富的作用，忽视了财富如果多于超出个人享受之外的消耗在这个过程中给拥有者所带来的不良影响。他说穷人的"生活不一定是不健康或不愉快的，他们以爱上帝和他人为乐，他们还可能拥有某种自然情感方面的修养，所以他们过的生活可能比许多拥有较多物质财富的人更充实。但是，尽管如此，贫困总是他们生活的一种巨大的、几乎是不折不扣的灾祸，即使在健康时，他们的疲劳也往往等于痛苦，而他们的欢乐又很少；当生病时，贫困所造成的痛苦就要加重十倍。虽然一种知足常乐的精神可能会使他甘心受苦，但是还有许多别的苦难是这种精神无法使他们甘于忍受的，如过度劳作及教育不足、疲乏及忧郁、缺乏安静及空闲等，这使他们没有尽情发挥才智的机会"。马歇尔一度被称为庸俗经济学家。

无虞，工作上有乐趣，人们才能有时间、有闲暇提高精神文明，发展文化教育。

经济的含义是什么？经济就是用于谋生的科学，包含人类一切财富、交易、富源、理财、生产、消费、分配、工金、利息、租金、价值、价格和计算财富等。经是经营、济为补助，就是救济，经济为营生之谓。[①] 经济学能使人更理性地对待获取生计之道，营生是一件包含内容广泛的复杂连续活动，这是从广义上看待经济。事实上，经济不单指金钱物质交易，经济渗透在其他一切社会关系中，经济和社会密不可分。现代社会在经济上具有特点，如资产、物产、私权，个人财产神圣不可侵犯的观念，遵循契约精神，实行依法律章程的平等交易，这些都与古代不同，可见经济观念对社会的影响。经济发展也遵循物竞天择的原则，经济发展是适应环境、生存竞争的过程，取决于自然环境和人的品格的不断演化，演化时期从渔猎时期开始，至游牧时期、农业时期、手工业时期、再至大工业时期。[②] 经济的历史和其他方面的历史一样，而且更为明显地在不断提升、进化。

经济学是一门研究财富的科学，但不能认为它除了财富其他不涉及，它也是一门研究人的学问，人的性格形成于日常工作及获得物质资源的过程中。[③] 归根到底，经济的目的是养成一种经济品格，发展经济的过程也就是学习做人的过程。那何种性格的人容易获得财富？看来运气只会偶尔降落在过或不及两类极端者身上，好的经营或者说经济实质是取其中或中庸的问题。从长远看，消费合理，不吝啬也不奢华，适当储蓄，收支平衡，满足合理的需要，不被引诱购买不需要的东西，这就是经济。以生产而论，经济的生产要付出代价，投入劳力、资本、资源等，但生产要量力而行，不是产品越多越好。价格方面同样如此，生产出来的产品如果定价过高，买的人一定很少，定价过低，酬报少，也不划算。例如市面上的帽子最高价为每顶 1.2 元，最低价为 1 元，假如有 20 人有购买意愿，其中只有 1 人愿出最高价，那只能卖出一件而已，如果是每顶 1.15 元，愿意卖者 20 家，而买家 6 人；如果市价是 1.08 分，愿意卖者 18 家，愿意买者就有 13 人了；如果市价跌到 1.05 分，愿意卖者 15 人，买者则有 16 人了；如果市价为 1.06 分，愿意卖者 16 人，愿意买者只有 15 人。那么市价的标准大致在 1.05

---

① 余天休. 经济学原理[M]//谢立中. 民族复兴与世界联邦：余天休社会科学论集，北京：北京大学出版社，2008：74.

② 余天休. 经济学原理[M]//谢立中，民族复兴与世界联邦：余天休社会科学论集. 北京：北京大学出版社，2008：88.

③ 马歇尔. 经济学原理[M]. 北京：华夏出版社，2012：3.

分至1.06分最为合适，所卖出的帽子有15件了。[①] 商品价格随商品供给量的增加而降低，竞争者数量越多，竞争就会变得越激烈，竞争者之间联合的可能性变少，促使价格降低，这些都是一个平衡中庸的问题。货币发行也是这样，货币发行过量急于扩张一时难以收回，将出现虚假繁荣而突然破产的迹象。信用扩张，生产发展，但很多是用借来的款项，此时信用一旦收缩，来不及清偿债务，债务人相互催债，而如果银行又不肯在这个时候放出现币，就会导致工厂大面积关闭和工人失业的后果。反之，信用过于紧缩，生产资本不足，也容易出现社会问题，信用货币是结合现实平衡合理度的把握。

市场像一只无形的手调节着社会公益。外汇汇兑也是取自动的平稳办法，外汇波动涉及国家而不是单个企业，其波动更不大。“如中国兑美国汇率升高，中国人买美国货就少些，美国人可以多买中国货，来中国旅游。这样经过若干时间，两国的汇兑逐渐回复原状而平汇，不然美国物价必飞高，他们积累的现金过多，国内的物产求过于供，结果他们的物价高。这时美国会想把余款放到别的国家投资，使国际汇兑得以平衡。”[②]汇兑短期内有高低波动，但从长时期看，比如一般数周或最多几个月，就将恢复到以前的水平，其反弹修复能力超乎一般的想象。

同样，在一个地方投入的劳力、资本要与这个地方的总容量相适应，因为酬报遵循递减规律，投入过多和过少一样不能获得最大收益，三人工作和十五元资本便是报酬递减点，如下表所示。

面积	人工(人)	资本(元)	总产量(斗)	每元资本平均产量(斗)	每人平均产量(斗)
一亩	1	5	40	8	40
一亩	2	10	100	10	50
一亩	3	15	165	11	55
一亩	4	20	200	10	50
一亩	5	25	225	9	45
一亩	6	30	240	8	40
一亩	7	35	245	7	35

---

① 余天休. 经济学原理[M]//谢立中,民族复兴与世界联邦:余天休社会科学论集. 北京:北京大学出版社,2008:124-125.

② 余天休. 经济学原理[M]//谢立中. 民族复兴与世界联邦:余天休社会科学论集. 北京:北京大学出版社,2008:137.

下表更清晰地标示出：每件6分的纯利最多，4分无利，提高到7至8分也有利，但不如卖6分多。由于竞争，价格总在6分以下，约在4分至6分之间。

每件卖价	卖出总数	总收入	每件的变异消费	总变易消费	固定消费	总消费	纯利
1角	6 000	600元	3分	180元	500元	680元	损80元
9分	8 000	720元	3分	240元	500元	740元	损20元
8分	12 000	960元	3分	360元	500元	860元	益100元
7分	18 000	1 260元	3分	540元	500元	1 040元	益220元
6分	25 000	1 500元	3分	750元	500元	1 250元	益250元
5分	35 000	1 750元	3分	1 050元	500元	1 550元	益200元
4分	50 000	2 000元	3分	1 500元	500元	2 000元	无利

通过这种分析，余天休将经济学原理阐述得非常清晰透彻，合理平衡的原理贯彻于所有的包括生产、消费、货币的内的经济现象中，其道理一以贯之，这种说明胜过很多经济学教材事无巨细的举例和复杂的数学公式图表。在经济活动中，如果不能审时度势达到平衡中庸则为不经济，过犹不及，都不是科学的经济方法。将复杂的经济问题做如此简明扼要的说明，可谓抓住了经济原理的关键。

从经济学的角度看，余天休奉劝学生不要都去做官，因为大家都做同一个思想和行为，则做官一定竞争激烈。就如经商，如卖货的人比买货的人多，卖手比货多，这行的买卖一定站不住，应该满足社会的需求，而不是大家都朝着热门的一个方向走。现在的情形是社会中需要有人待做的，没人过问，如果我们肯牺牲虚荣的念头，而面向社会所需要的方面，那一定有机会，不怕没有出路。经济学对于我们的补助，就是在这里。①这种论说对那些热衷于做官文化传统的人们不啻当头棒喝。"至于图谋高位，亦不应为人生的目的，因为社会所需要的领袖极少，若领袖过多，谁来做被领导者呢？千万士兵之中，才有一将领，千万工人之中才有一工业领袖。无权者以为有权的人即可快乐，有权的人则觉得其责任的苦衷了，若全世界只有富首领者才可以快乐，那么，我们的世界一定是很苦的了。中国现在有些人犯了这个毛病。如果都想做最有权势的人，可是这样的

① 余天休. 经济学原理[M]//谢立中. 民族复兴与世界联邦：余天休社会科学论集. 北京：北京大学出版社，2008：195.

职位又很少，那一定竞争得很辛苦。”[1]既然如此，我们的教育应该转向，教育不是都教学生致富升官的，做一个平凡人也不是不好。既然大多数人注定平凡，那么教育不妨平凡化，教育受教者如何做一个平凡人，这并非简单的任务，实际可作为教育基本的目标，平凡人包括从事平凡的岗位、会用财和做学术研究等。

余天休对人生职业选择的评论根植于他历史研究的功底和对历史众多现象的洞察分析，他在《经济学原理》的序中说我国传统士大夫的思想鄙视农工商业，以求功名富贵或争权夺利为职志，这是导致出现社会问题、经济不良现象的主要原因。作为一本经济学的书，余天休却奉劝大家不要总想着发财致富，财富不是人生唯一的目标，应全面地认识财富和经济的价值。“社会是多方面的，不单是经济，还有政治、法律、社会、道德、宗教，人生的价值、目的和成功不能以交易为标准，人生最宝贵的东西不是可以在市上买得着的，成功也不是死后留下的资产。财富只是一种宝贵的东西，而不是最宝贵的，有时还因财而致害。若以财富为衡量个人地位的标准，则社会的进步就没有意义了。凡一地的人民，若以拜金为信条，则其政治必贪污，政治成了生财之道，一旦得势，即可致富矣。这种毛病常使社会趋向于不安，因为以金钱为人生观者，则可将大局牺牲而为个己的私图了。这实在是中国目前最大的毛病。人生的快乐，社会的安定和民族的生存，亦不常以财富为基础。物质进步的好处，是因为它能够扶助人类更求向上的目的，而不是以它的本身为目的。用孔老先生的话说便是以财发身，而不是以身发财。我们若果把这目的忘记了，就像那行路的人，到了半途遇见有个很好的小店，便永久投住在这店里，而忘却回家去。求财只为人生的途

余天休《经济学原理》

① 余天休. 经济学原理[M]//谢立中. 民族复兴与世界联邦：余天休社会科学论集. 北京：北京大学出版社，2008：196.

径，而不是他的目的，若果人类只以求财为目的，那么学术一定不能发达，而生活亦一定是痛苦的。”①求财只是人生目标的一种，不是全部目标，人生还有相比财富更多的事业。财物作为实现愿望和发展事业的途径工具，其目的是使人过上有利于个体身心、服务社会的生活，如果忘记了求财的这种初衷而将其作为归宿，将增加财富作为唯一的活动，不能理解财富只是旅店而不是家，以至于消耗身体本基，不顾及道德关系，则误解了获取财富的意义。

余天休阅读了当时西方主要经济学家的著作，如约翰·斯图亚特·密尔（John Stuart Mill）②、亚当·斯密（Adam Smith）③、亨利·乔治（Henry George，又译为佐治）④、大卫·李嘉图（David Ricardo，又译为李克图）⑤、理查德·西奥多·伊利（Richard Theodore Ely）⑥、约翰·阿特金森·霍布森（John Atkinson Hobson，又译为霍白孙）⑦、弗兰克·陶西格（Frank Taussig）⑧、帕顿（Patten）、伯恩斯坦（Bernstein，又译为本那斯坦）、洛里亚（Loria，又译为罗利亚）、斯帕格（Spargo，又译为斯巴沟）、埃德温·罗伯特·安德森·塞利格曼（Edwin Robert

---

① 余天休．经济学原理[M]//谢立中．民族复兴与世界联邦：余天休社会科学论集．北京：北京大学出版社，2008：196.

② 约翰·斯图亚特·密尔，19世纪英国著名哲学家、经济学家，旧译为约翰·斯图亚特·穆勒，西方近代自由主义最重要的代表人物之一。1868年，密尔出版了《政治经济学原理》，在1890年马歇尔的《经济学原理》出版之前，《论自由》（1859）是他最著名的作品。

③ 亚当·斯密（Adam Smith），现代经济学创立者，一生著述不多，主要著作有《国富论》（1776）、《道德情操论》（1759），他思想独立，喜欢孤独，他在给朋友大卫·休谟的信中说：“我的娱乐是独自在海边远距离散步，你或许会评判我怎么这样打发时光，但我个人觉得特别快乐、舒适和满足，我一生中最大的享受恐怕也莫过于此吧。”

④ 亨利·乔治（Heng George），美国19世纪末期知名社会活动家和经济学家。他认为土地占有是不平等的主要根源，提倡征收单一地价税，让土地国有，废除其他税收，使社会财富趋于平均。孙中山的民生主义思想受其影响，孙中山赞誉：“美人有卓尔基·亨利（Henry George）者，曾著一书，名为《进步与贫穷》，其意为世界愈文明，人类愈贫困，著于经济学分配之不当，主张土地公有。其说风行一时，为各国学者所赞同，其阐发地税法之理由，尤为精确，遂发生单税社会主义一说。”亨利认为，土地属于共有财产，土地收益应该属于全体人民。经济进步、工资增长的同时，地租也增加了，地租房价吃掉了工资的部分，而这种贫富差距悬殊的进步不是真正的进步。

⑤ 大卫·李嘉图（David Ricardo），英国古典政治经济学的主要代表人物之一，英国古典政治经济学的完成者，代表作有1817年完成的《政治经济学及赋税原理》。他认为限制政府的活动范围、减轻税收负担是增长经济的最好办法，提出国际贸易比较优势理论。

⑥ 理查德·西奥多·伊利（Richard Theodore Ely），1879年获海德堡大学博士学位，后为霍普金斯大学的经济学教授。

⑦ 约翰·阿特金森·霍布森（John Atkinson Hobson），英国政治思想家、经济学家，毕业于牛津大学，投身英国社会改良运动，主张国家干预计划，缓和社会的不平等，提供社会福利，被称为自由社会主义家。

⑧ 弗兰克·陶西格（Frank Taussig），哈佛大学哲学、法学博士，布朗大学、哈佛大学分别授予他文学博士，西北大学授予他法学博士，密执安大学授予他法学博士，德国伯恩大学授予他名誉哲学博士。美国经济学家、新古典学派国际贸易理论的主要代表，代表作《国际贸易论》《工资与资本》。

Anderson Seligman，又译为色里格满）[①]等的著作。他在《经济学原理》后面列出的参考文献，几乎网罗了同时代的著名经济学家，中国和西方的都包含在内，有些经济学家甚至不太为当代人所熟知，为我们保留了那些查找那时经济学资料的珍贵索引，西方经济学是他分析经济学原理和中国经济问题的思维锐器之一。

在对中国经济的解释上，如同对于中国社会的分析，余天休强调中国的特殊性。他认为中国社会经济和外国不同，倘以外国经济理论解释中国经济问题，必不能获得圆满结果。他举例指出，经济都重视供需定律，最重要的是生产，生产包括资本、土地、劳力、企业、经理五要素，他按照这五个要素逐一分析中国经济。其中，资本为生产第一要素，金钱投于生产牟利为资本，资本所得利息取决于社会中的资本总数，资本符合供需规律，如资本过剩，则利息低；若缺少资本，则利息高。中国的情况是利息高，一种印子钱，利息极高，以月、旬、星期、日计算，周息二三分至八九分不等，当铺利息为 2 分半至 3 分不等，银行周息为 1 分三四厘至 2 分。农村因缺乏钱，款项反比城市高，农村利息更高，城市金融更能流通，这是中国经济的特殊性。土地方面，土地价格高低因地区差异常常发生供需失调现象。绥蒙河套及其他边邑地区，每平方公里数元或数十元，江浙、安徽、湖南、四川等省，100 元可购买一亩地。广东、北京、上海、天津等地地价最贵，广东乡间地贵者达 20 000 元 1 亩，普通价格千元 1 亩，市区买地以方尺为单位。香港地价尤其昂贵，工人租房很少租一整间房，只租一木架铺位，每架六七尺高，分为三四层，每层约 3 尺高，6 尺长，有若书架状，每架可睡 1 人，每个房间可置三四件这样的架，每架三四人，每个房间睡 10 多人，每人每月纳租金五六元不等，每月每个房间可得租金约五六十元。上海南京路地价价值 100 000 元 1 亩，北京王府井大街及前门大街一带，系 20 000 元 1 亩，这都是供需不均的结果。地价要看地段如何，地段好的价格高，地段不好的价格低，这是一个通律。劳工为经济第三要素，我国人口过剩，工人工资低廉，普通每日可得八九角不等，每月数十元，大部分工人每日二三角，甚至数分而已。生活程度同样低，七八口之家，每日四五角也能维持生活。工人的学徒每天工作七八小时，无工资，无衣服费，仅供饭，年节给些剃头零钱买鞋袜费，为数甚微。北方农民农作仅 6 个月，冬季 6 个月赋闲可做小本生意、拉车、油匠、木匠、锔碗匠等副

---

① 埃德温·罗伯特·安德森·塞利格曼（Edwin Robert Anderson Seligman），美国经济学家，1885 年获哥伦比亚大学博士学位，1891 年后任教该校，著作有《经济学原理》《所得税研究：历史理论与实务》。

业。应施行工业化，容纳这众多人口，发展企业，培训企业经理人才。[1] 余天休关于经济要素的分析至少可以表明两点：其一，金融在越大的城市中越能流通，价格越便宜，农村的金融资本反而更昂贵；其二，城市地价昂贵，租金不菲，地价随地段而定，同时通过租房租金可以反映出阶层差异。那时劳工生活清贫，够不上温饱，这是社会应该特别留意的现象，劳工力量不可小觑，原因固然是现代工业没有发展起来，对此的解决方法应该是多建立工厂企业，提高生产力，安置劳工。由于既关注国情特殊性，又从现实出发，所以余天休能得出创见，指出解决问题的有效方案。

第三节 其他经济问题

余天休还关注美国经济情状的变迁，他介绍了美国 1929 年以来经济危机的情状及罗斯福新政应对举措。[2] 余天休还阐述了美国汽车大王福特的主义，福特主义从经济学讲归根到底是用广告和宣传来训练一般民众，让他们购买他们不需要的东西，让他们重买还没有用完或没有被破坏的用品，其实就是一种浪费的经济学。这种经济学认为这种思想若实行起来，世界就日益繁荣了，因为浪费越大，需求越大，则生产必定增加。商业永不会萧条，节俭的思想就没必要存在了。余天休不无讽刺地评论说，由此原理推论出去，战事可以促进繁荣，故意设计制造不结实的产品可以被接受，如汽车、楼房等，让人们重新购买，还有提倡离婚，限制饮水，也可以增加繁荣。在这种经济制度下，那些收集用一次就扔的旧物品的人一定要发财了。[3] 余天休关注并对美国经济中的浪费现象予以了解释延伸，说明浪费在经济增长中的作用，提出浪费经济的众多形式，他并不认可由浪费产生的经济学。他认可中庸的经济观，过度浪费的不良后果起码是使资源匮乏、经济发展后继无力。

余天休又论说怎么卖货。商人卖货需要具备一些基本条件，商人要和主顾熟悉，要了解他的性情，帮助卖货，要能从顾客的言谈举止中判断他是什么样的人。例如有的顾客属于没有决断力的人，那卖货者要尽力告诉他货物质量和货

---

① 余天休. 中国之经济问题[J]. 新民声，1944：1(3).

② 余天休. 晚近美国经济情状的变迁[J]. 正风，1935(8)：70-72.

③ 余天休. 美国最近的新经济思想[J]. 社会学杂志，1931，3(6).

物受欢迎的程度，同时说某顾客对货物的批评，用别人的言行影响那些没有决断力的人的判断。如果顾客属于夸大型的人，就需要对他奉承和同意；对吝啬的顾客，则要说明我们货物的便宜；对容易满意的顾客，需告诉他货物受很多人的青睐。有智慧的人不容易被说服，他们有主见，与这类人交易比较困难，对他们要表示敬重。一般普通的顾客，都希望交易诚实公平，不可欺骗他们，还要加以必要的礼貌，表示愿为他们服务。遇到顾客有顾虑，要设法打消他的顾虑，如所卖的房子离火车站稍远，可以说这十到十五分钟的路程适合步行锻炼身体；如果离车站近，我们可以说交通便利。如果我们的房子冬天朝向冷，那么可以说房子夏天凉爽，若是房子夏天热，就说冬天温暖。总之，无论什么东西，都有反对的声调，我们要找另外的理由应付。再者，卖一个东西可以附加另外一件东西，使这件东西看起来更美，比如卖牛奶的在里面添加香料，卖空地者盖马厩给爱马养马的人。如是这样经常考虑顾客的利益，和气生财，让顾客知道自己是和气的人，那就是最大的卖出货物的资财和广告。[①] 善于卖东西是一种才干，商人和顾客攀谈，从中了解顾客的意愿、顾客的购物习惯和嗜好，有助于推销货物。此外，"在交谈中显示推销者不但对于所卖的东西十分了解，而且知道同类的货物存有充足的货源，督促尽快交易。如果去拜访顾客，说话不要太随便，也不要拘谨畏缩，态度要自然，要考虑顾客的时间和方便的地点，顾客有事或心情不顺的时候就不要去拜见他"[②]。另外，推销方法也应多留意，推广商品另加赠品是一种推销方法，如集合一定量的面包里的纸包赠予奖品，为地皮征求适合的名字，优胜者有奖，购买多者奖励等。[③] 在这里余天休讲解了丰富的商品推销知识，推销是学习经济的起步，是需要在实际中练习的技能。

总的来说，经济并非吝啬的代名词，不是去关注短期利益，而在于致力长远。"凡事不可因小失大，坐井观天，谨小慎微，贪图微利，固步自封，而无法成其宏大。对人得宜，事半功倍，否则虽满腹经纶，亦毫无发展，对人需宽厚为怀。为政为国者亦然，贪图目前利禄，不致力长远，则失去良机。常见有人对家常琐屑账目、柴米油盐细务躬加检点，空费宝贵时间，得不偿失，为一二铜币与人争吵甚至被殴送至法院判罚数金，有人家中失火尚思家中藏金挺身抢救，都因小失大。对朋友爱财如命，锱铢必较，难获朋友之助。为政者亦然。"[④]消费适度体

---

① 余天休. 商人卖货的秘诀[J]. 正风，1936，3(2).
② 余天休. 怎样做一个善于卖货的人[J]. 正风，1936，3(3).
③ 余天休. 以赠品推广营业的方法[J]. 正风，1936，3(4).
④ 余天休. 因小失大[J]. 正风，1936，3(1).

现了中庸平衡的经济理念在日常生活之用，消费不单是个人享受，而且直接关系到对外界的交往，“一方面不可自私，爱财如命，应对人慷慨，自私心理的人，待人一定刻薄，故其绝对不能得到他人的友助，并无理由向他人求助。另一方面，借债度日固然不宜，向商号赊账亦非善策，赊账使人滥购，结果欠账日积月累，以致无法清偿，所以用先进交易最为上策以免拖累。我们对于一切奢侈、一切夸耀、一切虚荣，务须诫勉，否则债台高筑，自求烦恼了”①。消费适度正在于放眼长远，积累未来之功，经济成功者皆注重长期效益，不在乎一朝一夕的得失，投入于某项事业而不是从事投机。“做事不可急功近效。孟子曰：欲速则不达，其进锐者，其退速，世事绝无侥幸，成功必经相当努力奋斗，其过程越久，所得功效愈显著。事有本末，本立而道生，根基厚而枝叶盛，做事按部就班，有条不紊，循序渐进，终有成功之日。如只求急功，投机取巧，见异思迁，毫无定见，结果将一事无成。事业成功者，莫不由平素刻苦努力长期毅力积学而成，为官为学经商者亦然，莫不由日积月累朝夕不断努力而成。”②长期坚持不断地做好一件事情，循序渐进，天长日久，不求急效，终有成功之时，为官求学做生意莫不如此。

家庭是社会的细胞，维持着社会的基本秩序，相比于社会其他组织，家庭是社会制度创生的本源。“人类乐群之冲动完全起于家庭，家庭维持社会大部分安宁，人类团结中组织最完善的莫过于家庭。人类同情心，良好之特性，完全产生于家庭，大同主义也可溯源于家庭。”③如果家庭陷于危机解体，社会其他组织也将遭到损害，甚至使国家力量削弱。爱德华·迪瓦恩(Edward Devine)写道：“免于家庭陷入分裂和沉沦是保卫国家最激动人心的路径，所有破坏社会秩序的行为都可以通过削弱家庭影响的行为来衡量。”家庭作为社会系统的基础部分，具备多种功能。余天休论述婚姻家庭与经济社会的关系时说，家庭是人类最初的社会制度，是社会的小乾坤，先有家庭后有社会制度，一切社会关系都从家庭中衍生出来。家庭能绵延种族，能将社会上的物质产业、精神产业世代遗传下去。家庭亦是社会中博爱心的出产地，社会进步以博爱心和互助心为原动力，所以家庭可谓是社会进步的根源。孔德说，构成社会单位的是家庭而不是个人，又有人说，社会

① 余天休. 自安[J]. 正风，1935(8).

② 余天休. 急功近效[J]. 正风，1936，3(3).

③ 余天休. 社会之意义[J]. 社会学杂志，1923，1(5).

良善与否，只观其中包含的家庭良善与否即可知之，所以家庭在社会中位置重要。[①] 家庭的作用体现在若干方面：传递社会产业，触发对人的爱和互助的起点，社会的企业、教育、宗教等机构都从家庭中分化出来，家庭不但是社会的微组织，而且形塑了社会经济和其他组织。我们要推动家庭的建设和发展，其意义是多方面的。"家庭的发展不是仅仅为家庭本身，而是借着家庭的组织性增加整体福利，从而资助家庭每位成员的发展。家庭成员在家庭中优先，并通过这一方式间接地推动社会进步。"[②]这是对家庭的经济学和家庭在整个社会系统中的作用的阐述。

旅店入住南来北往的客人，旅店是社会的一扇窗口，余天休也研究了当时的旅馆饭店。民国旅店适应不同人群的需要，各有差别，分西洋式饭店、旅馆、客栈、公寓、客店、车店、闲人店等。同样的，各类饭店费用贵贱不等，西洋式饭店每日需 2 元至 10 元不等，饭菜另算；旅馆则每日租金数角至一至两元，客店每月房租 1 元左右，公寓和客店差不多，客店较为简陋，每日二三角左右。车店也是客房，可供骡马饮食，更加简陋，一套牲口骡车每日需 2 角左右，两套牲口骡车需 3 角，车夫不另收费，车店比较危险，谋财害命的也有。闲人店是三教九流，乞丐、盗贼、贩夫流浪者所聚之处，每间房数十人，每晚收铜圆数枚。[③] 大多数住店总体简陋，而且不安全。其中，闲人店为贫民聚集的小店，城市里都有，从外表上能看出来这类小店的特征。"城市设贫民小店收留游民，北京这种小店门口常挂一搂物的笆篱为招牌，天津用石灰作一球或葫芦挂在门口作为标记，也有写'留闲人''招待闲人'字样的，每日收铜圆 2 大枚、3 大枚，里面凌乱不堪。夏天留宿街头的人少，冬天人多，2 枚铜圆的只能睡鸡窝被，无被盖，无开水。3 枚铜圆的有炕，一炕容数十人，中间备火炉，有开水。"[④]贫民小店设施极其简陋，难以抵抗寒冷，勉强能够住宿，闲人店是特别的旅店，已经成为历史陈迹，余天休的描述在一定意义上保留了那时闲人店的原始资料。这里说明了民国时期旅店的经济类别，从中了解到入住者的贫富差异程度。

余天休很早就介绍了现代金融投资，这在同时期并不多见。他说投资技术

---

① 余天休. 社会学大纲[M]//谢立中. 民族复兴与世界联邦：余天休社会科学论集. 北京：北京大学出版社，2008：58.

② BUCKLIN H S. The family in sociology and social work[J]. The Chinese journal of sociology，1924(2)：2-3.

③ 余天休. 旅店之类别[J]. 社会学杂志，1930，3(3).

④ 余天休. 中国之经济问题[J]. 新民声，1944，1(3).

包括经理投资商号(替企业融资的专门投资公司)作用,债券报销方法,企业家、理财家及资本家推进新式投资技术的方法,投资集团及证券交易所的设立,新式投资机关经营范围,经理投资利益等内容。投资商号的作用在于代客买卖物品和替企业融资,投资的目的是可以借此获得代管抵押品的经营、代缴房租、分期抽签还本、付利息等收益,还可以征收手续费、包销证券、收取佣金及贴现金。证券在投资者手中反复买卖,投资商号因此不断得到手续费。为获得更多资金和防止过度竞争,投资商号可成立招股公司,各股东预先交纳保证金,然后采取一致行动,遇到投资机会即请会员共同参与,组织投资商业公司,或叫投资公会,汇集各部力量,这样达到一荣俱荣,一损俱损的目的。会员可以入股若干,做公司股东,以信托公司或交易所作承办人,再行分派各家分包。[①] 投资商业公司付给企业的资金自己先行垫付,但不必立即让企业提走,而是给企业开一户头,需要时提取,同时该企业的证券陆续发出。房产等不动产,可发行小额票面债券及分租之,同时收纳抵押品。投资商号承担破产商号及清理商号责任,在查封期间代为管理,等待诉讼完成后再行划出,并打理代清算账目、折价发行等事项。投资商号的利益来源主要是佣金、利息、自留股票利息、手续费、支筹办费等。这些业务与当代金融业并无二致。余天休曾任《正风》杂志社主编,该杂志由正风经济社承办,正风经济社有很多投资业务,包括:代买卖商品,代办出入口货及代理国际汇兑,介绍买卖抵押转押及包押房产,代办储蓄及代理人寿保险,介绍放借款项包销及代客买卖有价证券,代客探查投资机会,介绍投资及承办投资资金,出版商业经济书报及代理商号刊登广告,以及代客翻译中外商业文件及介绍中外通商,承办商号登记及商标注册,承办商业调查及提供商业情报,代办商业设计及代理商人创投公司,代理商号发展业务及整理业务,代理商号清理债务及整理破产商号,承私人或团体或政府委托充任顾问及指导经济事宜。[②] 正风经济社是经济投资理论的实践,是企业性组织,余天休在此积累了一定的投资经验,后来他又做过一段时期的银行董事,对银行金融业务很熟练,这些都可视为他在经济投资方面的实际操作。

余天休指出了我国人民在发展经济方面的优势特质。中国人具有明显的发展经济财富的能力,节俭、自我控制管理、独立自主、耐心、仁慈、感恩、宗教容

① 余天休. 投资技术[M]. 正风经济社,1939:17-22.
② 余天休. 投资技术[M]. 正风经济社,1939:27-28.

忍都是我国人显著的品质。[1] 从文化传统方面，他对我国经济未来发展充满信心。在推动宏观经济发展方面，余天休论述了包括工业、商业、农牧渔业、矿业、交通水利在内的各产业发展以及统制金融资本、增加财政措施等方法，他从国家整体经济建设出发，探讨了发展国家经济的理论方法，这些方面现在都可借鉴。他还提到了一种经济上的精神——发展新经济伦理，"即经济上刺激人们发明新技术产品的精神，不因循守旧，我国人还是应增强资本主义精神，在文化上不视经济为罪恶。同时国家限制私有财产膨胀，扩充公有财产，使国民财产务向平衡的趋势，避免贫富悬殊"[2]。这两点都颇有见地，他对经济伦理这两个方面的论述都是从我国实际出发，结合历史传统所言的，抓住了重点，是我国经济发展中最应注意的两大问题。只有解决了这两个问题，或者说把握住这两个方向，我国经济才能取得实质性的飞跃，这两个方面至今仍然是我们需要重视的。

与孙中山的民生主义相比，余天休自述为他是新民生主义，余天休到美国后阐发了他的新经济思想。他说过去推动经济不利的原因有二：一是过于着重国家推动经济发展，忽视国民个体发展经济的力量；二是人民经营企业的旧习未改，营私舞弊之风未除，经济新制未立。他对比了中美经济体制，著述新民生主义，提示华侨应开展经济革命，学习美国经济企业金融组织法。[3] 总之，余天休归纳总结经济原理，利用原理分析具体经济现象和问题，进行中西比较，视野广阔，善于把握经济社会宏观趋势。他的经济学原理紧密结合实践，具体而微，理论与现实相结合，宏观和微观交融。他对于投资和房地产的分析，适于当下金融房产主流，他所提出的经济建设举措适合国情，紧扣主题和问题，从历史文化特点出发，注重经济发展的方向和长远性，彰显出其经济原理务实实在，不尚空谈。

---

① 余天休. 中国的社会进步与控制[M]. 中国社会学会，1923：73-80.

② 汪公亮，朱照箕，陈文震. 余天休先生之学术思想与政治理论[M]//谢立中. 民族复兴与世界联邦：余天休社会科学论集. 北京：北京大学出版社，2008：438-456.

③ 参见《中美学院通告》。

第九章　政治建设与达至世界大同之道

在社会系统诸组成部分中，提倡政治力量传统的国度其政治的重要性自然居于首位，这种政治优先的习惯结构决定了政府、国家制度对社团、其他组织和个人施加根本影响，社会承受政治的管控。政治和社会都是人们的集合体，若论二者的区别，政治是人们的集合体以共同应对某事，而社会通常指人与人之间一般的关系。当人们彼此发生关联时，并不一定都在应对共同之事，然而只要在应对共同之事，就需要彼此发生关联。① 政治的产生具有维护公众公益和公众秩序的明确目的，而社会的关联有时仅为群体关联本身，不一定都是为公众利益。社会还具有私人的自由，如亲密关系、家庭都纳入社会范畴，政治的公共性则更为显著。以大社会而言，社会包含政治，社会的范围超越政治；以小社会而论，政治和社会同为人类发展的两驾马车，协同并进，共同推进。其中，政治对于人们生活的作用和影响更显著，政治引领、指导社会，社会为政治的土壤、源泉，人与人的纽带具有天然的政治性，人是天生的政治动物。外交和国际关系也属于政治范畴，是政治在国际空间的延伸拓展，余天休在政治、外交和国际关系方面阐释了自己的见解。他比较中欧政治差别，探讨政治外交建设，提出建立世界联邦政府，阐明了我国文化蕴含的“天下”观。作为一代侨民，他对中西政治都有深切的了解和体会，从这些论述中不难看出他关心国家、关怀世界的抱负情怀，在某种意义上应属于我国传统知识分子“大同”理想在现代的延续体现。

① 瓦格纳．社会理论与政治哲学[M]//德朗蒂．当代欧洲社会理论指南．李康，译．上海：上海人民出版社，2009：43.

第一节　处于中西之间的政治观和政治建设

余天休阐述民国政治秩序，他认为这一时期的政治总体紊乱，至于紊乱到何种程度，一言以蔽之，不是政治不上轨道，而是根本无轨道可循，意为没有确定持续的制度和游戏规则可言。民国时期我国虽然已经步入现代，但基本上还停留在封建国家的层面上，封建国家的标志是私人组结武力培植个人势力，实行封建割据，分权各方，盘踞一隅各拥兵自重，军阀横行，政权分裂。在此情境下，余天休提出了国家政治建设纲领，用于指导政治建设实践。他认为一个政治修明的国家需要具备几个基本条件：人人具有相当的智识，富有政治思想和政治兴趣；人人肯牺牲成见，为社会和人民争自由、争幸福；人人敢为社会争正义，为人民争利益。也就是说，政治需要越来越多的民众具有参政为公众之心，热心于公共事务，追求公平正义，肯于牺牲个人时间，不谋私利，以群体利益为出发点，这样政治才能得到发展。如果大家都不关心政治，只图自己独善其身，那么再好的政治规划也是惘然。

一、余天休的政治观

一个国家的政治既延续着历史和传承，又面临着现实的问题，以此为出发点，余天休将政治分为传统政治和现代政治。余天休分析我国传统政治，认为以往政治的本质是统治者在为自己谋利益，政治不过是用来支配社会和人民财政收入收取杂税的机构，政府为收捐而存在，不断巩固自己的组织和地位。在这样的目标下，政府积蓄武力，维持秩序，笼络自己的人，不让其他杂色分子参加。这种性质的政府发布命令是绝对的，没有讨论的余地，违反者就要处分，命令本身永远不会错。即使错了也不能算错，命令代表人主的意志，人主不能有错，人主说对就对，说错就错，接受命令的人只有服从而已。一些政党遵循这种原理，任用清一色的私人，做事纯粹，毫无异议，由此便于分赃，因若有杂色分子在内，分赃的机密就容易泄露。在这种政治体制下，统治阶级对民众实行愚民和恐吓政策，让民众接受正统思想，受正统思想的影响。“吓”就是杀一儆百的意思，使民众对统治阶级怀有害怕的心理，民众就渐次麻木不仁，不知道争自由、争权利。大家都学会大事化小，小事化了，各扫自家门前雪，不管他人瓦上霜。① 以往政治具有明显缺陷，是不合格的政治。不合格政治的目标为收税，为此着意巩固秩序，动用国家暴力工具，施行专制，任用私人，实行一言堂，不进行民主讨论，政党组织清一色自己人，愚民和恐吓相结合。民众渐次就不参与政治，消极对待，不热心公益，缺乏社会责任感，由此上下隔阂，各行其是，误会加剧。反过来，如果政府不为收税而是为民众谋利益，以人民的名义公平合理地分配成果，不将收益装入自己的口袋、营已之私，那就不需要专制一言堂，就可以实行民主，民主使民众对政治的热情迸发，自由表达个体意志，这样上下一体，沟通融合，推动社会发展的积极性就大为提高。余天休的这段阐释实际指出了政治发展要从根源切入，正本清源，凡事从根本出发，顺藤摸瓜，循序而进，自然得解。这里主要从经济上而不是从权力本身来分析政治制度特征，这种分析是余天休的特色。

比较余天休政治思想和同期其他学者的观点我们发现，他们之间具有某种相关性。正因为不能忽视政治机构的经济收税性质，同时代的毕业于芝加哥大学社会学的吴景超博士设想加强对政府的经济监督，可谓直奔主题。“在基层直接设立直销机关，建立监督委员会，监委会成员由乡间德高望重者组成，成立民众代表大会，其主要职责是监督分发的资源是否实至名归地到达个人手中、有无发生私自克扣藏匿的现象。”②吴景超不太提政治民主，而是直奔经济目的本身，用经济手段监督经济，简单明确，实际为政治。集民国社会学大成的费孝通的方法是整个地提倡微观社区居民自治，不单指经济自治，而是民众全部参与社区事务的管理，充分授权给基层居民，培植“草根民主”，成立社区组织，建立社区居民的自治体系。③ 费孝通构想建立现代社区组织，用来替代以前绅士

① 余天休. 宦风[J]. 正风，1936，3(9).

② 参见吴景超的《湖南计口授盐的试验》，载于《新经济》1940年第4卷4期。吴景超，安徽歙县人，1916至1923年间就读于清华大学，1925年进入美国芝加哥大学社会学系学习，1928年获社会学博士学位。同年归国任南京金陵大学社会学系教授，1931年起任清华大学教授，1935年年底在国民政府行政院任国民政府行政院秘书、参事等职，1947年3月回清华大学社会学系执教，代表著作有《第四种国家的出路》等。

③ 参见费孝通的《再论双轨政治》一文，见《乡土中国 生育制度 乡土重建》，商务印书馆2011年版，第389-390页；又见《居民自治：中国城市社区建设的新目标》一文，载于《江海学刊》2002年第3期，第15-18页。费孝通，江苏吴江人，1930年入燕京大学社会学系，1933年考取清华大学社会学及人类学系研究生，1936年赴英国留学，师从人类学家马林诺夫斯基，1938年获伦敦大学研究院哲学博士学位。回国后在高校从事教学研究，代表作有《江村经济》《乡土中国》等，是改革开放后我国社会学重建领头人，社会学集大成者。

的功能，赋予草根基层更多的自治权，培育民众公共参与的平等互助精神，汇聚民众的集体意志。吴景超和费孝通都从基层出发，或进行经济监督，或开展民主，这样自下而上，较为容易汇聚力量，然后推动整个政治体制变革。通过这种基层化过程，可适当约束控制政府的不当行为，培养余天休所说的民众积极参加公共事务管理的社会责任感和追求公平正义之心。

余天休分析传统政治行为的特性，提出了“政治表演说”。“传统政治为动作表演，政治人物若戏剧登台人物，必不忘记时刻表演，政客自愿登台争夺上台机会，一则成名一则致富，并且留念舞台舍不得下降，除非强力迫其退休，否则绝不甘愿放手。封建社会政治舞台表演者，皆为个性至强、情绪至盛而富有优越感的自私自利分子，贪图功名富贵利禄，有利之处绝不相让，这些人物自认登台为权利，下台为耻辱，其所谓顾念民生乃骗人口号而已。封建社会小而暗算大而争城夺邑，大动干戈，使得社会治乱相成，都是他们造成的。表演者采用的道具路径无外乎道家、儒家、法家及草莽英雄‘成王败寇’之念，儒家劝导君王仁德礼贤，法家提倡严格律人、功赏过罚，道家无为而有为，江湖阶级以勇谋取，各具千秋，无非是表演而已。”[①]传统政治如同戏剧演员，一招一式皆为演艺，而且留念舞台不愿下来。采用的方式或武力、或阴谋、或文化修饰，都是在表演。政治表演诸方式中，以武力危害最大，一种武力招致另一种武力，结果民不聊生；阴谋诡计也同样不合宜，诡计造成的危害也不小，而且早晚被识破。在这里提出传统思想也有表演的成分，当然不是说传统思想本身是用来表演的，传统文化具有正能量，关键看用之何人，如果被用作表演的工具，如假仁假义，以退为进，因人赏罚，也就被误用了。儒道法思想本质上是在探讨政治为公益之道，余天休在其他场合谈到，政治即为中庸调和，以儒家中庸思想施行国策恰到好处，比较适宜，不偏不倚。还有道家，任事态自由演变，不加干涉追究，以静制动，以柔克刚，以逸待劳，临机突击，用最少消耗取得最大成功，慎重行事，更为高明，若能以儒道家思想应对社会问题，国家世界必然和平，所以余天休是赞同传统文化的。对传统政治的表象及本质作如此分析，其虑深远，以表演论分析政治

---

① 汪公亮，朱照箕，陈文震. 先生对中国政治的理论[M]//谢立中. 民族复兴与世界联邦：余天休社会科学论集. 北京：北京大学出版社，2008：374-375. 关于表演论，当代西方社会学家戈夫曼提出“拟剧论”一说，其论点是把社会比拟作舞台，社会中的各人为形形色色的演员，分饰属于自己的角色，采用印象管理术控制他人和社会对自己的印象，这里说的是社会日常的表演，与政治人物表演不同，但有异曲同工之处。参见戈夫曼的著作：GOFFMAN E. The Presentation of self in everyday life[M]. New York：Anchor，1959.

角度新颖，将传统儒、道、法作为可能被用作的表演手段，在肯定文化意义的同时，指出其局限，把政治和文化结合在一起分析，独辟蹊径，可谓在透视政治文化。

除了研究传统政治外，余天休还进一步探讨了现代民主政治，并在某种意义上将二者进行对比。现代社会提倡民主，人民是国家政治的基础，统治者由人民产生。民主政治是一个目标，民主政治为民众谋利益，一切政治权力取决于民，民有、民享、民治，人民要求平等的待遇和基本的物质、社会需求。那么民众的权利从何而来，权利从来是争夺来的，如果不争，权利不会自动奉上，而且既得的权利也失去了。政治源自各方势力的妥协，如英国的代议制，如果民众不争，就失去一方相反相成的力量，就没有了民主。有种观点认为民主的障碍是政治被愚穷阶级主导，因为每人占有一份选举权，每份权的价值相等，占社会人口大多数的阶级将作为政治的统治集团，如此有智识的少数分子告退，他们的财产恐怕要充公。这种说法不正确，事实上在民主政治中，多数人对于政治制度和政治组织并不了解，所以还是要少数人来指引多数人，仍然由特殊阶级把持。民主政治制度下仍然依靠领袖的人格和优秀分子，人们乐于让这些优秀分子来替他们领导组织和计划，但是这些选出来的人不能谋取自己的特殊地位和权力，要选贤任能，不能让欺骗分子混入政治舞台中。[①] 民主是争来的，不争取就没有权利，现代一些政治研究者表达了类似观点，民主与过去政治的不同点是“主张个体具有保持国家繁荣所需要的最好的决策能力和智慧，因此应该允许所有的人具有同等的机会参与政治，并且从制度上提供保障，享有参与公共事务的自由快乐。”[②]民主政治中的主要问题是民众及其代表者的关系如何处理，民主不代表民众都来行使权力，在政治权力的分配上，总是民众拥有权力但不占有权力，少数专门家仍然活跃在政治舞台上，维护政治日常的运作，从这点上表明民主政治的实施和过往政治具有联系。代议制要求这些政治专门家是有德分子，并且在制度上对他们进行有效的监督约束，而不是让他们选举上了以后在台上为所欲为。另外，民主政治还可能发展到一个极端阶段，就是连这些专门家也不需要。余天休提出民主政治的一种忧虑和可能是民众完全主导专门家，民众的情绪和意志全部投射到政坛上，政治专门家不过是民众的影子，这样将产生所谓的“平民主义”，精英完全被民众牵引。民主政治亟待解决的弱

---

① 余天休. 宦风[J]. 正风,1936,3(9).

② 奥罗姆. 政治社会学导论:第 4 版[M]. 上海:上海人民出版社,2006:103.

点在于精英不能保证处处有序引导嘈杂分歧多样的群体集团，如果突发政治“黑天鹅”事件，民主无度或“大民主”，精英腾挪出的权力位置受到冷落冲击，精英们偏离公共事务管理的空间轨道，这种民主的未来前途将变得难以预测。

民国作为新旧时代过渡的典型期，出现传统政治和西方政治同时并立共存的怪异现象，中西方融合还是扞格不通成为这一时段政治分析的关键点。许多学者在政治构想上徘徊于传统和西化之间，余天休同样表现出这样的困惑，一方面他将泰西三权分立制度比拟于我国儒家中庸论，他说三权分立处处要求均势，彼此监督，同于执中之学，由此产生了他的政治新中庸之道，即新民主政治之道。西方政治分大陆海洋派别，前以德意为代表，后者以英美为圭臬，他说儒道与英美作风相近，法家接近大陆学派，此言也意味着我国原本储存民主基因，若要施行民主，具备文化的固有基础，不是很难。而另一方面，我国近代学习西方政治，君主立宪、议会民主、民主共和、总统制、内阁制、委员会制等，莫不变易性质，笑话百出，要么成非牛非马之局，要么成不秦不周混合仪式。现实中，采借西方政制的结果都是扞格不入，事实上近代重大政治变革历次都产生不中不西的怪异结果，所以学习西方最终归结为能否适应本土，为本土所消化吸收。而由于近代封建势力过于强大，因此难以学到西方精髓要义，或学之无用。在此余天休表现出理论构想的乐观与面对现实的无奈，像他这样以实践为主果断思考的社会学家，也不得不在这种前所未有的十字关口前面犹豫踟蹰，这也说明近代在处理中西文化关系上的难度远比我们现在想象的更为艰难。

二、中西政治比较与政治建设规划

民国应对从传统过渡至现代的不适尴尬局面，一般采取中西元素姑且并存的方式。近代西学东渐西风日盛，人们迫切想了解西方、学习西方，但由于中西国情民风的不同，人们对于西方的理解并不深入，同时，虽然传统要素逐渐在衰落，本国传统依然保持着很强的主体性和习惯力量。这是一个“即中即西”“亦中亦西”的特殊时空点，中西混合，西式资产阶级民主和我国传统封建这两套架构系统本难以共存，而现在却强行将其捏合在一起。罗隆基评述当时的政治时说“政府机器是两个政制并和起来的，一个是民治主义的分权制，一个是独裁主义的立法行政合权制”。民治主义和独裁主义本来相互冲突，现在同时处在一个系统内，国民政府就是依据这两个不同的并且相互冲突的主义及政治理论成立的，其结果是缺乏行政效率，行政效率低下，这比世界上任何国家的政制都复杂。[①] 罗隆基指出，中西政治体制强行架构将导致行政无效率，各种力量相互冲突对立。实际由于中西差异及各自文化都具有合法性，使得每个政治力量都占据一种理论形态，理论为现实张本，于是民国政治呈现出多种政治理论多个政治组织力量角逐，相互之间对立悖论的多头政治形态。

中西政制到底有何不同？1922年，余天休在他的博士论文中详细比较了中国和欧洲政治演化的差异，强调了我国政治发展的自性。从国家起源看，欧洲国家是先部落间的征服、对抗斗争，形成社会阶级，然后联合成民族国家，在斗争中产生个人主义、法律、人权，从而从封建主义步入现代宪政，国家和公民如同牧人和农夫间的“牧领”关系。我国不同，起于家庭和宗族的联合而不是争斗，以美德和品德良好的贤能之士统治国家，君权神授，统治者照顾民生，爱民如子，统治者和民众如同父子家人的关系，再通过迁移移民和文化同化统一国家，期间只有少量的局部征服和战争。[②] 综合起来，西方注重争斗，我国着意和谐，使得国家性质起始不同，以后的演变都沿着各自的轨迹进行。余天休借此回顾了我国自上古以来至于民国的历史，在上古时期，经过夏商周的演变，我国大致发展成了一种列国并立、共同朝奉天子的制度，余天休将其称为“君主民主”的制度，君主民主言外之意是君主专制以外具有一定的民主性，比如允许地方保持一定自由，从近代的地方自治还能看到这种制度民主的踪迹。法律也不是完全专制，法律从词源学讲，一开始就指公平正义和谐，法律二字合起来指碗中水端平的公平以及驱除邪恶的神兽之意。经济上实行井田制，井田制发展了八九家合起来共同耕种私田和公田的公私兼顾、守望相助的体制，说明古代并不存在绝对的剥削。上古的君主要照顾民众的生活，这是上天授予他的神权，如果君主不能做到这一点，民众就可以联合起来推翻他让其他人取而代之，这也是合乎上天旨意的，体现出一种神权的民主制。余天休在此说明我国古代具有一定的民主性，与一般将我国古代称为王权封建的国家不同，我国权力的分布不是统治者占据绝对的地位，它肯定了拥有权力的统治者必须关照被统治者利益的重要性，否则就会顺当地失去权力而不被认为是篡位，这种观念的重要性不可低估，它作为一种制度和伦理信念而存在。

---

① 罗隆基. 训政应该结束了[J]. 独立评论，1935(171).

② HUGH Y T. The evolution of the Chinese political system in comparison with that of Europe[J]. The Chinese journal of sociology，1922，1(2)：1-12.

再说阶级和西方的不同。我国古代阶级没有西方那样明显，不区分征服者和被征服者，绝对没有欧洲直到现代还存在的奴隶制，家中虽然蓄奴婢，但不像西方对待奴隶那样严苛，奴婢用钱可以赎买人身自由。我国既没有奴隶也没有西方的贵族，虽有贵族称号，但贵不过五代，贵族特征不明显，贵族在社会中不占主要位置，任何人都可以通过努力成为贵族，也没有出现奴隶和贵族使阶层差距过分悬殊的现象。民众分为士农工商，这是他们的职业，也是职业声望前后的排名，学而优则仕，读书优秀者有机会获得公职和美好前程。与欧洲和西方不同，我国民众对在商业世界收集物质财富没有多大兴趣，大家普遍喜欢政治而不是经济。士在各群体中领先，而士农工商各业的差距并不大。整个社会文士优先，不崇尚武力，社会通过科举考试选拔人才，除了少数的人都可以通过参加科考改变命运身份，社会流动机制超前领先于世界，社会流动的平等降低了人们对现存阶层差异的不满。因此，大致说我国古代形成了一种较为平等、排除极端的群体分化机制。同时，阶级斗争方式和西方不一样，我国是平民联合起来反对君主及其官僚集团，是下层与上层的斗争，西方特别是现代资产阶级反抗贵族，资产阶级在工业革命和商业贸易中转变为社会的中间阶层，实际是中层对上层的斗争。因为我国古代只有官与民的分野，民中间不具有多大差别，西方民中尤其是资本家势力逐渐发展壮大。

秦汉以后的社会有所变化，在管理上逐渐形成外儒内法的政治社会体制，强力在内，仁和在外。阶级上，一些门阀家族以其整体的气势在社会中变得显赫，连皇帝都想和世家联姻，但家族不是绝对的贵族，而且门阀士族自隋唐后逐渐衰弱。秦汉后财富因子逐渐被刺激，民众普遍形成物质主义和实用主义立场，期望在追求物质财富方面获得同等机会，井田制的公私兼顾已经取消，不在家的地主广为分布，显示私有财富合理化的倾向。[①] 也就是说，曾经期望的以家族整体的实力而不是个体的力量占据阶层排行榜前列的愿望因社会机制的变革而落空，在民众中，逐渐兴起将财富作为衡量阶层差别的符号标准，以财富追求合理为前提。

在民族方面，我国民族也不像欧洲具有那样大的影响，尽管外来民族入侵不断，但都被中原文化和平同化，中原文化为主体，其余民族文化融合在中国文化中。政治文化制度长时期以来没有多大改变，南北差异日益缩小，各民族人

---

① HUGH Y T. The evolution of the Chinese political system in comparison with that of Europe[J]. The Chinese journal of sociology，1922，1(2)：13-17.

民杂居同质化增强，形成统一的大中华民族。

从中西几千年的政治发展历程看，我国和欧洲都有父权制，但我国没有西方那样的军国主义，只有家庭、家族和类似家庭组织的联合。在我国组织最为盛行，连乞丐都要成立一个组织，成员受组织的庇护支持，以组织名义增加对外谈判的砝码。中西方共同经历了封建主义、君主专制和宪政主义阶段，但中国的封建主义在秦始皇统一六国后就终止了，此后中国的君主专制与欧洲也不同，君主可以更换，贵族凭借才能而不是血缘关系自由选拔。西方经历了黑暗的中世纪后约在15世纪发生了质变，中国文化早熟，在封建社会结束后基本处于半停滞状态，直到最近的两百年受到西方影响和挑战才进入现代进程。欧洲现代的崛起是因为欧洲各国各有差异而相互影响，一个因素导致另一个因素被激发，如十字军带来阿拉伯世界的古希腊文化，促进了文艺复兴和对印度及东亚、西亚的贸易，商业精神的勃兴和对科学知识的好奇激发了对美洲新大陆的发现和环球探索。工业革命和法国大革命连环引发了各个重大事件，如资本主义和工人阶级的对立、女权运动等，法国大革命进而促进俄国革命和中国革命，左右了世界历史进程。欧洲通过局部引发整体，中国是整体发生变动而后真正变动。欧洲是社会团体之间相互对抗，中国是统治集团内部的抗争，有野心的个人崛起，一个野心家对抗另一个野心家，胜者王败者寇，每一个朝代的胜利者都将自己的意志贯彻于法律之中，书写在史册上。还有欧洲一直没有统一，没有出现像秦始皇那样的人物，欧洲有民族国家观，中国是天下国家观。由此种种可见，欧洲崇尚个体，中国遵从集体，中国与欧洲具有不同的历史进程和政治社会特征。[①] 余天休的博士论文详熟地运用多种历史文献，对资料进行思考提炼，所论贯彻了整个中国和欧洲的历史进程，很多话很有见地。从这些论述可见，中国与欧洲确实处在不同的历史环境和发展轨道中，各自发展，依照自性运行，西方的东西看似在西方取得成功，但片面地移植西方经验必不能适合我国。

政治重在建设，不只在理论探索上，通过中西政治的比较，余天休设计规划了政治建设纲领。政治建设千头万绪，主要包括军事、宪政等方面。他认为：其一，军事建设很重要，军事直接影响政局，具体措施包括将军阀封建式私军改编为国军，统一军令，加强军事训练。这是他一贯的政治统一上轨道的主张，余天

① HUGH Y T. The evolution of the Chinese political system in comparison with that of europe[J]. The Chinese journal of sociology, 1922, 1(2): 18-22.

休对军事颇感兴趣，完成了一些对军事史的探讨。[①] 其二，完成宪政，确立选举制度，建立立法司法体制，特别是确立监察院、考试院、立法院的地位。监察院保持独立，监察院不是现在的仅作为立法院上院，这与孙中山五权并立精义不符。要加强监察院的功能，不仅中央设监察院，而且省市均设监察院，独立行使监察权，取消现有的行政法院。监察院在国民政府中的地位不高，监察院对不服职责、违反法律制度的官员可以提出弹劾，但只能弹劾，官员的惩戒由中央监察委员会负责，贪腐官员如何处分监察院不能过问，由此监察院对于党政要人不敢过于深究。“现在的取缔贪污机关地位均颇低微，党系统中监察委员会比执行委员会低，政府内监察院比行政院及立法院低。”[②]余天休的构想主要针对这些时弊。考试院也是如此，提高考试院权力设置，同样考试院权单列，与其他各权等同，而不是处于现如今实际的从属地位，各省市均设考试院。至于立法院，在民国权力尚可，但还没有上升到应有的地位，立法院的名称有待统一，中央有立法院，省市为参议会或议会，名不正言不顺，省市也改为立法院，目的自然也在于提高立法院职能。对立法院的规划，余天休没有如考试院、监察院那样明确提出提高其权力。民国真正有权力的机关无外乎行政院和军事委员会，其他机构都几为摆设，余天休的政治建设纲要是为了补充贯彻孙中山的国家建设宗旨，意在加强行政、军事以外其他机构的力量。孙先生五权宪法对此只叙述了大概，余天休对孙中山政治建设学说予以自己的完善补充。其三，地方自治，包括划分中央地方权限，实行村镇自治，村镇为政治最基层的单位，农民思乱则国家堪虞，所以不可不重视基层。

政治建设不限于政治本身，富有政治远见者会将眼光投于政治之外，例如发展经济、工业。余天休说我国是官本位国家，多数人以做官为致富门径，以致轻视实业，他在多个场合中提到这个问题，反复陈说这是国家贫困的主要原因。“上至智识阶级，下至贩夫走卒，皆以宦途为唯一致富门径，以致今日轻视实业，助长民贫国弱的根苗。不是说为政不好，为政需学有专长，现如今贩夫屠狗之辈风云际会，立可佩带绶印，资格既无限制，品流日形庞杂，仕途乃愈趋黑幕，每因人设官，或贿赂公行，视官为营业。以官为虚荣，使国家重形式，不务实，如提倡以实业代替宦途。”[③]做官需要资格条件，是一门专业学问，如今只要机遇巧

① 余天休. 德国的重工业—克虏伯炮工厂的历史[J]. 正风，1935，1(9)；余天休. 晚近德美两国步兵的改进[J]. 正风，1935，1(18).

② 陈之迈. 再论政治贪污[J]. 独立评论，1936(190).

③ 余天休. 宦风[J]. 正风，1936，3(9).

合，裙带关系，无论何人皆可任用，混入官界，官场趋此黑暗，贿赂盛行。国家虚文过盛，投机取巧，好大喜功，坐吃山空，如此下来不如来一门实业，促进工业及其他产业的发展更有助于兴盛。余天休提倡实业兴国、经济强国，这是他一贯的主张。官员管理社会固然为社会所需，但不要过于拔高其地位和作用，行业分成若干种，各行各业都具有同等的发展条件和机会，百舸争流，竞争风流，如此才能万象更新，兴旺发达，以经济社会的外围作用促进政治局势发生改变。

第二节　和平外交论

外交是一国与他国采用和平形式的交往，通过访问、谈判、缔约等这些外交活动来维护本国利益，扩大国际影响和发展与各国的关系。现代外交遵循平等互利、公平共处、互不干涉等基本原则，在全球化发展和世界联系日益紧密，世界成为“地球村”的今天，外交发挥了越来越重要的作用，通过外交可维护建立国际政治经济新秩序，协调国家关系，促进本国利益。外交内容丰富，“外交包括国家间谈判的艺术和实践，以及不引起敌意而获得利益的巧妙安排，演讲或机智，外交官指精于或善于处理应对国际关系的人，而外交本身是一门处理外国事务、外国民族、外国政府或本国与其他国家间关系的艺术”①。外交是一门艺术，精明的外交官或精于此道。

国民政府外交上的主要问题是强敌日本。“九一八”事变后全面抗战尚未爆发，日本意图侵略中国的野心已为我国先见者所察觉并深为顾虑，以胡适为中心包括丁文江、翁文灏、蒋廷黻、吴景超、傅斯年在内的独立社在社刊《独立评论》中评论中日时局道：“对于当时大局，重在唤起人心，共保国土，决不可轻中日本传言，半壁自安，放弃北部。对于国家前途，则主张实行民主政治、经济建设，发扬国力，保国疆圉。对于日本，则以地处近邻，不宜隔阂，节叙概要以为绍介。”②1928 年，余天休出版《日本对华冒险行动》一书，该书通过理智分析，识察日本侵华之心已久的阴谋企图，在某种意义上表明余天休政治外交上的先见之

① 余天休. 世界联邦政府[M]//谢立中. 民族复兴与世界联邦：余天休社会科学论集. 北京：北京大学出版社，2008：256.

② 翁文灏. 翁文灏自订年谱初稿[M]//近代史资料(总第 88 号). 北京：中国社会科学出版社，1996：62.

明。就历史而论，以现在看来，中日之战固不可避免，而以中国发展缓慢之农业国家对抗彼时工业化的日本实属困难，但与国民政府对于日本变相侵略初期退让妥协过多，实行不抵抗政策，以致养虎为患难以控制也有莫大关系。如若开初即对来犯之敌迎头痛击，使其胆战，熄灭进一步侵略野心，消磨其意志，不至于后来被步步蚕食，日本亦不敢愈发嚣张，贸然开战。抗击是防守的最好办法，一味息事宁人并非上策，日本实为国民政府最大外敌。

余天休论外交，包括外交语言、外交行为方式和目标等。他说一国的综合国力是外交的基础和保障，古语曰"弱国无外交"，外交成效取决于国内建设和发展状况。只有增强国力，才有外交，外交舞台基本被强国占据，发出的是强国声音。外交体现为该国对外国事务的谈话、对国际关系事件的态度，而这些都建立在本国实力发展的前提下。近代我国国力羸弱，对外发出的声音不被他国重视，土地被瓜分，在这种情境下，与其多出无用之言，不如将着力点放在增强自身实力、积蓄力量上。余天休说，治国交邻不在多言而在力行，埋头苦干，言论在外交活动中至关重要，言语投机则异性结为金兰，言语不合则玉帛化为干戈，古人告诫慎言。先行后言，多言数穷，言多寡信，言行君子之枢机，程子曰：吉人之辞寡，躁人之辞多，唯口出好兴戎。近代国际信奉强权无公理，强权要素，曰金力，曰兵力，收复失地非逞口舌之便宣传口号可以坐得。当然并非不要外交声音。若非要外交辞令，则不卑不亢，有如白水，淡而有味，质而有物，随机应变，不落实际，临事不甘屈服，与其多一句不如少一句，多而无味，侧重事实，辞令不过一节耳。牢记弱国贫国无外交，如无武力金钱为后盾，绝无强硬发言权可言。① 外交是一国大事，外交活动的道理和个人立身处世一样，说话行事需慎重，处理与外国关系上要尽量寡言，如果非要说明，则描述事实，求得真凭实据，语句上不过于修饰，态度风骨恰到好处，既不表示屈服，也不强硬。上策则为努力发展，致力建设，增强国力。

近代环境复杂，面对强敌来犯是强硬还是妥协，是进是退，如何与大国结盟，与哪些国家结盟，每一步都关系到国家民族存亡。国家整体实力不够，外交策略就显得尤为重要。余天休分析外交的类型，将外交分为若干种类，外交方式随时运而定，不一而足，不守固定的程式。"现代外交，诡异多端，有秘密外交，也有公开外交，有进取外交，也有保守外交，有自主外交，也有妥协外交，有单边外交，也有多角外交，有自动外交，也有被动外交，当今之世，弱肉强食，左

① 余天休. 中国应有之外交方策[J]. 正风，1936，3(5).

手仗剑，右手携简。此外，外交应公开，人民有参加批评权。”①外交政策随所处环境和国家利益而定，没有一定之规，一面凭恃强力，一面依靠策略声明，谋定而后动。外交方式多样，说的和做的未必一样，外交不是做老好人，见到外国人就躲避三舍，息事宁人，大事化小，订立和约，而是以主权、平等、互惠、均势为国家互动的基本原则。采用何种外交方法较为恰当，不局限于少数决策者，可以扩大至外交学术机关，听听学者意见，还让民众参与，共同讨论国际问题，“国家实力不单指财力军力，必要指精神上的援助，必要国家民众思想一致，发挥合力，勇于奋斗”②。制定外交策略本身是政府和人民合和汇聚团结一致的过程，政府和民众不隔膜，政府不对民众讳莫如深，而是开放言路，集思广益，各方辐辏，和衷共济，必定能够提出适宜的外交对策。

1928年日本制造济南事件，余天休著长文探讨了事件性质与应对措施。他介绍了日本近年的发展、日本的对外政策及在中国满洲、山东的企图，重点探讨了济南事件的前因后果及日本通讯社对此的报道策略，说明济南事件蕴含的法律因素，中国政府对此应该采取的正确态度。余天休用英文写作《日本对华冒险行动》一书，意在面向英语世界发行，在国际上获得公正回应，使国际人士了解事情真相。他重点从法律方面阐明了济南事件中日本进驻山东的非法性，遵从国际法和国际统一规则，将法律作为获得国际公正的武器之一，事件发生后只顾博得国际同情是不可能的，也是无用的，重要的是证据和条理。以此角度，自然得出这一事件所导致的战争交火、毁灭道路桥梁、民众伤亡等各后果都应该由日本承担的结论，可谓提纲挈领，直击要害。如此避免了在此问题上进行关于谁首先制造事件以及炮击的首要原因和后果如何承担的无谓争执，因为依法来看日本兵根本无权在此驻扎。所以对于日本炮击山东故意制造事端以及借此反向中国提出的五条无理要求，中国要坚决说不，并立即坚定宣布这个约定无效，这是一个无效条约，要否认日本的每一条无理、不合法的要求并要求日本承担一切事件的后果并向中国道歉，立即撤兵、赔偿所有损失，惩罚日军事件制造头目。在这些条件没有答应之前，不和日本进行任何谈判。如果贸然答应日本这些看似简单的五个初步条件，即承认错在自己，理由亏欠，并且以后更多的获赔条款将蜂拥而至，后果不可控制。以上是余天休基于自身对西方世界的了解以及他对法律知识的掌握而选取恰当角度进行的说理解释，应对态度不卑

① 余天休. 中国应有之外交方策[J]. 正风，1936，3(5).

② 王正廷. 外交与内治[J]. 新纪元周报，1929，1(17). 王正廷曾为国民政府外交部部长。

不亢，纠正了外交中可能违犯的错误，也是对日本侵略我国前期的一种必要斗争手段。余天休收集了济南事件相关报道声明的资料以及各国对此事件的反应附录于文后。他在该书前言中说："一个国家和民族就像一个人一样，有强盛富足的时候，也有生病不幸的时期，这是宇宙社会不可避免的规律，中国还是传统社会，而强邻已经步入现代，所以遇到这种事情也不必失去信心。中国要有发展眼光，增加实力，不可忽视大众，唯有提高全体福利和改善物质工具两项，才能避免落后和被侵略。"对于遭受日本侵略，不必泄气气馁，要努力发展自己，国家只有强大，才能避免侵略，首先要建立一个强大的中国，加强经济建设，发动民众力量。其言之凿凿，至今警醒于耳。

余天休客观分析了国际关系，在国际形势上做出了至今仍非常重要的几个判断：其一，警惕日本，战后要求日本赔偿，因日寇侵害我国为害至巨，非令其赔偿不可；其二，戒备俄国，俄国据有我国巨大领域，且边界与我国毗连最长，对我国怀有恐惧之心，勿与俄国发生误会，更应注意应付和时刻提防俄国。[①] 当前专门研究国民政府外交政策的学者认为，国民政府外交政策失误的地方较多，其中主要包括对日关系和对俄关系。"九一八"事变后，政府持不抵抗政策，一味妥协退让直到"七七"事变。战后匆匆宣布"以德报怨"的对日政策，在对日索赔与和会问题上受制于美、苏，未能取得一个公正合理的结果。而在对苏联关系上，苏德战争使中苏关系恶化，种下苏联对华处处为难的重要因由，战后在蒙古、我国东北问题上对苏联的重大退让，不仅未能解决历史遗留问题，反而增添新的主权损失。[②] 余天休的观点与这位研究者一致，可贵的是，余天休本人提出这些观点时尚处于局势之中，"身在此山中"却"识得庐山真面目"。另外，余天休提出促成朝鲜半岛统一、确定东亚和平的主张，也具有不同寻常的现实意义。现在朝鲜半岛的朝鲜与韩国分裂，这一地区相当不稳定，屡屡出现风云事故，朝鲜拥有核武器，试验核导弹发射，搅动地区和世界局势动荡。未来如何演绎，是统一还是分立更有助于这一地区的发展有待观察。

外交的目的在于促进世界和平。我国古代具有鲜明的"天下观"，其最高境界是世界大同，不独于一国的发展，而是将视野挥之于全天下，天下为公，选贤与能，讲信修睦。"世界上文化及被文化熏染之人，格局不同，有自顾身与家者，

---

① 汪公亮，等. 余天休先生之学术思想与政治理论[M]//谢立中. 民族复兴与世界联邦：余天休社会科学论集. 北京：北京大学出版社，2008：458-459.

② 左双文. 抗日战争时期国民政府外交政策研究[M]. 北京：团结出版社，2015：282.

为自己和子孙货利计，有爱国者，民胞物与之量，有爱天下者，不分国界，去除阶等，不分彼此，无强弱厚薄之心。天下者，天下人之天下，皆欲共存共荣，天下一家，全民一体。”①外交文化格局各国不同，有顾家者，有爱国者，有爱天下者，余天休继承了我国古代的大同思想，认为不同种姓的人具有较多的齐一处，不同国家民族的人生理、心理乃至精神和思想多有相似处。全世界种族各异，分绒发黑人、直发黄种人、拳发白人及棕色人种，每一种族再细分为各族，其间固有差异，但差异不如想象的那样大。“各族都有衣食住行需要，有疾病死亡之患，心理构造思想观念具有齐一性，科学哲学见解无畛域之见，遇相同情境喜怒哀乐情绪反应必然一致。”②齐一论与大同论近似，若无齐一，何来大同，大同顾名思义为全世界的人们越来越相同耳。外交工作旨在推动各国交流合作，求同存异，渐至于消除民族间差异，天下归一，殊途同归。相对照而言，全世界人民具有同一的思想或文化必对世界人民有益，并相对在同一政府制度治理下更具有可行性。

第三节 世界联邦政府探讨

余天休是实践主义者，他提出一个理论，必将视看是否可以付诸实施，贯彻他“合适之动”的哲学。为落实世界各族齐一的思想，余天休设想建立世界政府，这是他学术中的一个创见。余天休 1960 年代所著英文未刊稿《世界联邦政府：从国际困惑到世界联合》由胡余锦明女士提供给北京大学社会学谢立中教授主持翻译，2008 年出版发行，这篇文章系统地阐述了余天休对各国在国际关系中的对策思考与展望。

在此文中余天休先论述了国家的特征、法权，从国际法、国际条约和战争外交方面阐释国际关系，提倡国际合作与国际联盟、联合国类似的组织，进而阐述建立世界政府。他认为世界政府的性质应是具有实权而不是虚位的政府，譬如世界政府拥有治安军队，发行世界货币，建立世界银行和国际贸易、国际航空、国际电视、国际邮政等公司，颁发国际旅行通行证、国际职业证，经营世界文化公司，举办世界展会、建立国际税收体系等。世界政府可以行使地球外星空间、

---

① 贞菴. 论世界政府[J]. 道德专刊，1948，2(12).

② 余天休. 人类之过去现在与将来[J]. 北京大学法学院社会科学季刊，1943：61-63.

南北极、公海领域、托管领土的主权。每位公民均是联合国的世界公民，具有世界公民所具有的普遍权利，世界政府保护公民的生命、财产、自由权利，世界公民权利得到联合国宪章和世界联邦宪法的保护。为行使世界政府的功能，需建立世界议会，议会代表按人口或领土比例分配，世界政府的总统和副总统由世界议会的选举产生，一届一年，连选连任，但不能超过两届。建立世界高等法院和地区分院，处理国际争端，用法律而不是战争的手段维护世界和平。① 余天休构想的世界政府具有实权，体现在诸多方面，世界政府的实权从现在每国政府所不能管辖以及各国需要联络的空白领域中产生，世界政府的组成按照各国民主原则予以组织。

世界政府是一种设想而非现实，以当时的局势看，在达致世界政府的道路上路途遥远，余天休对此了然做了说明。历史上也有人发起过建立世界政府的倡议并开展了相关运动，主要在"二战"后，其中不乏历史名人(详见以下关于世界政府的运动踪溯)。余天休作为侨民后代，有着多年移居国外的经历，希望侨民利益和基本权利受到保障，不被所在国侵犯，对于世界政府的设立余天休具有特别的感受，他早期就关注到西印度群岛和其他各地的华侨，著文介绍在这些区域华人的生活情况。② 建立世界联邦政府可视为一位知识分子的政治理想，表达出他对人类社会发展的最终期望，是我国儒家大同思想的某种延续和在现代的体现。从某种意义上说，只要世界政府不被一些国家和别有用心的人利用，人类还是有望通过这种方式达到永久和平。现在世界问题不断增多，如环境污染、恐怖组织、病毒流行等，一个国家的问题也是世界问题，如果不同国家和民族能够相互沟通，在圆桌前谈判协商，各抒己见，提出共同的解决办法，共同行动，那么世界将会变得更加美好，人们都希冀这个世界和地球不再发生战争和争斗。

附："世界政府"的运动踪溯

当今世界主要以国家单元划分的形式存在，各国具有国家主权，并以此设立本国政府，全世界的人们有没有可能统一在一个政府的辖制之下，这个政府管治着全世界的政治、经济、文化、军事事务，这种观念被称为"世界政府"观念。推行建立世界政府的运动在西方由来已久，20 世纪前半期两次世界大战期间这

① 余天休. 世界联邦政府：从国际困惑到世界联合[M]. 谢立中，编. 北京：北京大学出版社，2008：248-249.

② 余天休. 西印度群岛的华侨[J]. 正风，1935，1(11).

种运动尤为盛行，当代也有西方政客学者不断提议探讨。如何认识西方谋求“世界政府”的意图，在促进人类和平的道路上，世界政府能否发挥推行者所认为和想象的作用，有无其他路径，比如文化包容多元作为促使人类永久和平不再发生暴力战争的更可靠方式，这些是我们探讨的主题。

世界政府的理念及推行建立运动在西方可以回溯到两次世界大战期间，这两次世界大战暴露了西方社会的固有顽疾弊端，每次战争都给人民造成难以想象的浩劫和灾难。为防止这种大规模多国卷入的类似侵略战争发生，第一次世界大战后的1920年成立了一个国际组织——国际联盟组织，简称“国联”，号称现代第一个政治国际组织。国联分创始国和非创始国，是国家间松散联合的范例。尽管出席国联的代表各自代表自己国家的政府而不是国际联盟，没有成员国的正式批准，联盟一切机构签署的协议无效，但在国联成立的过程中，旨在督促国联建立的“促进和平联盟委员会”议定了一项方案：各委员国代表联合组成世界议会，议会依据惯有的多数原则制定法律，法律一经通过即成为各国遵守的国际法，这个方案被看作是“世界政府”构想的雏形。国联创立者美国总统威尔逊在这个基础上提出由各国政府代表参加国联大会是不够的，希望平民和工人阶级也参加，借此扩大国联的阶层代表范围。

国联没有阻挡住世界大战的再次发生，第二次世界大战给全世界尤其是欧洲带来了更为严重的创伤，这一旷日持久的战争使欧洲如久病的病人元气难以恢复。一些学者思考如何建立真正有效能的世界机构来遏制战争。英国著名哲学家赫伯特·罗素认为必须成立世界政府，这个政府应具有控制全世界军事的权力，主要方式是通过国际协定或国际集团来设置世界军事运行机制，各国军队削减。伟大的科学家爱因斯坦同样基于世界大战的危害，提出世界政府是人类问题唯一可能的解决方法。他强烈呼吁杀伤力极大的原子弹的秘密应该交由世界政府管理，只要国家单位还保持武力尤其是核武器，新的世界大战就几乎无法避免。世界政府运用国际司法程序裁判国家争端，垄断军事全权。[①]罗素与爱因斯坦共同签署了一份《罗素—爱因斯坦宣言》，宣传他们的主张，由于两位的巨大影响力，其观点在全世界掀起波澜。

埃默里·里夫斯（Emery Reves）是当时有名的政治评论家，著有《和平的剖析》一书，一度风靡全球。该书阐述了世界和平的途径唯有将无限的国家主权诉诸世界合法机构方能实现，这一机构依照法律而不是强制性条约进行管理。

① 爱因斯坦．爱因斯坦文集：第三卷[M]．许良英，等，编译，北京：商务印书馆，2009：256．

该书抒发了这样的观点：只有国家主权消失，才能维护世界和平，一切战争的起因，都是由于有独立主权国家存在的结果。里夫斯甚至不满意现有的联合国组织，认为联合国旨在维护国家独立，迟早要消失。他说世界政府的成立是如此必要，虽然现在的人看起来会感觉匪夷所思，但设想当地球遭遇到其他星球的不明威胁和攻击时，那么地球上的居民肯定会自发地联合起来，而将那些可笑的国际纷争抛之脑后，不惜将自己置于世界法律的统治下。[①] 里夫斯属于世界政府论的激进派，炮制出国家主权和联合国都不如世界政府功能强大的舆论，爱因斯坦等人的观点原型主要出自他，里夫斯初步整理归纳了世界政府的理论。

在原子弹造出及试验时期，世界政府论调喧嚣尘上，世界政府运动由此达到顶峰。人们纷纷表示，像原子弹这样危害极大的武器应该交给世界政府管理，各国不得自行制造，而世界政府在当时指的就是联合国，将联合国改组为世界政府的观点引起了广泛兴趣和争议。联合国为第二次世界大战后建立的主要国际机构，由于联合国在终止世界大战中起到了明显作用，有人据此将和平的希望完全寄托在联合国组织上，呼吁支持赞同联合国的工作。而另外有人针锋相对，认为联合国的发展只会强化国家主权，对世界政府的建立极为不利。反对联合国的代表 1945 年 10 月召开了都柏林会议，有来自各国的 50 位代表参加。这次会议提议了两个报告：一个是多数人报告，表示对现在的联合国和联合国宪章不满，要求建立世界联邦政府，成立世界立法大会和行政机构；另一个是少数人报告，只有 5 个代表签名，这个报告要求美国领先一步联合民主自由国家，组建世界政府核心联盟，其目的在于对付苏联，少数报告没有被通过。由此联合国成为世界政府创立的关键。

赞同联合国在世界政府建立发挥重要作用的组织影响较大的有 1945 年美国一些科学家、法学家组成的“美国世界政府联合会”，这个联合会的宗旨在于推动起草联合国宪章，从而为建立世界政府作准备。美国芝加哥大学的新亚里士多德派在校长哈德钦的带领下，成立了世界宪章草拟委员会。委员会讨论计划将全世界分为 9 个区：欧洲区、欧亚区、大西洋区、哥伦比亚区、非亚区、非洲区、印度区、大亚西亚区、澳洲区，每区提三个候选人，竞选世界联邦主席，每一选区选出参议会，参议会下设防卫院、大法院。联邦大会由各选区每一百万人选出一人的办法派出代表，每三年举行一次为期三十天的会议，讨论世界事务。

---

① 里夫斯. 论世界政府[J]. 唐达聪，译. 胜流，1946，3(8).

1946 年 3 月召开的洛斯林大学会议进一步提出在联合国宪章的基础上拟定世界宪法，世界宪法为各国遵守的根本大法，认为应该充分利用联合国，联合国为世界政府的前期机构，联合国在走向世界政府的路途中迈出了坚实的一步。

还有一些组织，如“国际联盟同志会”也相当拥护联合国，其理由是世界问题已经不是政治问题而是经济社会问题，因此所有的问题都可以在联合国机构和框架内得到解决。这里姑且不论他们的理由是否充足，可以明确的是他们的目的是反对任何修改联合国宪章的决定，修改宪章会使联合国性质改变，联合国应该更为加强。1947 年 2 月，统一世界联盟主义者协会在美国成立，其宣言为：我们相信，只有在一个世界联邦政府下方能建立与维持世界和平，这一世界联邦政府是非常普遍而强大的，足以阻止国际间的武装冲突，并且对其权限内的事件具有直接管辖的权力。他们同样不认为应该抛开联合国重新开始，赞同联合国促成世界和平的努力，主张将联合国改组为世界政府，爱因斯坦、作家莫拉都是这个协会的成员。美国通过向总统签名提议、各州立法、选票复决、世界政府周运动、研究会、民意测验等方式不间断地推行世界政府运动，引发人们对世界政府的持续热情和关注。

欧洲国家开展的世界政府运动比美洲声势还要浩大。与美国众多学界民间性质的世界政府推行组织不同，欧洲政治家倡议为建立世界政府作必要准备。1945 年 11 月 23 日英国外交大臣贝文在下议院演讲，倡议由世界人民直接选举议员，成立世界议会，加强世界问题立法。欧洲也有各类相关组织，“世界共和国协会”是其中之一。1946 年 10 月，世界共和国协会在卢森堡举行了第一次会议，决定成立两个组织——世界联合政府的世界运动和欧洲世联运动者联合会。1947 年 8 月 23 日，世界联合政府的世界运动组织在瑞士蒙德娄召开正式会议，发布《蒙德娄》宣言，提出建立一个世界联合政府是当前存亡的关键，唯如此方能保证人民免于战祸。当前最主要的行动路线是改组联合国，修改宪章，召开世界代表大会。同年 9 月这个组织在卢森堡召开第二次会议。这个协会计划 1950 年在日内瓦召开世界人民会议，制定世界宪法，交各国政府批准，英国议员乌斯本提交了关于世界宪法制定的方案，通常称为“乌斯本计划”。他们游说欧洲各国议员、出版界及社会名流，组织了世界联合政府的所谓“世联运动”。

此后，随着世界大战硝烟的远去，世界政府的倡议和运动终于告一段落，逐渐淡出人们的焦点视野。世界政府理念因缺乏现实可行性和必要性而不为很多人所接受，当今世界国家仍然是当之无愧的主角。我们不能忽略国家主权设置的意义，国家拥有至高无上的神圣主权，主权是国家独立的根本标志，也是国家利益的根本体现和可靠保证，主权和领土完整不容侵犯。每一国家对外独立自主，不受外来势力的干涉，国际法只有征得各国的同意才能获得实施效力。世界需要调节国家间的利益纷争，各国应该尊重彼此的核心利益和重大关切，而这些都不是世界政府能够承担得起的。国家利益是国际交往的基本准则，政治家不会放弃国家利益这一根本砝码，世界政府的实际作用值得怀疑。国家主权并非都要诉诸强权，主权不等于强权，国家本身会考虑自身国家的安全稳定而处理好与他国的关系，与其他国家合作共赢，国际秩序不需要由一个政府调节指挥，由此公众对于世界政府的热情渐渐冷却。

当然，世界政府的实践在当代并没有完全停止，而是在各个领域准备着必要条件。未来具有多种可能性，一些国家意图谋取世界霸主地位，当然希望建立由其主导的世界政府，推动这一事业的进行，我们不能以为这是遥远的理想就认为它在当下已经偃旗息鼓。“神秘共济会”据说是由西方工业家、政治家、知识精英、金融家联合组成的一个小精英联盟，构成了西方政府的“影子政府”，像一只无形的手，暗中策划了金融危机、人权革命、人种计划、宣扬世界人口过多和资源枯竭论、冷战等许多世界大事。其目标在于统治世界，建立超国家实体的世界政府，以方便他们垄断资本获取超额收益。[①] 从国际走向看，如关贸总协定统一规定国际贸易，安理会决议世界战争状态，都是有力量的国家机构结合在一起协商与管理世界的结果。特别是安理会，其决议具有普遍有效性，安理会组织维和部队，介入国家的政府改造，实质上已经触及国家主权问题。不仅如此，随着社会问题的国际化，跨国治理的需求日益增加，以前由国内权力处理的问题挪移到国际，跨国组织在解决涉及全球的问题上发挥着越来越重要的作用。1992 年联合国开发计划署在世界发展报告中提到在西方七国集团、国际货币基金组织、世界银行、各地区的开发银行、关税和贸易总协定、非政府组织、跨国公司、非政府组织和联合国组织基础上建立一个世界政府，其中设想改组联合国，建立一个经济安理会，认为建立世界政府的时机已经成熟。这个报告的阐释并非空谈，该报告具有一定的影响力。还有组织提议建立世界司法机构和议会机构，授予联合国维和部队以“世界警察”的身份对主权国家直接进行军事干预权力等，都是为走向世界政府做出的实际动作。世界政治经济秩序的建立通常在强国和大型跨国企业间进行，一些跨国组织和会议体现出强国在本国之外的地区影响力，背后由这些国家操控，需要建立一个对为数不多的强国之

① 何新. 统治世界：神秘共济会揭秘[M]. 北京：中国书籍出版社，2011.

间有效用的控制机制，让这些国家的代表在一起协商讨论，至少不发动暴力和战争，这种机制和制度有待于完善，这是世界政府观念得到关注的最主要原因。与此同时，我们不能忽视一些国家借助世界政府谋求国家霸权，制定有利于自身国家发展的国际规则的潜在意图，发展中国家容易在这种运动中受到损害。

当前，世界政府的理论得到深入探讨，在是否需要建立世界政府方面，比较集中的观点有以下几种：一是认为现有的国家已经足够，不需要另行设立其他类似国家权力的国际组织，国家为最重要的政治单位，国际事务的规划实施必须得到各国的认可同意才能执行；二是认同国家的权力，但是面对全球问题，国家能力显得不足，需要大量有实权的跨国机构，国家让渡出部分权力，国家的主体依旧保持；三是建立跨国机构，并且设置超越于国家主权之上的有实力的国际组织，国际组织历来都有设立，如国联、联合国，但是遇到重要国际问题时都显得软弱无力，有实力的是国家，国家可以对它们的决议不加理睬，因此，此种观点认为需要设置能对各国起真正约束作用的国际机构。这最后一种观点即为世界政府大同主义的主张。

当代德国思想家哈贝马斯是世界政治联合的支持者，他虽然不赞成建立世界政府，但他认为世界政治是需要和存在的，他构想的方法是通过不同国家主体之间自由平等无限制的沟通，就涉及世界的气候环境、国家犯罪、资源人口、民族宗教、国际运动等问题开展无权势金钱约束下的讨论，形成政治议题的公共领域和公共意见[①]，达成全球治理的协议一致。在这种观点下，他认为需要建立世界议会，扩大国际法院的仲裁力，国际法院议而不执行，执行功能仍归于各国政府。哈贝马斯认为，世界内政讨论的前提是需要塑造出关怀全球的世界公民，公民具有基本权利，即资产阶级倡导的自由、平等、幸福、财产等人权。[②] 它实际是将资本主义国家的区域公民上升为标准意义上的世界公民。由此，“国家治理”视角转为“全球治理”视角，以国家为主体的“国际关系”转为以世界公民之间沟通交往为主体的“世界内政”。[③] 哈贝马斯虽然认为世界大同主义的民主体制不可行，但是按照其分析，世界大同主义的目标主要有三个：其一，确立世界公民的政治地位，世界公民属于世界组织，它们不是通过国家，而是通过世界参加议会的代表；其二，建立一个有力的国际刑事法庭，判决必须能够约束各

---

① 哈贝马斯. 在事实与规范之间：关于法律和民主法治国的商谈理论[M]. 童世骏，译. 北京：生活·读书·新知三联书店，2011：382.

② 哈贝马斯. 包容他者[M]. 曹卫东，译. 上海：上海人民出版社，2002：220.

③ 哈贝马斯. 后民族结构[M]. 曹卫东，译. 上海：上海人民出版社，2002：126.

国政府;其三,把安理会扩充成为一个执行机构。[①] 建立世界政府这样的国际机构,西方同样依照民主、人权、宪政议会体系来设置。这种方式是否可行同样值得怀疑,如果各国的社会差距和鸿沟没有缩小,则不同国家民主自由的沟通讨论将难以保证,由此必然要问,达至大同的路径在哪里?

图 9－1 余天休与友人交谈学术,摄于 1964 年

第四节 文化多元包容达到人类永久和平之路

余天休提出世界政府论时期较早,而且相比同类论题系统,他可能也受到其他同样论者的影响,同时他又关注到另外一条路径,即文化多元包容。在余天休所著的《世界联邦政府》一书中,他在其中一段阐述了文化融合世界的功能,并对我国文化促进世界和平、融汇世界寄予厚望,详述了中国文化的世界性。从他对文化的认识、推崇和实践的情况来看,将文化作为促进国际国内发展的催化剂,不忽视文化的力量,在他的学术研究情理之中。

中西文化都具有世界主义的要素,中西是世界文化的有力竞争者,中国、西

---

① 赫尔德. 民主的模式[M]. 燕继荣,等译. 北京:中央编译出版社,1998:440-447.

方的思想家对文化统一世界的功能认识偏重不一。作为世界性的文化必须是和平的，不崇尚征服竞争，而我国致力于世界和平，中华民族历来是一个崇尚和平的民族，不会首先侵略别国，不具有称王称霸、穷兵黩武的文化基因。我国自秦朝以来几千年都是一个统一的大国，这在全世界都是罕见的现象，为世界主义树立了典范。我国保持着鲜明的“天下观”，儒家《礼记》叙述了大同的含义，近人康有为发表《大同书》，论述了天下为公的含义：去人私产，凡工商之业，必归于公，公农、公工、公商、公养、公教、公恤，举世界之人公营世界之事，如同一家父子兄弟，对大同做了现代的详尽解释。同作为人类悠久的文明，西方也具有世界主义的因子，早可追溯到柏拉图的《理想国》及古希腊晚期斯多葛学派的世界主义公民观。步入现代后，西方思想家对同类主题予以再构想，如莫尔的《乌托邦》以及空想社会主义者的实验。德国哲学家康德思考人类永久和平实现的路径，认为永久和平是人类进入黄金时代的标志，康德设想通过国内法、国际法和世界公民法这三个不可分割的整体同时建立并确定公民体制，以及确立自由国家根据平等协议的联盟为基础的国际立法，保障达到永久和平。① 也就是说，通过国家联盟，在不超越现有国家主权的前提下，以各种立法的形式实现世界各平等主体的自由。康德“永久和平”的理想和抱负值得发扬，他设想通过法律和政治手段达成世界同一。上文关于世界联邦政府来龙去脉的溯源也表现了西方世界主义的思想行为逻辑，这是西方世界主义的基本特征。西方人将法律制度作为世界同化的路径，而我国在世界和平的道路上主要发挥文化思想的作用。

怎样使这个世界永远没有战争，不再回到战争和暴力的状态，是人们的理想，人们都希望实现和平友爱，地球上所有人都怀有这样的梦想，那么如何探索出这其中的成功途径？世界政府的理念能够保障世界和平，但不太现实可行，从当前世界情势看，即使各国预先同意确立了世界政府体制，也很难维持长久。世界政府的设立之所以是乌托邦，是因为在政府成立之前先有社会，人们只有长期生活在一起，形成共同的生活习惯，经过合作实践，形成“同类意识”和社会共同体，并将之上升为非正规的风俗以及正式的制度法律，然后才需要维护法律的政治机关。从自然发展顺序看，先有世界社会，后有世界政府，在世界社会没有达到有机团结之前，不可能将世界人民维持在一个政府的旗帜下。从社会到政治，是其一阶段。

---

① 康德. 永久和平论[M]//历史理性批判文集. 何兆武，译. 北京：商务印书馆，1990.

而世界社会的形成又先于文化上的各族同化，如果各国在文化及生活方式方面取得了共识，那么不同地区的人们就能很方便地融合在一起，在实际生活和互动中没有障碍。文化是人们自觉服膺和内化的自发活动，表现出主动而非被动的选择。如果文化得到个体认同，遵照执行，其余的差别都不成问题，这是基本的经验。目前，各国对于世界的竞争主要在于文化的吸引和竞争，文化作为一种生活的方式，如果为世界大多数人所接受，则能增进世界人民联合的信心。现在文化传播随着通讯交通技术的发展在全世界流通，一民族区域的文化可传至四方，为其他民族所采用，渐成全世界共有之物。某一民族文化中的制度和精神是否被其他民族移植，取决于被采借的文化体能否具有被全世界欣赏的特质。因此，在世界政府未建立之前，我们需要传播为世界人民所共同接受的文化。从文化到社会，是另一个先在阶段。

进而言之，文化的世界同一呼唤主轴文化的引领，从当下局势看，世界文化需要一个备用准文化体系，这个文化体系内在前提必然是包容多元的。世界上有多个国家民族，各民族文化具有自身的特点，世界的文化异彩纷呈，因此世界认同的文化领头羊从本质上要能容忍不同文化的差异，允许各民族文化自由发展，不排斥与己不同的思想，平等公信地对待其他国民，“各美其美，美人之美，美美与共，天下大同”（费孝通语），如此世界人们才能和谐地生活在一起。文化的包容可使世界不会出现如亨廷顿所说的以捍卫宗教、伦理、价值为由的文明间的冲突或文化战争。在准世界文化体的标准上，中国应该并且能够为世界作贡献，我国文化历来崇尚“和为贵”“和而不同”“协和万邦”，这些都是对世界融合有利的文化要素。道家的老子强烈反对战争，其思想主旨为“夫兵者，不祥之器”，“乐杀人者，则不可得志于天下矣”。儒家讲究和合文化。《易经·乾》阐述“乾道变化，各正性命，保合大和，乃利贞”和“首出庶物，万国咸宁”之说。《中庸》也言，“和也者，天下之达道也”，王阳明在《传习录》中论述：“圣人之心，以天地万物为一体，其视天下之人无内外远近，凡有血气，皆其昆弟赤子之亲。”这些都是在论述文化的世界视野与世界和平。墨家也是如此，墨子发扬典型的“兼爱非攻”论，“诸侯各爱其国，不爱异国，故攻异国以利其国，天下之乱具此而已矣”。视人国若其国，谁攻？[①] 中国文化传统在国际关系准则上体现出独有的优势，怀有强烈的国际和平道德观。余天休认为，我国传统造就了出色的伦理准则或社会风俗，以此可管理人际关系，人们善于用道德准则约束个人行为，这种

---

① 语出《墨子·兼爱》。

善德行为基础包括自尊慎独、朋友间的诚信、对手间的妥协、人前的体面、对不幸者的仁慈和对战败者的宽宏大量。涵容我国文化生活者，无论身处逆境顺境皆从容自在、怡然自得，个体雍良文雅，人与人关系平和，人们重情面沟通，历史上问鼎中原的边塞民族最后都自觉采纳和实践我国文化体系，证明我国文化对于推动世界大同能够起到非凡作用。

余天休还说明了我国人对待其他国家的国民有一贯平等性。由于中国文化的包容性，在对待外国人方面，中国人具有等同观，不管什么国籍和血统种族都在中国受到欢迎。古犹太人、远海阿拉伯人、鞑靼人、土耳其人、蒙古人及任何其他民族的人，都受到没有歧视的接待，他们中的有些人甚至被委任为政府的高级官员。战国时期，游士们可以从这个国家游历到其他国家，苏秦可以佩六国相印，而不论这些国家是否相互敌对，唐代许多边界部落首长担任朝廷中的主要大臣的职务，13 世纪元朝忽必烈时期，马可・波罗担任朝廷高级行政职位长达数年，明朝的耶稣会长老被聘为政府的顾问，17 世纪康熙大帝开放中国的门户让鞑靼人东归等。从尧时期，中国就采用一种安抚的政策来和平处理国际争端，达到稳妥持久和平的目标。中国文化传播教化四方，通过这种方式，中国成为世界国家，以朝贡、使者访问、礼物互赠的方式确认有关国家间的亲密关系和友好象征，而无其他条约规定。同化和融合在我国历史上持续发生，直到不同民族的大融合。① 对远方来的朋友友好，感到高兴、不亦乐乎，是儒家的教导。余天休一直对中国推动世界发展及在世界所占地位的提高寄予厚望，他在其《道德经》译本中引用了曾担任过美国总统威廉・麦金莱和西奥多・罗斯福两任国务卿的约翰・米尔顿・海伊(John Milton Hay)1905 年所言："懂得中国社会、政治、经济和宗教者即握住了下一个五百年世界政治的钥匙。"现在更是如此，中国的越来越成为世界的，太平洋东岸成为世界的重心，中国越发展，中国文化的世界性就越能体现出来。反之，一个霸道的文化体系，唯我独尊的思想文化特质和"邦国"文化观是不可能融合统一世界的，这样的国家和文化注定会被其他民族反对。世界需要真心关怀世界的人，中国文化善于同化其他民族文化，求同存异，包容促进。中国的不断发展，将促进整个世界的大联合，这是一种无与伦比的优势。

无独有偶，英国历史学家阿诺尔德・汤因比(Arnold Toynbee)在预测中国

---

① 余天休. 世界联邦政府：从国际困惑到世界联合[M]. 谢立中，编. 北京：北京大学出版社，2008：250-251.

文化统一世界方面同样充满期待。他说:“全人类发展到单一社会之时,可能就是实现世界统一之日。我所预见的和平统一,一定是以地理和文化主轴为中心不断结晶扩大起来的。中国几千年来比世界任何民族都成功地把几亿民众,从政治文化上团结起来。他们显示出这种在政治、文化上统一的本领,具有无与伦比的成功经验。这样的统一正是今天世界的绝对要求。”①随着中国国力的增强,中国文化优势随之发扬光大,中国文化经历了历史和现实的双重洗礼,是目前获取世界文化体资格的最有力竞争者。文化认同不能依靠强权灌输和武力,而是依靠接收对象内在吸纳、主动自愿选择,我国文化在世界范围凸显了这种优势。为加快异族选择的进程,我们可以发动由中国文化主导的文化宣传推广运动。西方一些国家高度重视文化输出,在推行其科技产品的同时,附加推行其文化价值观念,目的是让更多的人一劳永逸地认同和消费其制造的产品标准。比如在高新科技压力下使人们需求同质化、价格竞争的同质化(消费者从物美价廉的商品中受益)、贸易经济的同质化(标准化的实现是通过降低生产成本的世界市场同质化)。② 酒香也怕巷子深,文化需要传播,我们既然认识到西方向外推行其文化策略的意图,就要努力向世界推广我们的文化。

综上所述,我们在推行政治主张、经济产品、社会构建时,不妨适时宣传其中包含的文化元素,制造文化产品,让文化走出国门,走向世界,阐述文化对生活的意义,使外国人真正认同和加深对我国文化优点的认识,彰显出文化的价值。假以时日,相信不同国家和民族的人会选择主动融合,达到共同的文化体系认同、生活方式融合和世界社会的有机团结。从当下情境看,文明多样性是人类社会的基本特征,“万物并育而不相害,道并行而不相悖”,应尊重各文明多样性,推动不同文明交流对话、和平共处、和谐共生,不唯我独尊、贬低其他文明和民族;倡导文化交流互鉴,汲取不同国家、不同民族创造的优秀文明成果,兼收并蓄,共同绘就人类文明美好画卷。余天休的政治文化理想为我们提供了有益启示。

展望人类社会的未来,余天休早在 1940 年代就指出,未来体现为两种趋势:一种是随着交通发达、学术进步、异族通婚、移居便利和经济协调,获得朝向世界大同的原动力,国家民族间的区分、偏见、排斥不能立足;另一种也不是没

① 展望二十一世纪:汤因比与池田大作对话录[M]. 荀春生,朱继征,陈国梁,译. 北京:国际文化出版公司,1985:294-295.

② 马特拉. 世界传播与文化霸权[M]. 陈卫星,等译. 北京:中央编译出版社,2001:233.

有可能，人类面临战争、能源危机、微生物威胁、因厌恶生育导致人口减少、地震气候变迁的危机。所以不同国家的人们应该相互帮助，排除冲突焦点，共同应付自然环境，则人类前途无可限量。[①] 这种观点一直贯穿于他以后对各事物的见解中，他对世界问题都关心，传统“士”的责任基因遗传，使他至为关心公共事务，包括世界事务，他在这里预见了我们现在普遍论及的“全球化”过程，尽管在他所在的时代“全球化”这个词还没有流行开。他所说的危机也是现在全世界共同关注以及我们今后需进一步面对和小心应对的主要问题，从世界范围角度看，好的或坏的两种趋势同时显现，对立而成，未来将持续深度发展。作为一位20世纪的学者，这种论述无疑表现出他的前瞻性，我们相信以世界和文化大同论作为本书的结尾，无疑表达了余天休这位继承传统而来知识人的情怀与理想追求。

① 余天休. 人类之过去现在与将来[J]. 社会科学季刊，1943：64-67.

余天休先生学术年谱

1896 年

1896 年 7 月 25 日，余天休出生于广东省台山县。余氏宗族为粤海望族，聚村落而居者凡数万人，侨居海外者不下数千人，先祖宋代从中原迁居岭南，至今二十余代。祖父章侃太平天国期间远涉美国谋生，乘帆船横渡太平洋，父亲余治中在美经商，常回家乡祖国，母亲邓氏亦为岭南望族之女。

1902—1908 年

六岁至十三岁就学于乡，耕种之余，背诵四书五经。

1908—1912 年

赴美求学，入旧金山工业预备学校。

与旧金山同盟会革命先行者为伍，晚间在同盟会创办的华侨学校学习。

1912 年

考入美国中部凡尔巴来素大学学习法律和教育学。

1916－1917 年

在美国东部缅因省立大学学习政治学。

1917—1920 年夏

进入麻省克拉克大学研究院深造，先后获克拉克大学经济学硕士和社会及国际关系学博士学位。

期间著有《关于山东问题与日本交涉等项》等文。

1920 年下半年

1920 年下半年回国。受蔡元培聘请，在北京大学教授社会学，途中抵沪会晤孙中山先生。

兼在北平师范大学、辅仁大学等校任教，任北平导报英文总编辑。

1921 年

发起成立中国社会学第一个学术组织——中国社会学会。

1922 年

创办《社会学杂志》，担任总编辑并任殖边协会会长，出版殖边运动周报，创办边语学校。

论文：

《中国社会学家的目的与责任》，《社会学杂志》1922 年第 1 卷第 1 期；

《原人心理：波亚斯学说》，《社会学杂志》1922 年第 1 卷第 1 期；

《人类之竞争》，《社会学杂志》1922 年 第 1 卷第 1 期；

《社会学原理》，《社会学杂志》1922 年 第 1 卷第 1 期；

《社会学派别》，《社会学杂志》1922 年 第 1 卷第 1 期；

《社会学之起源》，《社会学杂志》1922 年 第 1 卷第 1 期；

《研究社会学之阻碍：偏见》，《社会学杂志》1922 年第 1 卷第 2 期；

《与欧洲比较的中国政治系统之进化》，《社会学杂志》1922 年第 1 卷第 2 期；

《教育之社会目的》，《社会学杂志》1922 年第 1 卷第 3、4 期。

1923 年

创办北平东方私立大学任校长。

论文：

《殖边救国》，《社会学杂志》1923 年第 1 卷第 5 期；

《社会之意义》，《社会学杂志》1923 年第 1 卷第 5 期；

《中国人口问题解决之必要》，《社会学杂志》1923 年第 1 卷第 5 期；

《欧洲近代社会之变迁与社会思想之发达》，《法政学报》1923 年第 3 卷第 4 期；

《社会学之定义》，《教育丛刊》1923 年第 4 卷第 2 期。

1924 年

论文：《殖边运动》，《北京朝阳大学旬刊》1924 年第 2 卷第 9 期。

1925 年

任北京侨务局顾问。

论文：《殖边问题》，北京社会周刊第七十八号殖边特号，1925 年。

1927 年

自 1920 至 1927 年一直在北京各大学任教，1927 年赴上海，担任执行律师职务，兼任上海国际电讯社总编辑，主编英文《时事评论周报》。期间著有《日本对华冒险行动》一书。

1928 年

与冯玉祥会晤于南京受聘为顾问,旋赴甘肃。

著作:《日本对华冒险行动:对济南事件的抗议分析》,上海国际电讯社出版社出版。

英文译著:《中华民国刑法》,天民书局;

英文译著:《琵琶记》,中国每周时事出版公司(上海)。

论文:

《满蒙问题》,《光华期刊》1928 年第 2 期;

《有为者》,《光华期刊》1928 年第 3 期;

《中国文化之系统》,《社会科学杂志》1928 年创刊号。

1929 年

应陕西省政府主席宋哲元聘请,任西安中山大学(现西北大学)校长。

国民军北伐完成,南京举行陆军编遣会议,随冯玉祥在京。

论文:

《新西北》发刊词,1929 年第 1 期;

《中国人口问题之解决:组社研究与促进人口适当分配之必要》,《新西北》1929 年第 1 期;

《道路建设简略计划书草稿》,《新西北》1929 年第 1 期。

1930 年

担任济南市政府顾问、齐鲁大学社会经济系主任、教授。

自 1930 年至 1933 年,主办英文版《中国社会学报》,向海外介绍中国学术。

著作:《殖边问题研究》,西安中山大学出版发行。

论文:

《本杂志经过及其将来》,《社会学杂志》1930 年第 3 卷第 1 期;

《中国现代社会的根本问题》,《社会学杂志》1930 年第 3 卷第 2 期;

《旅店之类别》,《社会学杂志》1930 年第 3 卷第 3 期;

《秦中贩卖人口之现象》,《社会学杂志》1930 年第 3 卷第 3 期;

《我国之旅行》,《社会学杂志》1930 年第 3 卷第 3 期;

《社会学最后的目的》,《社会学杂志》1930 年第 3 卷第 4 期;

《原始社会的演化》,《社会学杂志》1930 年第 3 卷第 4 期;

《中国秘密结社的研究》,《社会学杂志》1930 年第 3 卷第 5 期;

《介绍几本小说》,《社会学杂志》1930 年第 3 卷第 5 期;

《传学》,《社会学杂志》1930年第3卷第5期。

1931年

“九一八”事变起，函朱子桥将军组织东北抗日游击队。同年任中国社会学社第二届理事会理事。

著作:《社会学大纲》,北平文化学社1931年版。

论文:

《美国最近的新经济思想》,《社会学杂志》1931年第3卷第6期;

《我们昨日的统治者》,《社会学杂志》1931年第3卷第6期;

《中国人的宗教》,《社会学杂志》1931年第3卷第6期;

《实习的社会学》,《社会学杂志》1931年第3卷第7期;

《青年人的社会心理》,《社会学杂志》1931年第3卷第8期;

《华北的隐患》,黄幅韶译,《社会学杂志》1931年第3卷第8期;

《几句民众教育的话》,《社会学杂志》1931年第3卷第8期;

《中国社会学运动的经过:读许仕廉君文章之后》,《社会学杂志》1931年第3卷第10期;

《人口过剩恐慌的神经过敏》,《社会学杂志》1931年第3卷第10期;

《社会学之历史的背景》,《社会学杂志》1931年第3卷第10期;

《中国社会组织及其调治方法》,《社会学杂志》1931年第3卷第11、12期;

《群治的需要》,《社会学杂志》1931年第4卷第1期;

《社会科学落后的危机和补救的办法》,《社会学杂志》1931年第4卷第1期;

《乐群性在群治上的功能》,《社会学杂志》1931年第4卷第2期;

《社会的自然秩序》,《社会学杂志》1931年第4卷第2期;

《利诱》,《社会学杂志》1931年第4卷第3期;

《颂扬》,《社会学杂志》1931年第4卷第4期;

《造谣》,《社会学杂志》1931年第4卷第5期。

1932年

论文:

《中国民族移殖的趋势和他的得失》,《殖边月刊》1932年7月1日;

《中国近三十年人物的分析》,《社会学刊》1932年第4卷第2期;

《学术救国》,《劳工周刊》1932年第1卷第17、18、19期;

《宣传的分析》,《社会学杂志》1932年第4卷第6期;

《恫吓》,《社会学杂志》1932 年第 4 卷第 7 期;

《嘲笑》,《社会学杂志》1932 年第 5 卷第 2 期;

《中国社会进步之测量》,《社会学杂志》1932 年第 5 卷第 3 期。

1933 年

返北平,协助宋哲元抗日,任中国社会学社第三届理事会理事。

著作:《经济学原理》,北平北华印刷局 1933 年版。

论文:《群治的失调》,《社会学杂志》1933 年第 5 卷第 7 期。

1934 年

著作:《水利救国》,京报馆印行 1934 年版。

1935 年

从 1934 至 1937 年,仍复兼在北京各高校任教。1935 年起任《正风》杂志主编,并任冀察政务委员会顾问。

论文:

《有为》,《正风》1935 年第 1 期;

《自安》,《正风》1935 年第 8 期;

《晚近美国经济情状的变迁》,《正风》1935 年第 8 期;

《德国的重工业——克虏伯炮工厂的历史》,《正风》1935 年第 9 期;

《成功》,《正风》1935 年第 11 期;

《任事》,《正风》1935 年第 15 期;

《思想》,《正风》1935 年第 18 期;

《水利与治水》,《正风》1935 年第 18 期;

《晚近德美两国步兵的改进》,《正风》1935 年第 18 期;

《水利的经理问题》,《正风》1935 年第 22 期;

《律师与法官之风纪》,《正风》1935 年第 22 期;

《美国前总统胡佛之谈话》,《正风》1935 年第 24 期。

著作:《读书方法》,原载于《正风》1935 年第 1 卷第 13 期,1941 年发行单行本。

1936 年

任北平市总商会顾问。

编著:《宋委员长言论集》,正风杂志社发行,1936 年 12 月。

论文:

《用人》,《全国学术工作咨询处月刊》1936 年第 2 卷第 2 期;

《助人之道》,《正风》1936 年第 2 卷第 1 期;

《听人发挥》,《正风》1936 年第 2 卷第 2 期;

《服人》,《正风》1936 年第 2 卷第 5 期;

《合作之道》,《正风》1936 年第 2 卷第 7 期;

《得人之道》,《正风》1936 年第 2 卷第 8 期;

《沉忍》,《正风》1936 年第 2 卷第 12 期;

《因小失大》,《正风》1936 年第 3 卷第 1 期;

《一贯主义》,《正风》1936 年第 3 卷第 2 期;

《商人卖货的秘诀》,《正风》1936 年第 3 卷第 2 期;

《急功近效》,《正风》1936 年第 3 卷第 3 期;

《怎样做一个善于卖货的人》,《正风》1936 年第 3 卷第 3 期;

《以赠品推广营业的方法》,《正风》1936 年第 3 卷第 4 期;

《人权》,《正风》1936 年第 3 卷第 4 期;

《中国应有之外交方策》,《正风》1936 年第 3 卷第 5 期;

《今日何日》,《正风》,1936 年第 3 卷第 7 期;

《医师风纪》《宦风》《教师风纪》《新闻记者风纪》《药商风纪》,分别载于《正风》1936 年第 3 卷第 8 期、第 9 期、第 10 期、第 11 期、第 12 期。

1937 年

论文:

《情感与利害在社会调治上的功能》,《正风》,1937 年第 4 卷第 3 期;

《世界史之出发点》,《商业经济评论》,正风 1937 年第 4 卷第 10 期;

《宇宙间之三大原理》,《正风》1937 年第 4 卷第 11 期。

1938 年

在天津创办美业银行并任经理,合作经营美英投资事业。

1939 年

著作:《投资技术》,正风经济社,1939 年。

1942 年

著作:《社会文化研究法》,《国立北京大学法学院社会科学季刊》,1942 年。

论文:《科学导言》,《国立北京大学法学院社会科学季刊》,1942 年第 1 卷第 2 期。

1943 年

著作:《人类之过去现在与将来》,《社会科学季刊》,1943 年(可能是翻印)。

1944 年

创立并任道教学院院长。

著作:《日本国概观》,1944 年,正风杂志社(北京东四四条甲 13 号)印刷。

论文:《中国之经济问题》,《新民声》,1944 年第 1 卷第 3 期。

1945 年—1949 年

在北平各高校任教,1949 年任广州大学教授。

1950 年

7 月赴美国旧金山,开始为旧金山《世界日报》撰稿。

1951 年

在美国创办中美学院,自费将老子《道德经》译成英文,向西方人士宣讲我国传统历史文化。

1953－1956 年

在本杰明·富兰克林成人学校教授公民课。

1956－1961 年

1956－1961 年任旧金山伽利略成人学校的中国语言、中国文化和历史的指导者。

1964 年

著作:《世界联邦政府:从国际困惑到世界联合》,(该书由谢立中主编翻译,参见《民族复兴与世界联邦:余天休社会科学论集》,北京大学出版社,2008 年出版)。

1950－1969 年

历任合和总会馆主席、中华总会馆总董、商董、中华学校校董、余风采总堂主席、余绍贤堂主席、东华医院董事、三藩市总商会监事、世界报主任编辑、加利福尼亚州政府特许投资顾问、美亚联谊会会长、中美学院院长、投资法律顾问、美国亚洲研究中心中国哲学教授。

期间所著文稿(可能有些未出版):

英文:

《中国思想文化的社会学解释》《中国宪政的失败:原因和结果》《中国和盎格鲁—美国法律:一个比较解释》《从国际混乱到世界统一:关于世界政府的提议》《海外华人:他们的境况与光荣》《门外汉经济学之框架》《“道”作为打开世界和平钥匙的哲学》《道德经注》《道德经关于“道”的基本原则和理念》。

中文:

《动能:人类命运的哲学分析》《中国政治演化向何处去?》《现代国际政治演

进》《现代中国民主重构》《文化和人类环境》《适应或非适应：现代人类问题》《中国秘密结社组织的社会学分析》等。

1969 年完成《道家的哲学》，该年 2 月 17 日该书前言写成，由香港全球出版社 1970 年出版第 1 版，1989 年出版第 2 版。

1969 年 3 月 5 日，余天休病逝于旧金山。

（注：本年表为本书作者所见主人公书目与生平信息，有所遗漏，未包括全部）

参考文献

一、《社会学杂志》论文

霭理士. 妇女运动的变迁[J]. 王文祺,译. 社会学杂志,1922,1(1).

郑锟三. 改良警察之商榷[J]. 社会学杂志,1922,1(1).

上海中华卫生教育会. 中国妓业之流毒[J]. 社会学杂志,1922,1(1).

陈邵南. 叙述的社会学[J]. 社会学杂志,1922,1(2).

何雨农. 个人与社会及教育之关系[J]. 社会学杂志,1922,1(3/4).

黄公觉. 美国社会学大家罗斯史略及著述[J]. 社会学杂志,1922,1(2).

林幽. 注重社会学的理由[J]. 社会学杂志,1922,2(2).

陈劭南. 伦敦及柏林劳动者生活费[J]. 社会学杂志,1923,1(5).

甘南引. 中国青年婚姻家庭问题调查[J]. 社会学杂志,1924,2(2/3).

高尔松,高尔柏. 中国学者妇女问题之研究[J]. 社会学杂志,1924,2(2/3).

陈青之. 婚姻情事的一束[J]. 社会学杂志,1925,2(5/6).

黄秉衡. 中国社会需要与教育方针[J]. 社会学杂志,1925,2(5/6).

刘国桢. 舆论与社会[J]. 社会学杂志,1925,2(5/6).

步济时. 中国社会服务工作之意义[J]. 李安宅,译. 社会学杂志,1925,2(5/6).

罗斯. 群治应有之限制[J]. 太真,译. 社会学杂志,1930,3(2).

陈兆畴. 约束中国上中等阶级的两种群治要素[J]. 社会学杂志,1930,3(2/3).

宫廷璋. 中国礼教之解剖[J]. 社会学杂志,1930,3(3).

许仕廉. 中国社会学运动的目标经过及范围[J]. 社会学刊,1931,2(2).

陶佛. 试谈胶东社会中的畸形[J]. 社会学杂志,1931,3(8).

范迪瑞. 流行鲁东农村的迷信和禁忌[J]. 社会学杂志,1931,3(10).

张国增. 河北抚宁县的宗教迷信[J]. 社会学杂志,1931,3(11/12).

玄默. 烟潍路上社会的一瞥[J]. 社会学杂志,1931,3(11/12).

玄默. 鲁东农村中妇女生活的状况[J]. 社会学杂志,1931,4(5).

浩公. 宣传[J]. 社会学杂志,1931,4(5).

李树秀. 四十一个残废兵的研究[J]. 社会学杂志,1931,4(1).

赵子祥.四十个兵的研究[J].社会学杂志,1932,4(7).
解敬业.四十二个工人生活的研究[J].社会学杂志,1932,4(6).
余天休.美国基丁斯氏的社会学原理[J].解敬业,意译.余天休,校订.社会学杂志,1932,4(8).
姜子航.术数社会学之分析[J].余天休,校订.社会学杂志,1932,4(9).
李景汉.定县社会概况调查[J].社会学杂志,1932,4(11).
李景汉.妙峰山“朝顶进香”的调查[J].社会学杂志,1925,2(5/6).
姚慈惠.水浒传之社会学的分析[J].社会学杂志,1932,4(12).
田维中.山东龙山镇的调查[J].社会学杂志,1932,5(3).

二、参阅著作

老子.道德经[M].王弼,注.北京:中华书局,2008.
庄子.庄子今注今译[M].陈鼓应,译.北京:商务印书馆,2016.
王先谦.荀子集解[M].北京:中华书局,2013.
杨天宇.礼记译注[M].上海:上海古籍出版社,2007.
朱熹.四书章句集注[M].北京:中华书局,2012.
黎靖德.朱子语类[M].北京:中华书局,2004.
王阳明.传习录[M].北京:中华书局,2016.
颜元.颜元集[M].北京:中华书局,1987.
冯梦龙.智囊[M].北京:中华书局,2014.
孙中山.建国方略[M].上海:上海民智书局,1922.
孙中山.孙中山选集[M].北京:中华书局,1985.
梁漱溟.东西方文化及其哲学[M].北京:商务印书馆,1999.
梁漱溟.中国文化要义[M].上海:上海人民出版社,2011.
吕思勉.中国通史[M].北京:中华书局,2015.
钱穆.中国历史精神[M].北京:九州出版社,2011.
冯玉祥.冯玉祥自述[M].北京:人民日报出版社,2013.
孙本文.当代中国社会学[M].北京:商务印书馆,2011.
孙本文,等.中国战时学术[M].南京:正中书局,1946.
钱端升,等.民国政制史[M].上海:上海人民出版社,2008.
吴文藻.论社会学中国化[M].北京:商务印书馆,2010.
冯友兰.中国哲学简史[M].北京:北京大学出版社,2012.
费孝通.从实求知录[M].北京:北京大学出版社,1998.
费孝通.乡土中国 生育制度 乡土重建[M].北京:商务印书馆,2011.
吴泽霖.社会约制[M].上海:世界书局,1930.

陈青之. 中国教育史[M]. 北京:东方出版社,2012.
程伯群. 中国社会思想史[M]. 上海:世界书局,1937.
陈之迈. 中国政府[M]. 上海:上海人民出版社,2012.
李安宅.《仪礼》与《礼记》之社会学的研究[M]. 上海:上海世纪出版集团,2005.
谢立中. 民族复兴与世界联邦:余天休社会科学论集[M]. 北京:北京大学出版社,2008.
姚远. 西北大学京陕两源历任校长[M]//李云峰,王民权. 民国西安词典. 西安:陕西人民出版社,2012.
郝宏贤. 开发西北、关注教育的倡导者、践行者:余天休教授生平与著述辑要[M]. 西安:西北大学出版社,2009.
邹千江. 吴景超社会思想研究[M]. 北京:中国传媒大学出版社,2015.
邹千江. 冲突与转化:中国社会价值的现代演变[M]. 北京:中国传媒大学出版社,2008.
左双文. 抗日战争时期国民政府外交政策研究[M]. 北京:团结出版社,2015.
文芳. 民国官场实录[M]. 北京:中国文史出版社,2013.
何新. 统治世界:神秘共济会揭秘[M]. 北京:中国书籍出版社,2011.
康德. 永久和平论[M]//历史理性批判文集. 何兆武,译. 北京:商务印书馆,1990.
爱因斯坦. 爱因斯坦文集:第三卷[M]. 许良英,等,编译. 北京:商务印书馆,2009.
费尔巴哈. 基督教的本质[M]. 荣震华,译. 北京:商务印书馆,2007.
罗素. 罗素自选文集[M]. 戴玉庆,译. 北京:商务印书馆,2006.
罗斯. 社会控制[M]. 秦志勇,毛永政,译. 北京:华夏出版社,1989.
马歇尔. 经济学原理[M]. 廉运杰,译. 北京:华夏出版社,2012.
伯瑞. 进步的观念[M]. 范祥涛,译. 上海:上海三联书店,2005.
奥罗姆. 政治社会学导论:第 4 版. 张华青,译. 上海:上海人民出版社,2006.
李怀印. 华北村治——晚清和民国时期的国家与乡村[M]. 北京:中华书局,2008.
贺萧. 危险的愉悦:20 世纪上海的娼妓问题与现代性[M]. 韩敏中,盛宁,译. 南京:江苏人民出版社,2010.
赫尔德. 民主的模式[M]. 燕继荣,等译. 北京:中央编译出版社,1998.
贝思飞. 民国时期的土匪[M]. 徐有威,等译. 上海:上海人民出版社,2010.
哈贝马斯. 事实与规范之间:关于法律和民主法治国的商谈理论[M]. 童世骏,译. 北京:生活·读书·新知三联书店,2011.
哈贝马斯. 包容他者[M]. 曹卫东,译. 上海:上海人民出版社,2002.
哈贝马斯. 后民族结构[M]. 曹卫东,译. 上海:上海人民出版社,2002.
杜赞奇. 文化、权力与国家:1900—1942 年的华北农村[M]. 南京:江苏人民出版社,2010.
马特拉. 世界传播与文化霸权[M]. 陈卫星,等译. 北京:中央编译出版社,2001.
展望二十一世纪:汤因比与池田大作对话录[M]. 荀春生,朱继征,陈国梁,译. 北京:国际文化出版公司,1985.

三、论文

严复.群学肄言叙[J].鹭江报,1903(32).
章太炎.俱分进化论[J].民报,1906,7.
黄炎培.学校采用实用主义之商榷[J].教育杂志,1913,5(5).
蔡元培.新教育意见[J].教育杂志,1914(11).
丁文江.历史人物与地理的关系[J].史地学报,1923,2(4).
马相伯.谈谈殖边[J].殖边月刊,1932(1).
孙本文.中国文化研究刍议:在中国社会学社成立会宣读[J].社会学刊,1930,1(4).
费孝通.人权·逮捕·提审[J].田家半月报,1946,12(21/22).
费孝通.看英国为了下一代[J].田家半月报,1947,13(15).
费孝通.居民自治:中国城市社区建设的新目标[J].江海学刊,2002(3).
费孝通.对文化的历史性和社会性的思考[J].思想战线,2004(2).
吴景超.答陈序经先生的全盘西化论[J].独立评论,1935(147).
吴景超.湖南计口授盐的试验[J].新经济,1940,4(4).
陈序经.关于"全盘西化"答吴景超先生[J].独立评论,1935(142).
陈序经.一年来国人对于西化态度的变化[J].国闻周报,1936,13(3).
常乃悳.全民教育论发凡[J].民铎杂志,1925,5(3/5).
贞菴.论世界政府[J].道德专刊,1948,2(12).
友仁.裁兵殖边议[J].国立中央大学农学院旬刊,1928(10).
童枕谷.移囚殖边[J].法学季刊(南京),1930,1(1).
朱元善.今后之教育方针[J].教育杂志,1916,8(4).
步济时.北京社会实进会的沿革和组织[J].新社会,1919(1/2).
徐实谦.东三省旅行杂记[J].新社会,1919(4).
蓝孕欧.杭州市之娼妓问题[J].新社会,1933,4(6).
齐谐.蜀游漫记[J].新社会,1934,7(5).
龙生.国际宣传与上海国际电讯社.国际周报,1928,1(2).
罗隆基.训政应该结束了[J].独立评论,1935(171).
陈之迈.再论政治贪污[J].独立评论,1936(190).
陈汉钦.韩非的社会思想[J].新社会科学,1934,1(2).
汪公亮,朱照箕,陈文震.余天休先生之学术思想与政治理论[M]//谢立中.民族复兴与世界联邦:余天休社会科学论集.北京:北京大学出版社,2008.
北京大学日刊,1920(722,674,735).
北平特别市公安局训令[J].北平特别市公安局月刊,1928(3).
国民党政府铁道部指令第29号[J].铁道公报,1928(1).

京沪乎杭甬铁路日刊,1933(742).

鳞爪:皖宿县之光蛋会.青年公论[J].1937,1(13).

中外大事记:河北近况:直南发现黄沙会.兴华[J].1928,25(4).

雪声.三合会源流考[J].丙寅杂志,1926,2.

深思.我所知道的四川哥老会[J].统一评论,1935,3(15).

沙铁帆.调查:四川的哥老会[J].四川县训,1936,3(6/7).

佩三.哥老会在绥远[J].西线,1939(1).

刘湘.查禁哥老会聚会宴客密令[J].四川省政府公报,1935(2).

庆云.光蛋会内幕[J].耶稣教家庭新闻,1928(1286).

商生才.天门会的真迹[J].青年友,1928,8(6).

乐厂.红枪会[J].红旗,1947(9).

钱逋仙.红枪会:农民结合习以御匪　功夫练成勇敢善战[J].新生活周刊,1934,1(12).

里夫斯.论世界政府[J].唐达聪,译.胜流,1946,3(8).

郑杭生.社会学中国化的几个问题[J].学海,2000(6).

边燕杰.找回强关系:中国的间接关系、网络桥梁和求职[J].国外社会科学,1998(2).

张灏.中国近代思想史的转型时代[M]//陈弱水,王汎森.思想与学术.北京:中国大百科全书出版社,2005.

许纪霖.重建社会重心:近代中国的"知识人社会"[J].学术月刊,2006, 38(11).

周晓虹.孙本文与20世纪上半叶的中国社会学[J].社会学研究,2012(5).

乔培华.冀鲁豫抗日根据地与天门会[J].历史教学,1992(7).

邹千江.余天休的群治与"术治"观[J].西北师大学报,2017(2).

邹千江.社会与杂志描述的1920—1930年代社会民生[J].近代中国,2017(12).

何瑛.与先贤对话——余天休先生北京师范大学工作事迹寻访报告.胡氏慈善教育博客(2013年11月22日).

北平师范大学档案馆藏.解放前北京师大—1921－1922年北高师教、职、员一览表(北京师范大学档案馆全宗号1号,案卷号87号).

百度百科.

胡氏慈善教育博客.

四、胡余锦明女士提供的资料扫描件

《余天休1947年所著生平自述》完整版;

《美国社会学杂志》关于中国社会学会成立大消息报道,1921年9月第27卷第2期;

《余天休先生生平事略》;

余天休所著的《道德经》译本《道家的哲学》;

《美亚联谊会通告》及中美关系、中国二十年学术研讨会议程与参会学者简介；
《中美学院通告》。
Michael R. Hill. Centennial bibliography on the history of American sociology. American Sociological Association. Washington D. C. 2005

五、英文部分

FRANCIS L K，HSU. Americans and Chinese：reflections on two cultures and their people [M]. New York：Doubleday，1953.
Poverty in PeKing and its relief[J]. The Chinese journal of sociology，1923，1(5).
HAOY，DJEN A B. Some family problems of the modern Chinese publicists[J]. The Chinese journal of sociology. 1923，1(6).
BUCKLIN H S. The family in sociology and social work[J]. The Chinese journal of sociology，1924，2(2/3).
Burges J S. The problem of prostitution[J]. The Chinese journal of sociology，1925. 2(4).
LEON HUS S. The confucian theory of nature evolution[J]. The Chinese journal of sociology，1925，2 (5/6).
LIU C. The position of woman in China[J]. The Chinese journal of sociology. 1925，2(5/6).
Suggestions for the organization of an institute for social and economic research：prepared by the commission of social research in China[J]. The Chinese journal of sociology，1925，2 (5/6).
HAMILTON W D. The evolution of altruistic behavior[J]. American naturalist，1963.
TRIVERS R L. The evolution of reciprocal altruism[J]. Quarterly review of biology ，1971.
EMILE D. The elementary forms of religious life[M]. New York：Free Press，1912/1965.
MAX W. The protestant ethic and the spirit of capitalism[M]. New York：Scribner，1904—1905/1958.
BERGHE V D. The ethnic phenomenon[M]. New York：Elsevier，1981.
Program for civic education in China[J]. The Chinese journal of sociology，1925，2(5/6).
BLAU. Exchange and power in social life[M]. New York：Wiley，1964.
GIDDENS A. The constitution of society：outline of the theory of structuration[M]. Oxford：Polity，1984.
BOURDIEU. Outline of a theory of practice [M]. Cambridge：Cambridge University Press，1977.
GRANOVETTER M. The strength of weak ties[J]. American Journal of Sociology，1973.
BERTRAND. The collected papers of Bertrand Russell[M]. London：Routledge，2003.

后 记

忽然想写后记了，完成一本书再写个后记不是我的习惯，后记不就是煽情的么，何必呢。前路尚且漫漫，革命并未成功，既在山中流连，后记点什么都为时过早，哪怕甲乙丙丁戊区区几词。但本书是个例外，想说些题外话。

这些年一直在做民国，起先是探讨一本近代名人的集荟，大家都这样做我也跟着，后来写了一个现代人不太熟知但在民国闻名的人物，再后来就这本了。大约两年前接触到余天休的作品，以前做学生的时候了解过一些，只是很少的部分，在教材上看到的。本来这次照例打算匆匆而过，大概以我自己的标准小作一篇论文而已，没想到一阅读就被纠缠了两年多。

正如我们所想象到的。首先，余天休的著述很多，一本接着一本，散落各处，所以不知不觉看了两年，这是没想到的，我们的学科史对他，还有其他很多人真应该改写，不能那样简单论说一个人的一生。其次，余天休的东西不是多就没有东西，每一篇都值得现在的人神往一阵，都够费劲琢磨一下，至少笨拙如我是这样。还有从中感受到一些精神，比如他热爱学术，不是为了追求时髦的表面那种对学术假装喜欢实质为了……的样子；还有他不是专门家，他博学，不是懂得其中一门学科，而且是一个学科的一个方向就满足得欲仙了，反正这都能引起一些触动。

最重要的是，我终于明白，余天休是一个“士”，他特别关心国家民族的发展，他的学术和经历都是怎么促进民族复兴强大的，而且具有传统儒家的大同精神，他很早就做中美文化使者了，是先行探索者，整个世界都在他的视域中。如果读书只为身家计化作稻粱谋，眼界必定不开阔，余天休一辈子都很忙碌。后来知道他的女儿胡余锦明女士现在一直在我国做慈善，资助贫困学生，舍得将自己辛苦赚来的钱给别人，也觉得不简单。所有这些都是成就本书的动力。

既然打算著书了，就应该像个书的样子，前后左右来龙去脉都应该关照周到，这就有了注释，注释有个好处，能让我们看书更明白些。

编者的话

2014 年是我的母校 60 周年校庆的重要日子，在那一年，由我所在的文科科研处牵头组织评审并选定了一批青年学者的学术专著加以支持出版。之后的一年多时间里，我们反复与作者和出版社沟通、提供修改意见，工作忙碌、琐碎而辛苦，甚至具体到选定封面设计这样的细微之处。想来，当我们看到这一系列专著整齐地摆放在案头时，会感到超乎寻常的价值吧。

“先寻桃源作太古，欲栽大木柱长天。”这是民国时期杨昌济教授所撰联语，一直使我受教颇深。自留校任教 15 年来，如果说在科研领域还小有所成，能够增益母校于万一的话，那要非常感念母校的栽培和前后两任科研处长车晴教授和胡智锋教授的提携。两位先生一为名门忠烈之后，行事如光风霁月，威望素著；一为闻一多先生再传弟子、学富五车的长江学者，后学晚辈受益者众。在他们先后主持下的科研处，为我们这一批当年的青年人的成长提供了宽广而坚实的平台。“榜样的力量是无穷的”，在杰出前任的重大压力之下，我也希望通过领导的支持和自己与同事们的共同努力，为学校的青年学者提供一片“柱天大木”得以成长的平台。今天，这已经成为我们工作的重要愿景。

优秀青年学者们要走的路还很长，我校文科科研工作要走的路同样很长。“撑一支长篙，向青草更青处漫溯”，我们愿意做这支长篙，使青年教师们得以助力，通往宽阔丰美的彼岸。

段鹏

于中国传媒大学梧桐书屋东侧办公室内

2015 年 12 月 9 日